CONSEJERÍA BÍBLICA

Tomo 2

Manual de consulta sobre el matrimonio y la familia

DR. TIM CLINTON
DR. JOHN TRENT

EDITORIAL
PORTAVOZ

La misión de *Editorial Portavoz* consiste en proporcionar productos de calidad —con integridad y excelencia—, desde una perspectiva bíblica y confiable, que animen a las personas a conocer y servir a Jesucristo.

Título del original: *The Quick-Reference Guide to Marriage & Family Counseling* © 2009 por Tim Clinton y John Trent, y publicado por Baker Books, una división de Baker Publishing Group., P.O. Box 6287, Grand Rapids, MI 49516-6287. Traducido con permiso.

Traducción: Daniel Menezo

EDITORIAL PORTAVOZ
2450 Oak Industrial Dr. NE
Grand Rapids, Michigan 49505 USA
Visítenos en: www.portavoz.com

ISBN 978-0-8254-1845-7 (rústica)
ISBN 978-0-8254-0371-2 (Kindle)
ISBN 978-0-8254-8493-3 (epub)

2 3 4 5 / 24 23 22 21 20 19

Impreso en los Estados Unidos de América
Printed in the United States of America

Contenido

Introducción

Nos complace poner en sus manos este *Manual de consulta sobre el matrimonio y la familia*, confiando en que Dios lo use para llevar su esperanza y su vida a todos esos millones de creyentes en todo el mundo a los que ministran los miembros de la AACC (Asociación Estadounidense de Consejeros Cristianos), cuyo número no deja de crecer.

En este nuevo milenio, miremos donde miremos, vemos a personas que necesitan desesperadamente el toque de Dios, que no cesan de buscar su cuidado misericordioso. Los impresionantes progresos en todos los campos profesionales y científicos, unidos a una campaña publicitaria que cuesta miles de millones de dólares, han generado la expectativa falsa de que podemos "tenerlo todo, y tenerlo todo ahora". Esto no hace más que reforzar ese doloroso "vacío en el alma" que padecen tantas personas en medio de nuestra abundancia material, e intensifica el estrés al que todos vivimos sometidos en nuestro paisaje sociocultural, 24 horas al día y siete días a la semana. ¿De verdad existe un remedio eficaz?

Dado que está leyendo la introducción a este libro, es probable que haya sido llamado al ministerio de la consejería, a una vida de asistencia auténtica. Ha sido llamado, y seguramente se ha formado hasta cierto punto, para llevar asistencia y consuelo a todas esas almas quebrantadas y doloridas que viven en su iglesia y en su vecindario. Si ha sido llamado a recordar a otros que "el SEÑOR está cerca de los quebrantados de corazón, y salva a los de espíritu abatido" (Sal. 34:18), este libro y toda la serie le resultarán de gran utilidad. Dios le ha elegido como medio para transmitir su gracia especial; usted tiene tanto el privilegio como la responsabilidad de hacerlo de la manera más excelente y ética que le sea posible.

Existe cierta cantidad de atributos esenciales que usted debe manifestar hacia otros si ha sido llamado a intervenir en los momentos más difíciles de otras personas, si ha sido llamado a ayudar a llevar las cargas de otros, y así "[cumplir] la ley de Cristo" (Gá. 6:2). La primera característica es algo que usted posee como resultado de la obra que hace en su vida el Espíritu de Dios, que transforma su corazón y su mente, algo que este libro no puede proporcionarle, sino solo potenciarlo si usted ya lo tiene. Se trata de un espíritu de bondad genuina, esa bondad que atrae a los demás de inmediato haciéndoles sentir que nos interesan sinceramente.

Esto revela también una empatía compasiva que puede relacionarse profundamente con otros, porque usted también ha recorrido el camino del sufrimiento y del dolor, sin caer en la amargura ni en el cinismo. En lugar de ello, ha aprendido a confiar en Dios siempre, sobre todo en aquellas cosas de la vida que usted no querría experimentar nunca. Ha descubierto que Dios es fiel con usted y con los suyos, y le conoce (lo cual es distinto de *saber algo de Él*), sabiendo que es amoroso, sabio, poderoso y que está cercano. Ha llegado a entender ciertamente que Dios es "Padre misericordioso y Dios de toda consolación, quien nos consuela en todas nuestras tribulaciones para que con el mismo consuelo que de Dios hemos recibido, también nosotros podamos consolar a los que sufren" (2 Co. 1:3-4). Y si usted es coherente al transmitir este consuelo y esta asistencia con integridad, es un siervo confiable en quien Dios se complace, y a quien bendice en todo lo que hace.

Añadidos a los rasgos gemelos de la autenticidad y la empatía hallamos los requisitos del conocimiento y la habilidad, algo que este libro puede ayudarle a desarrollar más directamente. La base de conocimientos de los estudios bíblicos y teológicos, combinada con las ciencias de la conducta y las ciencias sociales, avanza a un ritmo más acelerado del que puede mantener nadie en el siglo XXI. Por consiguiente, hemos extraído de estos datos crecientes los hechos más críticos y relevantes, y las pistas contextuales que debería usted conocer sobre los cuarenta temas que componen el índice de este libro. Por último, el esquema de siete pasos que seguimos en cada capítulo dará forma a su pensamiento y encauzará su progreso, de modo que su capacidad como consejero aumente, sea cual fuere el rol mediante el que la desempeñe.

LAS TRES "PATAS" DEL MINISTERIO ASISTENCIAL

Hemos escrito este libro para que sea aplicable a cualquiera de las patas de nuestra metáfora: el taburete de tres patas. Proponemos la idea de que el ministerio asistencial de la iglesia se compone de *pastores*, que desempeñan un papel esencial como gestores de casos, dado que el asistido casi siempre regresa al rol de miembro de una iglesia; de *consejeros cristianos profesionales*, quienes a menudo sirven en muchas iglesias en una zona geográfica determinada; y de *asistentes laicos*, que se han formado y trabajan en la iglesia como líderes a nivel individual o colectivo.

Las personas que sirven en los tres niveles deben desarrollar tanto el carácter como las cualidades de servicio que reflejen la gracia y la verdad del propio Cristo. Dios también ha repartido liberalmente sus dones por toda la Iglesia para realizar las diversas tareas ministeriales que son esenciales para cualquier funcionamiento saludable de ella. Y es que, independientemente de las habilidades o la inteligencia que tengamos, a menos que descansemos directamente en el Espíritu de Dios para que actúe en nosotros para cumplir el ministerio divino, no dará frutos para el reino. Dios traerá a nosotros a las personas a las que desea que ayudemos, y debemos aprender a depender de Él para que toque a otros de forma sobrenatural, de tal modo que las personas exclamen: "¡Hoy Dios se ha manifestado en la sesión de consejería (de forma milagrosa)!".

Pastor o miembro del personal eclesial

Si usted es pastor o miembro del personal de la iglesia, prácticamente todas las personas que se han sentado hoy en sus bancos se han visto afectadas (o se verán en breve) por las adicciones, el divorcio, la violencia, la depresión, el dolor, la confusión, la soledad y mil evidencias más de la vida como personas rotas que viven en un mundo caído. Este manual le ayudará a:

- ofrecer una consejería eficaz y una ayuda a corto plazo para quienes acudan a usted con sus problemas
- enseñar a otros y elaborar sermones sobre los problemas principales de hoy día a los que se enfrentan las personas
- proporcionar recursos y materiales esenciales a los miembros del personal y los líderes laicos en su iglesia, a fin de potenciar sus ministerios de ayuda y de enseñanza

Profesional clínico

Si es usted un profesional clínico, habiéndose licenciado o certificado en una de las seis disciplinas clínicas principales del sector, ya estará familiarizado con la mayor parte de los temas que contiene este libro. Le ayudará a mejorar su manera de:

- analizar las definiciones y las preguntas de evaluación que debe usar en su primera sesión con un cliente nuevo
- comprender la visión bíblica del problema del cliente e introducirla en su terapia
- modelar sus planes de tratamiento mediante los mejores principios y recursos disponibles en la AACC
- transmitir a sus pacientes la información que mejor les ayude a salir adelante y avanzar más resueltamente, con la forma de pensar correcta y las acciones concretas del proceso de tratamiento

Líder o ministro laico

Si es usted líder o ministro laico, este libro le ayudará a planificar y a transmitir la mejor asistencia posible de principio a fin. Le recomendamos que lea el libro entero, subrayando el material que le resulte más útil para un formato individual o de grupo. Este manual le ayudará a:

- comprender y evaluar con precisión el problema de la persona
- guiar los debates y ofrecer sugerencias útiles sin asumir un control excesivo ni influir demasiado poco en el aconsejado
- recordar los principios clave en el proceso de pasar del problema a la resolución más eficazmente
- recordar los límites del ministerio laico, y remitir constructivamente a los aconsejados a otros especialistas que gocen de una formación más amplia

CÓMO USAR ESTE *MANUAL DE CONSULTA SOBRE EL MATRIMONIO Y LA FAMILIA*

Se dará cuenta de que hemos dividido cada tema usando un formato que sigue la lógica del proceso de consejería. El objetivo y el propósito de cada una de las siete partes son los siguientes:

1. **Retratos.** Cada tema empieza con tres o cuatro anécdotas que cuentan historias frecuentes sobre personas que luchan con el problema del que se trata. Hemos intentado ofrecerle casos que, probablemente, encontrará entre las personas a las que aconseje.
2. **Definiciones e ideas clave.** Esta sección empieza con una definición clara del tema usando un lenguaje no técnico. Luego añadimos una serie de ideas y de datos que le ayudarán a entender mejor el tema, además de cómo se manifiesta en las personas que luchan contra él, y cómo las perjudica.
3. **Entrevista de evaluación.** Esta sección suele empezar sugiriendo un marco desde el que enfocar la evaluación, y va seguida de una serie de preguntas concretas para hacer a la persona, a fin de comprender mejor su problema. A veces encontrará una sección de "preguntas clarificadoras", que le ayudarán a decidir si es necesario remitir a la persona a un médico o a otro profesional.

4. **Consejos sabios.** Esta sección presenta una o más ideas clave que deberían servir como guía general a su intervención; el consejo sabio le ayudará a encuadrar mejor su intervención. Estas ideas clave pueden expresarse de forma clínica o pastoral, pero son útiles para los tres tipos de ayudadores de los que hablamos anteriormente, y le darán pie para entender y trabajar con la(s) persona(s) que tiene delante.
5. **Pasos prácticos.** Esta sección, junto con la anterior, le guiará sobre lo que debe hacer en su práctica de la consejería. Le permite trazar un mapa lógico que le guíe, a usted y al aconsejado, desde la identificación del problema a su resolución, siguiendo unos pocos pasos concretos, que siempre serán pasos prácticos para el aconsejado (con instrucciones específicas para los consejeros, señaladas en cursiva). Lo cierto es que sin un buen plan práctico, es demasiado sencillo dejar a las personas confundidas y perdidas, en lugar de avanzar con ellas de una forma decidida hacia algunos objetivos concretos para cambiar.
6. **Ejemplos bíblicos.** En esta sección le proporcionamos pasajes bíblicos relevantes y comentarios que le ayuden en su consejería, de principio a fin. Insertar todo el proceso en un marco bíblico e invocar el poder del Señor para hacer muchas cosas que no lograremos realizar con nuestras propias fuerzas son pasos esenciales para llevar a cabo una consejería cristiana auténtica. Puede optar por ofrecer estos versículos a las personas a modo de trabajo para casa, para que los memoricen o como guías para la dirección espiritual, o bien puede optar por usarlos como guías para el proceso de intervención.
7. **Oración.** Aunque no será adecuado con todas las personas, muchos cristianos desean e incluso esperan que la oración forme parte integral de su consejería. Debe pedir a cada uno su permiso para orar, y es necesario orar por cada uno de los aconsejados, aunque él o ella no se unan a usted, y deba orar en silencio, o bien en los momentos de reflexión anteriores o posteriores a la sesión. La oración es habitualmente la intervención espiritual más frecuente que se usa en la consejería cristiana, y le ofrecemos algunas líneas de oración que pueden servirle, del todo o en parte, como una introducción eficaz para que la consejería adopte una dimensión vertical, invitando directamente a Dios a entrar en esa relación.

Al final de este manual, hacemos una lista de los recursos cristianos más conocidos, así como los seculares, para leer y estudiar más sobre el tema. Ni mucho menos es una lista exhaustiva, pero le sintonizará para acceder a otros recursos que, a su vez, le conducirán a otras obras que le permitan profundizar lo que desee en el estudio de un tema.

La AACC es un ministerio y una organización profesional de casi 50.000 miembros en Estados Unidos y por todo el mundo. Nos dedicamos a ofrecer y a facilitar los mejores recursos disponibles para pastores, consejeros profesionales y ayudadores laicos para el papel o el entorno en que ofrezcan sus servicios. Por medio de nuestra reconocida publicación *Christian Counseling Today* ofrecemos también una gama exhaustiva de educación, formación, orientación ética, consultoría, libros y conferencias para potenciar el ministerio de la consejería cristiana en todo el mundo. Visite la página www.aacc.net (solo en inglés).

Adicción y abuso de sustancias en la familia

1 RETRATOS

Así que si el Hijo los libera, serán ustedes verdaderamente libres.

Juan 8:36

- Raquel era muy activa en su iglesia, al igual que su familia. Aunque no siempre era confiable, estaba deseosa de ayudar. Asistía regularmente a la iglesia, incluso a los cultos vespertinos. Un domingo por la tarde, Raquel llegó tarde a la iglesia. Hablaba a gritos y era evidente que estaba borracha. Sus hijos la seguían, avergonzados.
- Ricardo siempre había sido famoso por la cantidad de cervezas que podía tomarse sin sentir sus efectos. Pero algo ha cambiado. Según su esposa, recientemente ha estado borracho varias veces, y acaban de arrestarlo por conducir bajo los efectos del alcohol; es la segunda vez que le pasa en dos años. Esta vez se quedará sin permiso de conducir durante un año.
- Diana era madre soltera y le encantaba jugar al bingo. Nadie le dio mucha importancia hasta que una noche un vecino encontró solos en casa a los hijos pequeños de Diana, incluyendo a un niño con pañales, mientras ella jugaba en el salón de bingo.

2 DEFINICIONES E IDEAS CLAVE

Un 50 por ciento del abuso infantil y de los casos de abandono está relacionado con el consumo de alcohol o de drogas por parte de un cuidador.[1]

- El *abuso de sustancias* es el mal uso o uso habitual de una sustancia química con el propósito de cambiar (supuestamente para mejorar) el estado de ánimo. Las personas abusan de sustancias para olvidar sus angustias. A menudo el abuso de sustancias conduce a la *dependencia* de ellas, lo que suele denominarse "adicción".
- Una adicción es la *dependencia de una sustancia* (alcohol, fármacos recetados, marihuana u otras drogas) *o de una actividad* (apostar, ir de compras, ver pornografía en la Internet).
- Una adicción es una *compulsión física* (como en el consumo de alcohol u otras drogas) *o psicológica* (como en la ludopatía o las compras) de usar una sustancia o actividad *para enfrentarse a la vida cotidiana*. Por ejemplo, sin alcohol, el alcohólico no se siente "normal" ni puede funcionar bien.
- La adicción es una conducta repetitiva que es *habitual y difícil o aparentemente imposible de controlar*. Conduce a la actividad dise-

ñada exclusivamente para *obtener la sustancia o encubrir su consumo*: el ama de casa que esconde botellas por todo el hogar, el drogadicto que roba en tiendas para pagarse el hábito, el apostador que se apropia ilícitamente de dinero para pagar sus deudas.

- El adicto, que se caracteriza por *los mecanismos de defensa de la negación, la minimización y la atribución de la culpa a otros*, echa la culpa de sus problemas a otra persona: el jefe es demasiado exigente, el cónyuge no es lo bastante cariñoso, los niños son desobedientes o los amigos son muy persuasivos. El adicto rehúsa aceptar su responsabilidad y admitir la gravedad del problema.
- *La adicción es la dependencia biológica, psicológica y social* de una sustancia o una conducta habitual, como ver pornografía en la Internet o tener una adicción sexual. Con el paso del tiempo, el cuerpo y el cerebro necesitan la sustancia o la conducta cada vez en cantidades mayores para evitar el síndrome de abstinencia.
- Entre las *adicciones a cosas que no son sustancias* se cuentan comer en exceso, apostar, la adicción sexual, como la de la pornografía (ver la sección dedicada a este tema), gastar dinero compulsivamente y fumar (que incluye aspectos de la adicción a sustancias y a conductas).

El alcohol acaba con la vida de seis veces y media más vidas de jóvenes que todas las drogas ilícitas juntas.[2]

Características clave

La adicción o el abuso de sustancias se caracteriza por:

- un patrón de uso de sustancias fuera de control o de una conducta anómala durante un año o más
- cambios frecuentes en el estado de ánimo
- el incremento en el consumo o en el patrón de conducta con el paso del tiempo
- aumento de los sentimientos de vergüenza e indignidad
- la necesidad intensa de gustar a otros o recibir su aprobación
- problemas para controlar los impulsos, sobre todo relativos a la comida, el sexo, los fármacos o el dinero
- el empleo de una sustancia o conducta para aliviar la tristeza o reducir la ansiedad
- obsesionarse con una sustancia o conducta determinada
- la adicción cada vez es más incontrolable
- el aumento de la culpabilidad, la vergüenza, el miedo y la ira
- la incapacidad de controlar la adicción a pesar de los esfuerzos
- las consecuencias negativas de la adicción, padecidas por uno mismo y por otros

Causas de la adicción

Emocionales. Los adictos tienen heridas emocionales, y a menudo padecieron traumas graves en la infancia. Un estudio sobre los adictos al sexo descubrió que un 81 por ciento había padecido abusos sexuales, un 74 por ciento maltrato físico y un 97 por ciento maltrato emocional.[3]

Relacionales. Las conductas adictivas están vinculadas claramente con las relaciones problemáticas de la infancia. En el caso de los adultos, la adicción genera presiones sobre las relaciones interpersonales y conduce a muchas dificultades sociales.

Físicas. Los adictos se vuelven físicamente dependientes de las sustancias que consumen o la conducta abusiva que manifiestan y, sin estas, caen en el síndrome de abstinencia.

Cognitivas y conductuales. A menudo, los adictos tienen pensamientos ilógicos o irracionales que les inducen a olvidar su identidad como hijos e hijas de Dios. También son frecuentes las expectativas irreales sobre sí mismos y sobre otros, y la confianza en soluciones rápidas y mágicas.

Espirituales. En esencia, la adicción es una rebelión contra Dios. Además, ya sean las drogas, el alcohol o el sexo, la adicción se convierte en un ídolo falso para el adicto. Renunciar a esta idolatría de dependencia es la lucha más difícil y duradera del adicto.

Efectos de la adicción

Descontrol. Para los adictos, la dependencia de la adicción escapa a su control. Para recuperarlo necesitan ayuda.

Tolerancia neuroquímica. Dios diseñó nuestros cuerpos para adaptarse a las circunstancias. Por consiguiente, a medida que los adictos experimentan la tolerancia a la sustancia o conducta, sus cuerpos necesitan cantidades cada vez mayores para obtener el mismo efecto.

Progresión. A menudo una adicción se multiplica. Muchos adictos empiezan simplemente experimentando: prueban una droga, van a un casino, dan una calada a un cigarrillo. Sin embargo, como cada vez se necesita más sustancia para conseguir el mismo efecto, el adicto aumentará la potencia o la frecuencia de los actos adictivos, y acabará combinando y alternando diversas drogas y actividades.

Evitación de los sentimientos. Se usa la adicción para mejorar el estado emocional o psicológico del adicto; es una forma de eludir los sentimientos como la soledad, la ansiedad, la ira, la tristeza o la depresión.

Consecuencias negativas. La alienación de Dios, la manifestación de un pecado habitual, los problemas de salud, el dolor crónico y los problemas sociales e interpersonales son consecuencias frecuentes de la adicción.

> Los accidentes de tráfico son la mayor causa de muerte en personas de 6 a 33 años. Cerca del 45 por ciento de esas muertes se produjeron en accidentes de tráfico relacionados con el alcohol.[4]

3 ENTREVISTA DE EVALUACIÓN

Recuerde que *una característica esencial de la adicción es la negación.* El uso de la sustancia no suele preocupar a quien la toma. Parte de su trabajo como consejero durante la evaluación consiste en derribar esa negación (si ya tiene claro que existe una dependencia).

Cuando entreviste al aconsejado, *céntrese en hacer preguntas concretas* sobre circunstancias, sucesos y síntomas. Si se le interroga de una forma no amenazante ni crítica, es probable que el aconsejado responda con sinceridad. Si habla con un miembro de la familia del adicto, puede ajustar estas mismas preguntas para interrogarle acerca del adicto.

Preguntas clarificadoras

1. ¿Su consumo de esta sustancia ha aumentado o disminuido con el paso de los años? ¿Ha habido algún periodo en que se haya privado de ella? (La tolerancia, que es la necesidad de consumir dosis cada vez más altas de la sustancia, es un factor claro que distingue entre un problema de abuso de sustancias y la dependencia. También es necesario evaluar los puntos fuertes, incluyendo los de la familia, y encontrar motivos para la confianza en el tratamiento actual, al estudiar los periodos pasados de libertad de la adicción).
2. (Si el alcohol es la sustancia) ¿Ha experimentado algún episodio en que no recordase lo que hizo mientras estaba bebiendo (amnesia parcial)? ¿Ha sentido alguna vez ansiedad, ataques de pánico, temblores o ha tenido alucinaciones después de pasar un tiempo sin beber?
3. ¿Se ha sometido alguna vez a tratamiento para la adicción o ha asistido a consejería por algún otro motivo? (Esto pretende evaluar la gravedad y el éxito o fracaso del tratamiento anterior, y analizar si la raíz de estos problemas es un trastorno mental o dual).
4. ¿Algún miembro de su familia ha resultado perjudicado porque usted consumiera la sustancia o le ha dicho algo al respecto? ¿Amenaza su cónyuge con abandonarle? ¿Ha tenido problemas con la ley debido a su consumo? (Esto pretende evaluar la necesidad de ayuda familiar, intervención de crisis o asesoramiento legal).

Toda forma de adicción es mala, sin importar que el narcótico sea el alcohol, la morfina o el idealismo.

Carl Jung

Preguntas generales

1. ¿Alguna vez le ha sugerido alguien que su consumo de __________ es un problema? Si lo ha hecho, ¿por qué piensa que esa persona se lo dijo?
2. ¿Alguna vez le ha preocupado su consumo de __________? Si es así, ¿por qué? ¿Qué me dice de cuando pasó __________? ¿No cree que __________ es un problema? ¿No lo consideraría un problema si lo detectase en su mejor amigo o en su cónyuge?
3. ¿Con cuánta frecuencia usa esta sustancia, y cuál es la dosis? Es decir, que durante una semana la consume al menos _____ veces, y siempre para sentirse bien?
4. ¿Intenta esconder ese consumo de su familia o de sus amigos? O sea, que si estuvieran aquí sentados con nosotros, ¿corroborarían que saben el número de veces que ha tomado la sustancia a lo largo de una semana?
5. ¿A qué edad tomó por primera vez __________? ¿Recuerda cuándo empezó a tomarlo cada semana/fin de semana/día?
6. ¿Alguna vez ha hecho algo bajo la influencia de __________ que

> En el año 2000, aproximadamente 85.000 muertes en Estados Unidos fueron atribuibles al consumo excesivo o peligroso de alcohol, lo cual convierte esta sustancia en la tercera causa de muerte nacional. En 2001 se detuvo a 1,4 millones de personas por conducir bajo la influencia del alcohol o de narcóticos. Esto supone uno de cada 137 personas con licencia de conducir.[5]

más tarde lamentó? ¿Le han detenido o le han puesto una multa por conducir bajo la influencia de esa sustancia? ¿Le han detenido por agresión o violencia doméstica? ¿Se ha presentado la policía en su casa para controlar su conducta relacionada con _________, aunque no le detuvieran?

7. ¿Algún miembro de su familia de origen abusó de una sustancia mientras usted era pequeño? ¿Quién? ¿Qué hizo esa persona? ¿Alguna vez se libró de esa sustancia? ¿Recuerda cómo se sintió cuando vio a esa persona usando ________?
8. ¿Su consumo de _________ ha afectado alguna vez a su trabajo o a su familia? ¿Qué sucedió? ¿Le ha advertido su jefe o su cónyuge de que, si vuelve a consumir, actuará contra usted?
9. ¿Ha dejado alguna vez de consumir esa sustancia o lo ha intentado? ¿Cuánto tiempo estuvo sobrio? ¿Cómo se sintió? ¿Cómo reaccionó su cónyuge/hijos/jefe ante usted cuando estuvo sobrio? ¿Qué haría falta para volver a conseguirlo?
10. ¿Quiere abandonar su consumo para siempre? Si "para siempre" le parece imposible, ¿cuánto tiempo desearía estar sin consumir si intentara dejarlo otra vez? ¿Quién podría ayudarle a mantenerse sin consumir si usted lo intentara? ¿Qué pasará/pasaría si recae?
11. ¿Cómo cree que mejoraría su vida si dejara de tomar _________? ¿Cómo mejorarán las cosas con su cónyuge/hijos/jefe si deja de consumir y se rehabilita?
12. ¿Su fe en Dios es un recurso que puede aprovechar para hallar fuerzas en esta lucha? ¿Cómo le ha ayudado Dios a mantenerse sin consumir en el pasado?

4 CONSEJOS SABIOS

La seguridad es siempre un factor clave en el entorno de la familia. Intente averiguar si el consumidor ha conducido bajo la influencia de una droga o tiene niños pequeños en casa, que pudieran correr peligro o a los que pudiera dejar en el vehículo durante un lapso de tiempo. Si es así, dé pasos inmediatos para proteger tanto al adicto como a otros.

Intente hablar con otros miembros de la familia que tienen edad suficiente para comprender cómo manejar la conducta del adicto. Por ejemplo, se debe enseñar a los miembros de la familia a negarse a ir en auto si conduce el adicto y está bajo la influencia de la sustancia, y hay que pedir ayuda si este es incapaz de cuidar de sus hijos pequeños.

Si se produce un maltrato físico o un abuso sexual cuando el adicto está bajo la influencia de la sustancia, anime a sus familiares a salir de su casa de inmediato y acudir a la de un familiar o a un refugio para víctimas de violencia doméstica. Ayúdeles a contactar con recursos positivos y protectores, empezando con otros miembros de la familia.

Si el adicto *insulta* a otros cuando está bajo la influencia de la droga, anime a sus familiares a buscar consejo, sobre todo en sesiones de consejería o de grupo para los familiares de adictos.

Entreviste al cónyuge para evaluar la conducta de rechazo o la permisividad por su parte y la de sus hijos. Si cualquier miembro de la familia miente o adopta una actitud de encubrimiento, hábleles de conductas alternativas que sean más sinceras y abiertas a retar al adicto para que se cure.

PASOS PRÁCTICOS 5

Los siguientes pasos prácticos van dirigidos al consejero.

1. Prepare un contrato de responsabilidad

- Ayude al adicto a comprometerse para recibir ayuda y dar cuentas a otros. Si el adicto firma un contrato con usted donde acuerda dejar de consumir y buscar ayuda inmediata para su adicción, es señal de que se toma en serio el cambio. Si esto no es posible, busque un acuerdo para un periodo determinado de tiempo, al menos hasta la siguiente reunión. Ayude a la persona a comprometerse con algún tipo de programa cristiano de rehabilitación o que asista a una reunión, como las de Alcohólicos Anónimos, donde encuentre un mentor.

2. Impida al adicto conducir bajo los efectos de la droga

- Para proteger a los miembros de la familia, al consumidor y a los transeúntes inocentes, debe convencer al adicto de que no conduzca ni haga nada mientras esté sometido a la influencia de la sustancia.
- La barra y otros sistemas antirrobo impiden la conducción; los dispositivos electrónicos sofisticados pueden evitar que alguien conduzca sin haberse sometido a la prueba del alcoholímetro.
- Explique que esto hay que hacerlo para beneficiar al adicto y a otros, y que el consumo constante tendrá repercusiones para el resto de su vida, como la de no poder conducir su auto para ir al trabajo o a otros lugares.
- Trace un plan con el aconsejado restringiendo su privilegio de conducir la primera vez que lo haga bajo los efectos de la sustancia (esto quiere decir que el consejero o algún adulto responsable en la vida del aconsejado se quedará con las llaves del vehículo de este). Sería buena idea que este plan lo firmaran tanto el consejero como el adicto, para fomentar la responsabilidad y la participación. Esto fija un límite claro relativo al consumo de sustancias, e imita lo que sucedería si se enjuiciase al consumidor por conducir bajo los efectos de la droga.

3. Exija un chequeo médico exhaustivo

- Un examen médico descartará cualquier problema de salud provocado por el consumo de la sustancia.
- Una adicción como el alcoholismo, cuando progresa, se convierte en una enfermedad, de modo que es totalmente recomendable el tratamiento médico.

- Un médico también puede recetar medicinas que contribuyan a la sobriedad, sobre todo cuando existe un trastorno dual.

4. Busque ayuda profesional

- Exhorte al adicto a permitir que un profesional de la dependencia química evalúe si el consumo de la sustancia es una adicción. Estas evaluaciones están disponibles en las agencias de salud mental, en algunos hospitales y en los centros contra el consumo de drogas (frecuentes en las zonas urbanas y suburbanas). Un consejero profesional también puede resultar muy útil para evaluar y tratar una adicción o un trastorno dual, en caso de que exista.

5. Exhorte a los familiares a buscar ayuda

- Es posible que su comunidad cuente con grupos de apoyo de doce pasos, como los grupos Al-Anon (www.al-anon.alateen.org/inicio), Familias Anónimas o un programa cristocéntrico de rehabilitación. Quizá deba informarse para remitir a la familia a un programa confiable y preferiblemente cristocéntrico. Estos programas se basan en los "Doce Pasos de Alcohólicos Anónimos", el programa con mayor éxito del mundo para tratar las adicciones.

6 EJEMPLOS BÍBLICOS

¡Ay de los que madrugan para ir tras bebidas embriagadoras, que se quedan hasta muy tarde embriagándose con vino! (Is. 5:11).

Muchos alcohólicos dependen hasta tal punto del alcohol que empiezan bebiendo a primera hora de la mañana y siguen haciéndolo hasta altas horas de la madrugada.

La tragedia de la adicción es que influye en los deseos y las elecciones de los adictos, dominándolos.

Una tragedia aún mayor es que los adictos rechazan la obra del Señor en sus vidas. Solo Dios puede proporcionar el consuelo permanente, la alegría y el alivio que las personas buscan erróneamente en el alcohol.

> Un 80 por ciento de los estudios descubre una correlación clara entre el consumo de drogas y los trastornos de la personalidad.[7]

Y le dije: "Vas a vivir conmigo mucho tiempo, pero sin prostituirte. No tendrás relaciones sexuales con ningún otro hombre. ¡Ni yo te voy a tocar!" (Os. 3:3).

Las adicciones son enemigos poderosos para nuestra relación con Dios. Tanto si es una adicción al alcohol, a las drogas, al sexo, a los juegos de azar, a navegar por la Internet, a las compras o a lo que sea, los adictos dan fe de una incapacidad clara de controlar sus deseos.

Normalmente las adicciones empiezan de una forma muy sutil: una experiencia, sustancia o individuo que resulta placentero comienza a convertirse en una obsesión. Al final, la obsesión se hace con el control. Si no media algún tipo de intervención, raras veces una persona sale de la adicción.

Los adictos deben estar decididos a cambiar, a sustituir la sustancia adictiva por una intimidad significativa.

Las adicciones destruyen individuos, familias, amistades, reputaciones y carreras profesionales.

A pesar de todo esto, Dios ofrece esperanza al adicto. Dios quiere librar a su pueblo de todo lo que ocupe el lugar que le corresponde en sus vidas. Quiere demostrarles que puede satisfacer todas sus necesidades. Con la ayuda de Dios y la responsabilidad compasiva de otros creyentes, los adictos pueden ser libres, comprados de nuevo.

Debido a los más de dos millones de personas que anualmente conducen bajo la influencia del alcohol, la Administración Nacional de Seguridad del Tráfico en las Carreteras afirma que las estadísticas sobre el alcoholismo apuntan a que en cada uno de los tres últimos años se han producido 17.000 muertes en accidentes de tráfico debidas al alcohol.[6]

"Todo me está permitido", pero no todo es para mi bien. "Todo me está permitido", pero no dejaré que nada me domine (1 Co. 6:12).

Dios dio al mundo "de todo en abundancia" para que lo disfrutase (1 Ti. 6:17), pero Satanás obra incansablemente para tomar las bendiciones de Dios y convertirlas en algo malo.

A los creyentes se les permite disfrutar de muchas cosas siempre que no estén prohibidas por la Escritura, pero nunca deben permitirse ser controlados ni dejar que nada les domine.

Por tanto, hagan morir todo lo que es propio de la naturaleza terrenal: inmoralidad sexual, impureza, bajas pasiones, malos deseos y avaricia, la cual es idolatría. Por estas cosas viene el castigo de Dios (Col. 3:5-6).

Estos versículos describen algunos de esos deseos pecaminosos que los creyentes deben "hacer morir". Los pecados sexuales, los deseos malignos y la avaricia (una forma de idolatría) no deben tener lugar en el corazón del creyente.

Es necesaria una decisión diaria y consciente para decir no a esas tentaciones pecaminosas y descansar en el poder del Espíritu Santo para vencerlas.

Lea con el adicto: Efesios 1:15-21; Colosenses 1:9-18; 1 Tesalonicenses 2:19-20 y Tito 1:2.

Los adictos necesitan esperanza y ánimo para superar su adicción y para saber que Cristo es más fuerte que aquello que los controla. Invítelos a memorizar y a recitar pasajes de esperanza y de fortaleza en Dios. Podrán recordar esos versículos en los difíciles momentos de la tentación.

7 ORACIÓN

Los resultados de una encuesta de 2003 indican que 8,2 por ciento de personas de doce años o más consumieron drogas ilegales el mes anterior a la encuesta.[8]

Amado Señor, te doy las gracias porque _________ ha acudido hoy en busca de ayuda para una adicción. Por favor, ayúdale a entender que puede estar sumido en una adicción auténtica y salir de esta necesitará ayuda práctica. Guíanos mediante tu Espíritu Santo a los recursos que sean más útiles, y te damos las gracias por tu disposición para perdonar incluso una adicción…

Adopción

RETRATOS 1

- Flora y su esposo llevan años intentando tener hijos. Los médicos les han dicho que la única forma de que ella conciba es recurriendo a la fertilización *in vitro*. Debido a sus creencias religiosas, descartan utilizar esta opción. Acuden a la consejería con la pregunta: "¿Alguna vez tendremos la familia que soñamos tener?".
- Después de escuchar a unas vecinas chismeando, Julia, de trece años, formuló a sus padres una pregunta terrible: "¿Es cierto que soy adoptada?". Después de conocer la verdad, está desconsolada y le parece que su mundo se viene abajo. Por el contrario, los padres de Bruno le dijeron la verdad incluso antes de que él supiera decir la palabra *adopción*. Sus primeros recuerdos son estar sentado en el regazo de su padre, ojeando un folleto sobre el proceso de adopción. Sus padres le dijeron cómo habían orado para que Dios les enviara un niño pequeño al que amar, y él fue la respuesta a sus oraciones.
- Cuando Juana se volvió a casar después de años de maltratos, su nuevo marido adoptó al hijo de dos años de ella, Tadeo, como propio. Legal y físicamente, el padre biológico ya no cuenta para nada. Pero se preguntan qué harán si se presenta un día decidiendo que quiere "formar parte" de la vida y de la educación de Tadeo. Viven en el temor constante de que el padre biológico de Tadeo contacte con él.

DEFINICIONES E IDEAS CLAVE 2

- La adopción consiste en que un adulto recibe a un niño o niña que no es biológico y *lo convierta legalmente en su hijo o hija*.
- La adopción supone más que ofrecer una cama y tres comidas al día. Las personas que adoptan *introducen al niño adoptado en su familia para ofrecerle amor y atención*, como si el hijo fuera biológico.
- La adopción ha sido una bendición para muchos niños necesitados. Y esta necesidad sigue existiendo. Las Naciones Unidas calculan que hay *143 millones de niños huérfanos en el mundo, una cifra que cada vez es mayor a causa de la muerte temprana de los padres debido al SIDA y a otras enfermedades, o a la guerra, en muchos lugares de este mundo.*[1]
- *En la mayoría de los casos, cuando se adopta a un niño*, concluye la relación legal de los padres biológicos con él o ella.
- Aunque las leyes sobre la adopción en Estados Unidos se parecen entre los diversos estados, no existe un conjunto nacional de leyes

sobre el tema, dado que la adopción cae dentro de la ley familiar estatal y no en el ámbito del gobierno federal. Sin embargo, el motivo de que la mayoría de las leyes sobre la adopción sea igual en cada estado es que muchos han ratificado las leyes recomendadas en la *Ley de Adopción Uniforme de 1994*, redactada, como lo son todas las propuestas de leyes uniformes, por la National Conference of Commissioners on Uniform State Laws.[2]

- Según el censo estadounidense de 2000, 1,6 millones de niños adoptados eran menores de 18 años. Otros 473.000 fueron personas de 18 años o más, lo cual aumenta la cifra total de niños/adultos adoptados hasta los 2,1 millones.[3]
- Aunque no es un tema popular, debido a los factores genéticos, existe una mayor probabilidad de que *un niño adoptado se parezca menos a sus padres en términos de temperamento, inteligencia y tipo físico que el hijo biológico de una pareja.*

3 ENTREVISTA DE EVALUACIÓN

Las siguientes preguntas le ayudarán a determinar en qué punto del proceso está la pareja o la persona que se está planteando o preparándose para la adopción de un hijo.

1. ¿Cree que está espiritualmente preparado para adoptar? ¿Cómo ha llegado a ese estado de disposición espiritual?
2. ¿Cree que está emocionalmente preparado para adoptar? ¿Cómo ha llegado a ese estado de disposición emocional?
3. ¿Está económicamente preparado para el proceso de adopción? ¿Ha ahorrado dinero o tiene más deudas cada mes que pasa?
4. ¿Tiene suficiente espacio en su hogar actual para criar a un niño?
5. ¿Tiene el tiempo necesario para dedicarlo al proceso de adopción y a la crianza del niño adoptado? ¿Cuánto tiempo cree que podrá dedicar al niño cada día, cada semana?
6. ¿Su relación como matrimonio es lo bastante sólida como para asimilar el estrés que produce un hijo nuevo? (Algunas parejas introducen un niño en sus vidas para resolver un problema. Es un enfoque erróneo y no funciona).
7. ¿Hay algunas cosas que deban mejorar en su relación antes de adoptar?
8. ¿Cuenta con el respaldo social externo suficiente para criar a un hijo? ¿Qué les han prometido sus amigos y sus familias extendidas?
9. ¿Han hablado con otras parejas que hayan adoptado a niños? ¿Cuáles fueron sus mayores retos? ¿Cómo resolvería el problema de __________ si ocurriera en su familia?
10. ¿Tienen pensado tener también hijos biológicos? Si ya tienen uno, ¿ha hablado con él o ella sobre tener un nuevo hermano o hermana? ¿De qué manera está prepararando a su hijo biológico para recibir a un nuevo hermano o hermana?

Los adolescentes adoptados al nacer tienen más probabilidades que los niños nacidos en familias intactas de vivir con dos progenitores en una familia de clase media.[4]

Si la pareja o la persona ya ha adoptado, las siguientes preguntas le ayudarán a esclarecer si se están adaptando al niño adoptado.

1. ¿Sabe su hijo/a que es adoptado/a? Si la respuesta es sí, pregunte: ¿Cómo se lo dijo al niño/a? ¿Cómo reaccionó? Si la respuesta es no, pregunte: ¿Qué le impide transmitirle esa información a su hijo/a? ¿Alberga algún temor relacionado con hablarle de la adopción?
2. ¿Su hijo adoptivo tiene problemas en la escuela o en casa? ¿Tiene muchos amigos y se siente aceptado por sus compañeros? ¿Participa en actividades extraescolares?
3. Como sabemos que el estrés de los padres influencia a los hijos, ¿cómo se cuida usted en el nivel personal? ¿Qué sistema de apoyo tiene actualmente?
4. ¿Cómo es su relación actual con su hijo adoptivo? ¿Necesita mejorar algunas áreas? ¿Cuál es la rutina familiar actual? ¿Pasan tiempo juntos como familia de forma habitual?
5. ¿Cuál es la mayor preocupación que tiene respecto a su hijo adoptivo?

Se calcula que en torno a *un millón de niños* en Estados Unidos viven con padres adoptivos, y que entre *un 2 y un 4 por ciento de familias estadounidenses* incluyen a un hijo adoptivo.[5]

CONSEJOS SABIOS 4

La interpretación que hace un niño de su adopción depende casi por completo del modo en que esta se le comunique durante sus primeros años de vida. Se aconseja a los padres *encontrar ejemplos de adopciones que transmitan respeto y dignidad al niño adoptado.* Un ejemplo es la historia de Moisés, adoptado por la hija del faraón y elegido por Dios para hacer grandes cosas para el pueblo de Israel. Otros ejemplos podrían ser personas conocidas, como un amigo de la familia o una persona respetada en la comunidad que también fue adoptada. Cuanto más sepa el niño sobre personas buenas y de éxito que fueron adoptadas, menos considerará que ser adoptado es una desventaja.

Los padres deben celebrar la adopción de su hijo y dar gracias por ella, pero no tienen que recordar constantemente al niño su distinción como adoptado. En lugar de eso, es importante enfatizar lo parecida que es una familia adoptiva a otras familias saludables y felices.

En las familias ensambladas, los niños crecen bajo el cuidado de unos padres que no tienen relación biológica con ellos. Además, en muchos casos, estos niños son adoptados por sus padrastros. Según el censo estadounidense del año 2000, en ese país hay más de cuatro millones de hijos adoptivos.[6]

PASOS PRÁCTICOS 5

Ya sea biológico o adoptado, un niño de cualquier edad requiere un trabajo intenso por parte de sus padres.

1. Las finanzas: ponga orden en su economía doméstica

- El coste de una adopción difiere en función de si la persona adoptada procede del mismo país, del sistema de cuidado temporal público o de otro país.
- Las adopciones domésticas e internacionales cuestan entre 8.000 y 40.000 dólares. Normalmente, el precio medio oscila entre 15.000 y 25.000 dólares.[7]
- El precio de adoptar a un niño que viene de un programa de cuidado temporal es mínimo. Sin embargo, a la hora de calcular los costes, también hay que tener en cuenta los servicios posteriores a la adopción. Los gastos adicionales incluyen la asistencia médica, la consejería o servicios psicológicos y los servicios para niños con necesidades especiales.[8]
- Para afrontar el elevado precio de una adopción, existe una serie de programas que reducen costes, como los créditos fiscales, que ayudan a las personas con sus gastos previos a la adopción y posteriores a esta.[9]

Hay demasiados niños en programas de cuidado temporal y muchos pasan desapercibidos... Sea un héroe. Tómese un tiempo para informarse sobre la adopción.

Bruce Willis

2. La verdad: ahora es el momento de decirlo

- *Muchos padres adoptivos quieren saber cuál es el momento adecuado para decirle a su hijo/a que es adoptado/a. La respuesta siempre es la misma: ahora.*
- Si es posible, empiece a hablarle a su hijo/a de su condición de adoptado antes de que él o ella sepa decir adopción. Cuando los padres adoptan este enfoque, nunca tendrá que llegar esa conversación en la que "se le da la noticia". En lugar de eso, el niño siempre sabrá que fue adoptado y que la adopción es un proceso normal y saludable.
- Confeccione un álbum con fotos y recortes del proceso de adopción, y guárdelo con el álbum de fotos del niño. Si adopta a un niño de otro país, quizá quiera introducir en su educación elementos de su cultura de origen, como alimentos, el idioma o las prendas de vestir.

3. La afirmación: ayude al niño adoptado a sentirse especial

- A veces los niños adoptados se sienten fuera de lugar en la unidad familiar, sobre todo si tienen hermanos que son hijos biológicos. Por muy aceptados que estén en la familia los hijos adoptados, se dan cuenta de que son diferentes, que sus genes no son los mismos que los del resto de la familia. Es posible que físicamente sean muy distintos: no tienen la piel clara de mamá o los ojos de papá.
- Intente equilibrar la balanza al hablar de la adopción de una forma muy especial. Algunos padres han dicho a sus hijos adoptivos:
  - "Pedimos a Dios un bebé, y Él te envió a ti. ¡Damos gracias al Señor todos los días porque eres una respuesta maravillosa a nuestras oraciones!".
  - "Otros padres, cuando tienen hijos, no saben cómo serán. Pero nosotros te elegimos especialmente".
  - "Nuestra familia estaba incompleta hasta que llegaste. Ahora somos una familia completa y nos encanta".

- Honre la condición del niño celebrando dos cumpleaños cada año. El primero será el del nacimiento biológico del niño; el segundo será el día en que fue adoptado. Parece que no tiene importancia, pero esta práctica ayuda realmente al niño a asociar su adopción con algo bueno desde el principio.

4. Las relaciones: forje vínculos fuertes con su hijo

- Forjar una relación con un hijo adoptivo puede ser un desafío, sobre todo si el niño es mayor y tiene traumas relacionados con la pérdida de su familia y un nuevo entorno.
- Deberá tener mucha paciencia y gracia con su hijo adoptivo, sobre todo si este no es un bebé.
- No espere que el niño llegue sin problemas. A pesar de que puede ser la respuesta a una oración, esto no quiere decir que Dios les haya dado un hijo "perfecto". Es posible que tenga una serie de problemas, desde traumas emocionales hasta cuestiones físicas o psicológicas, que puedan requerir la atención de un profesional.

A veces el destino entra en juego. Esos niños acaban a su lado, y usted al lado de ellos. Es casi mágico.

Nicole Kidman

EJEMPLOS BÍBLICOS 6

Y, al quedar abandonado, la hija del faraón lo adoptó y lo crió como a su propio hijo (Hch. 7:21).

Seguramente la persona adoptada más famosa de la Biblia fue Moisés. Nació como israelita, pero fue criado en la casa del faraón. Dios usó a Moisés para sacar a los israelitas de la esclavitud y darles libertad, como se cuenta en el libro de Éxodo.

Mardoqueo tenía una prima llamada Jadasá. Esta joven, conocida también como Ester, a quien había criado porque era huérfana de padre y madre, tenía una figura atractiva y era muy hermosa. Al morir sus padres, Mardoqueo la adoptó como su hija (Est. 2:7).

Ester es otro ejemplo notable de personaje adoptado en la Biblia. La belleza de Ester era tan grande que fue elegida como consorte del rey Jerjes (también se le conocía como rey Asuero). Ester fue una mujer de gran piedad, fe y coraje. En su calidad de reina, ayudó y protegió al pueblo judío.

ORACIÓN 7

Señor, te damos las gracias por tu bondad. Hoy oramos porque esta pareja se plantea [ha iniciado el proceso de] adoptar a __________ en su familia. Te rogamos, Señor, que se haga tu voluntad en esta situación, y rogamos por los niños que esperan la oportunidad de tener una familia...

Celos en el matrimonio

1 RETRATOS

- Vacío y agotado en su matrimonio, él murmuró: "Ella es obsesiva, y sus celos me están volviendo loco. Ya no aguanto más".

  Antes incluso de que pudiera sentarse al volver del trabajo, su esposa empezó con el interrogatorio. "¿Con quién estabas hablando hoy en el supermercado?", le preguntó con tono acusador.
- "Era alta y rubia, y ¡cómo coqueteaba con mi marido! En el mismo momento en que la vio, supe que le atraía. *Odio a las que son como ella*, pensé". Mientras la mujer hablaba, era evidente que tenía un grave problema de celos: tenía celos de su hermana, de sus amigas y sus vecinas, y ahora de una mujer a la que no conocía. Atascada en la ira y la autocompasión, permitía que los celos perjudicasen sus emociones y su matrimonio. Sintiéndose ahogado y acusado injustamente, su marido se distanciaba de ella, lo cual la hacía sentir pánico, porque pensaba que su marido la iba a abandonar o a tener una aventura. Así, su conducta celosa aumentaba la probabilidad de que se cumplieran sus predicciones ominosas.
- Juan es tan sobreprotector que, si un hombre mira demasiado a su novia, es probable que le dé un puñetazo. "No hables con ningún hombre" es la regla primordial que le impone a ella. Su novia le tiene tanto miedo que solo piensa en salir corriendo.

2 DEFINICIONES E IDEAS CLAVE

- Los celos son una mezcla de *pensamientos y sentimientos negativos* (sobre la vida y las relaciones), llenos de *inseguridad, ansiedad* y *temor.* Típicamente, en un caso de celos participan tres personas. La persona celosa se concentra en un rival (normalmente sin justificación) al que considera un competidor por la atención de la persona amada. Aunque el rival es el objeto del odio y de la oposición que en ocasiones son intensos, casi siempre los residuos de los celos acaban desbordándose y *afectan la relación con la persona amada.* Muchos divorcios, relaciones familiares rotas y sociedades comerciales fracasadas son el resultado de unos celos y unas sospechas indestructibles.
- Los celos y la *envidia* son hermanos, los hijos perversos de una mezcla tóxica de ira, inseguridad con base ansiolítica y *el hábito obsesivo*

de compararse con otros (y normalmente, salir perdiendo en la comparación).

- En la mayoría de episodios de celos, hay también una raíz de *miedo*, el temor a perder el amor o la alabanza de la persona amada.
- La Biblia dice que los celos destructivos son como un torrente si no se encauzan y se dominan (Pr. 27:4). *El amor obsesivo, concentrado y consumidor* que es "fuerte como la muerte" produce fácilmente unos celos que son "tenaces como el sepulcro" (Cnt. 8:6).
- Sin embargo, los celos no son siempre malos en sí mismos. *Las Escrituras describen al Señor como "Dios celoso"* (Éx. 34:14), que derrama su ira sobre cualquier cosa que usurpe su nombre y su autoridad. Dios está celoso por su Iglesia (2 Co. 11:2), y Pablo nos advierte que no provoquemos los celos de Dios al apartarnos de Él y volver a los ídolos (1 Co. 10:20-22).
- Dios siente celos de que le abandonemos y vayamos tras los ídolos, de modo que *los celos tienen un papel legítimo.* El matrimonio, o cualquier compromiso profundo con una relación, crearán un sentimiento sólido de apego. Dentro de este contexto, la ausencia de cierto grado de celos puede significar que la persona carece de interés por la relación y de compromiso con esta. De hecho, en ocasiones hay buenos motivos para los celos. La conducta reservada de un cónyuge o un tiempo injustificado que pasa fuera del hogar, pueden dar pie a una preocupación legítima.

> Un 85 por ciento de las mujeres que tuvieron "la corazonada" de que sus maridos les eran infieles estaban en lo cierto.[1]

- Sin embargo, cuando se llevan a un extremo, *los celos patológicos* pueden dominar una relación. Algunos cónyuges, habiéndose enfrentado en su infancia a abusos o abandonos, aportan esta patología a su matrimonio. Los conflictos no resueltos del pasado pueden ser la inercia de *un círculo vicioso de celos disfuncionales.* Por ejemplo, un cónyuge con celos crónicos usará la autocompasión, mentiras, amenazas y otras *formas de manipulación para controlar una relación.* Cuando el otro se resiste, la persona celosa reacciona volviéndose más controladora. Si la otra persona sigue resistiéndose, confía en un amigo o busca ayuda fuera de la relación, esto puede alimentar más los celos y las predicciones catastrofistas. Este ciclo consumidor aumenta la velocidad y va directo a la catástrofe.

ENTREVISTA DE EVALUACIÓN 3

A continuación hay unas preguntas que puede hacer a la pareja para llegar a la raíz del problema de celos:

1. ¿Cuál de los dos siente celos del otro? ¿Cuándo fue la primera vez que recuerda haber sentido celos?
2. ¿Cuál de los dos necesita más al otro?

Para el cónyuge celoso

1. ¿Su pareja hace algo en concreto que le haga sentir celoso/a? ¿Hay

algún momento en que no sienta celos? ¿Siente celos de alguna otra persona, como pueden ser amigos o compañeros de trabajo?
2. ¿Tiene miedo de perder a su cónyuge?
3. ¿Qué opinión tiene de sí mismo/a?
4. ¿Actuar por celos le ayuda a estar más cerca de su cónyuge?
5. ¿Cómo cree que se siente su pareja debido a sus celos?

Para el cónyuge afectado por los celos de su pareja

1. En una escala del 1 al 10 (siendo 10 el máximo), ¿en qué grado es celoso su cónyuge? ¿Cree que los celos de su cónyuge son irracionales?
2. ¿Cómo le afectan los celos de su pareja?
3. Cuando su cónyuge siente celos, ¿usted se retrae? En ese caso, ¿cómo afecta su actitud a los celos de su pareja?
4. ¿Sabe cuándo empezaron los celos de su cónyuge? ¿Hace algo para provocar esos celos?
5. ¿Alguna vez ha sido infiel a su cónyuge? ¿Qué ha pasado para que él/ella piense que usted lo ha sido? ¿Alguna vez ha abandonado a su cónyuge en algún sentido?
6. ¿Ha amenazado con romper el matrimonio si no acaban los celos? ¿Hay alguna posibilidad de que abandone a su cónyuge o le sea infiel?

4 CONSEJOS SABIOS

Las personas con un cónyuge celoso tienen que *examinarse a sí mismas en profundidad*. Primero deben evaluar si en realidad hacen algo que provoque los celos. Si es así, deben interrumpir esa actividad, al menos durante un tiempo, para manifestar a su pareja su compromiso con el matrimonio. Es posible que deban aumentar las manifestaciones de afecto hacia su pareja.

Si un esposo o una esposa no hacen nada por provocar los celos, no deben ceder ante las acusaciones falsas y la conducta manipuladora, porque, si no, esta se perpetuará. Deben hablar sincera y educadamente sobre este problema con el cónyuge celoso. La consejería o la mediación pueden ser necesarios si los miembros de la pareja no pueden hablar con tranquilidad sobre este tema.

Los celos pueden destruir hasta los matrimonios más sólidos. *Toda pareja tiene que proteger su relación y no sembrar las semillas de los celos.*

5 PASOS PRÁCTICOS

¿Cómo se pueden superar los celos antes de que provoquen un desastre? A continuación veremos algunas tácticas útiles para luchar y superar los celos presentes en un matrimonio.

1. Escuche a otros

Si los buenos amigos o los seres queridos comentan sobre sus celos, es un buen indicador de que existe un problema que hay que solucionar.

2. Sea sincero

Si le acusan de ser celoso, no reaccione diciendo: "¡No soy celoso!". Debe preguntarse: *¿Intento controlar y manipular a mis seres queridos? ¿Qué o quién provoca esos sentimientos de celos? ¿Estoy induciendo a mis seres queridos a apartarse de mí? ¿Intento que me justifiquen cada minuto de sus vidas, miradas o pensamientos?*

> **Nunca malgaste los celos en un hombre real; es el hombre imaginario el que nos suplanta a todos a largo plazo.**
>
> *George Bernard Shaw*

3. Pase tiempo con Dios

Si lucha contra los celos, debe hacer todas las preguntas anteriores en oración, pidiendo a Dios que le dé sabiduría, le revele la verdad y le conceda el valor para actuar en consecuencia. Debe pedir a Dios que transforme su necesidad de seguridad en dependencia de Él y confianza en su persona.

4. Transforme la mente

Si es usted una persona celosa, debe usar sus pensamientos ansiosos y sus sospechas como indicios para detener sus reacciones negativas, respirar hondo, orar y obtener el control. Luego, debe orar por la persona querida, pensar en todas las cosas positivas que le ofrece la relación con ella y meditar sobre qué cosas especiales podría hacer, en ese mismo momento, para demostrarle su amor. Una llamada telefónica, una caricia o un regalo pueden hacer maravillas... para los dos.

EJEMPLOS BÍBLICOS 6

Tiempo después, Caín presentó al Señor una ofrenda del fruto de la tierra. Abel también presentó a Señor lo mejor de su rebaño, es decir, los primogénitos con su grasa. Y el Señor miró con agrado a Abel y a su ofrenda, pero no miró así a Caín ni a su ofrenda. Por eso Caín se enfureció y andaba cabizbajo... Caín habló con su hermano Abel. Mientras estaban en el campo, Caín atacó a su hermano y lo mató (Gn. 4:3-5, 8).

Los celos son una emoción peligrosa que ha acompañado a la raza humana durante mucho tiempo. Los celos pueden descontrolarse, como queda claro en la historia de Caín y Abel. Piense en el contraste dramático que vemos en el pasaje anterior: Caín presenta una ofrenda a Dios, y poco después sus celos le impulsan a cometer un acto atroz.

Disgustado por lo que decían, Saúl se enfureció y protestó: "A David le dan crédito por diez ejércitos, pero a mí por uno solo. ¡Lo único que falta es que le den el reino!". Y a partir de esa ocasión, Saúl empezó a mirar a David con recelo (1 S. 18:8-9).

Los israelitas entonaron una canción que iba destinada a honrar a David y a molestar a su rey, Saúl. Si los israelitas pretendían enfurecer a Saúl con sus cantos, tuvieron un éxito rotundo. Cuando Saúl descubrió la popularidad de David, su envidia fue tan grande que se convirtió en su enemigo.

El corazón tranquilo da vida al cuerpo, pero la envidia corroe los huesos (Pr. 14:30).

Este consejo bíblico de Proverbios ha demostrado su veracidad en muchas vidas. Las nuevas evidencias clínicas demuestran los efectos perjudiciales que tiene el estrés sobre el cuerpo humano, y los celos siempre provocan un alto grado de estrés.

7 ORACIÓN

Señor, venimos ante ti admitiendo que hay un cáncer que está destruyendo este matrimonio: el cáncer de los celos. Sé el Gran Médico y acude para eliminar esta terrible podredumbre. Ayuda a esta pareja a confesar sus pecados y a renovar su compromiso el uno con el otro, con su matrimonio y con su familia. Muéstranos qué hace falta para superar este azote peligroso, porque amas a este matrimonio y estás decidido a prolongar su existencia…

Compromiso y pacto matrimoniales

RETRATOS 1

- Pablo y Sara están planificando su boda. Alguien les pregunta: "¿Quieren que su matrimonio sea un contrato o un pacto?". Como no saben cuál es la diferencia, lo preguntan en su siguiente sesión de consejería prematrimonial.
- El último matrimonio de Carmen acabó en un divorcio calificado de "sin asignación de culpas". *¡Sin asignación de culpas!*, piensa ella. *Mi marido conoció a alguien más joven y más delgada y nos abandonó a mí y a sus hijos. ¿Cómo que no hay culpa?* Ahora que recibe consejería antes de volver a casarse, Carmen se plantea firmar un pacto matrimonial legalmente vinculante.
- "Nuestro matrimonio no ha sido lo que debería", admiten Judit y Kevin. "Queremos comprometernos de nuevo, y esta vez incluso nos planteamos casarnos por la iglesia".

DEFINICIONES E IDEAS CLAVE 2

- El matrimonio *fue creado por Dios* para que *fuese un pacto de amor y dedicación exclusivos entre un hombre y una mujer durante toda la vida*, dando origen, si es posible, a hijos y a una familia.
- Dentro del matrimonio, *el compromiso de una persona con otra procede del compromiso de Dios con nosotros.* Dios ha prometido amarnos, protegernos, abrigarnos y cuidarnos para siempre, y este pacto no se puede romper. De igual manera, Dios ha capacitado a los esposos y a las esposas para *amarse, protegerse, abrigarse y cuidarse mutuamente* hasta la muerte, y *es un pacto que no se debe romper.*
- *El pacto es el fundamento "invisible" que posibilita el matrimonio duradero.* Es el secreto para desvelar el misterio de la "unidad" y el deleite de la plenitud. La esencia del pacto matrimonial es que *dos personas se vuelven una.* El pacto exige la muerte de dos voluntades y el nacimiento de una. "Yo" se convierte en "nosotros", y nunca volverán a separarse. La Biblia dice: "Así que ya no son dos, sino uno solo" (Mt. 19:6). Eso es un pacto básico.
- El término hebreo para unirse o combinarse significa "aferrar, agarrar o sujetar". La palabra griega correspondiente significa "adherirse". *Las partes del pacto matrimonial, vinculadas perma-*

nentemente, no se "despegarán" cuando el matrimonio se enfrente a pruebas y presiones.

- Aunque vivimos en una sociedad contractual, Dios sabía que las personas no podemos construir un matrimonio basándolo solamente en un contrato privado, algo que se puede cancelar y dejar a un lado motivados por los caprichos y las debilidades personales, aunque no sin consecuencias. Sabía que un contrato no sostendría *la relación de dos seres humanos imperfectos que se enfrentan al sufrimiento, las trampas y las presiones del matrimonio.* Para que el matrimonio perdure y llegue a su objetivo final, debe fundamentarse en algo más que en un trozo de papel. *Exige la fusión sobrenatural de las vidas y de los corazones.*
- Casarse por contrato es decir: "Y ahora que he firmado, ¿qué consigo?". Se centra en *recibir*, o con suerte en un intercambio mutuo. Casarse por pacto es decir: "Me entrego a ti sin condiciones". Se centra en *dar*, incluso durante esos momentos inevitables de todo matrimonio y de cualquier relación duradera en los que una parte o las dos no reciben nada a cambio.
- En un contrato, dos personas quedan vinculadas *hasta que se abroga*. En un pacto, dos personas se comprometen *hasta que la muerte las separe*. El cumplimiento de los contratos lo obliga un tribunal. Los pactos se cumplen por carácter. Un contrato exige firmar con el nombre; *un pacto exige la unión de dos corazones.*

El índice de divorcios en 2005 (por cada 1.000 personas) fue de 3,6, el más bajo desde 1970. El índice de bodas en 2005 (por cada 1.000 personas) fue de 7,5, una reducción frente al 7,8 del año anterior.[1]

3 ENTREVISTA DE EVALUACIÓN

La pareja a la que asesora, ¿tiene un matrimonio basado en un contrato o en un pacto? Las preguntas siguientes le ayudarán a evaluar su matrimonio y sus corazones.

1. ¿Alguna vez ha oído hablar del matrimonio por pacto? ¿Conoce la diferencia entre un contrato y un pacto?
2. ¿Recuerda algún ejemplo de los pactos entre Dios y su pueblo en la Biblia? Si lo recuerda, ¿qué características tienen esos pactos que los hace tan sólidos?
3. ¿Le gustaría tener ese tipo de compromiso en su matrimonio? ¿Está dispuesto a hacer lo que haga falta para construir un matrimonio saludable que dure toda la vida?

4 CONSEJOS SABIOS

Se ha dicho que *el propósito de un matrimonio basado en un pacto legalmente vinculante* es ofrecer a las partes *una mayor seguridad* al saber que su cónyuge se ha comprometido a construir un buen matrimonio, pase lo que pase en el futuro.

En la práctica, el matrimonio por pacto se considera una respuesta al índice creciente de divorcios y a la cultura del divorcio fácil o "sin asignación de culpa". Optar por este tipo de matrimonio ofrece unos criterios más estrictos para el divorcio. Hace falta un asesoramiento prematrimonial, así como la consejería como primer paso para abordar cualquier desacuerdo matrimonial. Legalmente, un matrimonio por pacto solo se puede deshacer debido al abuso, un delito mayor o el adulterio, no por el mero hecho de que "el amor se ha ido".

Una pareja que desee firmar un pacto matrimonial legal accede a *recibir consejería prematrimonial*, y a *aceptar solo unas condiciones limitadas para el divorcio*, como el abuso, la desatención o el adulterio.

Hoy día, los *matrimonios por pacto* se pueden celebrar legalmente en Arkansas, Arizona y Louisiana. Se ha introducido la legislación, que aún no se ha puesto en vigor, en California, Florida, Georgia, Indiana, Iowa, Kansas, Maryland, Minnesota, Mississippi, Missouri, Nebraska, Nuevo Méjico, Oklahoma, Carolina del sur, Oregón, Tennessee, Texas, Utah, Virginia, Washington y West Virginia.

Los oponentes al matrimonio por pacto sostienen que un cónyuge puede verse atrapado con una persona infiel o maltratadora. Una vez más, el objetivo no es atrapar a nadie, sino *unir dos corazones para toda la vida.* Ambas partes deben aceptarlo libre y voluntariamente.

PASOS PRÁCTICOS 5

El plan de acción para esta sección difiere de los otros en este manual, porque la "acción" principal que se exige al consejero es explicar al matrimonio (o a la pareja) qué es un pacto matrimonial, qué responsabilidades y beneficios tendrá su matrimonio si se comprometen firmemente con él, y prepararlos para ese compromiso.

1. El pacto matrimonial es algo serio

- El término hebreo para pacto es *berith*, que expresa la idea de un corte practicado en la carne de modo que fluya la sangre. El acto hebreo de "pacto cortante" era tan serio que se inauguraba con sangre. El derramamiento de la sangre de los animales sacrificados en el Antiguo Testamento y la sangre de Jesús en la cruz fueron actos relacionados con un pacto. En el Antiguo Testamento, los pactos eran tan serios que Dios pedía cuentas a quienes los incumplieran.
- En Malaquías, Dios identificó el matrimonio como un pacto que no se puede incumplir sin que se produzcan consecuencias graves. Dios se toma muy en serio la ruptura del pacto matrimonial (Mal. 2:13-16). La mayoría de los defensores de esta postura cree que la Biblia nos dice que Dios, cuando se le pide, abrogará el pacto solo por dos motivos: el adulterio y la muerte.

> **Las cadenas no mantienen unido a un matrimonio. Lo hacen las hebras, cientos de hebras finísimas que cosen a una persona a otra con el paso de los años.**
>
> *Simone Signoret*

2. El pacto matrimonial es sagrado

- En la Biblia, un pacto era el acuerdo más serio, sagrado y solemne que pudiera hacerse entre seres humanos. Para un hombre y una mujer es un acto sagrado para que entren en una relación de pacto con Dios, la familia y los amigos. Dios nos pide cuentas de los votos que nos hacemos el día de nuestra boda. Las promesas hechas ante el altar permiten el acceso a un pacto sagrado, de cuyos términos es testigo el propio Dios. El matrimonio cristiano es un triángulo: hacen falta tres para que dos se conviertan en uno.

3. El pacto matrimonial es un sacrificio

- No es posible un pacto sin sacrificio, y el matrimonio está pensado para ser la más sacrificada de todas las relaciones. El pacto representa una entrega total y conlleva la unión de una vida con otra. Esta imagen bíblica de "dos que se hacen uno" no niega la identidad personal, pero sí permite el desarrollo de una diversidad maravillosa.
- Normalmente, el egoísmo es la raíz de todos los conflictos matrimoniales. Por lo tanto, la clave para un matrimonio de éxito y duradero es que la voluntad de cada uno muera. Para que viva el matrimonio hay que morir a muchas cosas. El "*yo*" debe convertirse en "*nosotros*". Cuanto más altruistas seamos, más felices seremos en nuestro matrimonio.

6 EJEMPLOS BÍBLICOS

Abram cayó rostro en tierra, y Dios continuó: —Éste es el pacto que establezco contigo: Tú serás el padre de una multitud de naciones. Ya no te llamarás Abram, sino que de ahora en adelante tu nombre será Abraham, porque te he confirmado como padre de una multitud de naciones. Te haré tan fecundo que de ti saldrán reyes y naciones (Gn. 17:3-6).

Cuando Dios establece un pacto, le es siempre fiel. Un ejemplo de un pacto es el que estableció con Abraham.

> Lo que hace infeliz a un matrimonio no es la falta de amor, sino de amistad.
>
> *Friedrich Nietzsche*

A los casados les doy la siguiente orden (no yo sino el SEÑOR): que la mujer no se separe de su esposo. Sin embargo, si se separa, que no se vuelva a casar; de lo contrario, que se reconcilie con su esposo. Así mismo, que el hombre no se divorcie de su esposa. A los demás les digo yo (no es mandamiento del SEÑOR): Si algún hermano tiene una esposa que no es creyente, y ella consiente en vivir con él, que no se divorcie de ella. Y si una mujer tiene un esposo que no es creyente, y él consiente en vivir con ella, que no se divorcie de él (1 Co. 7:10-13).

El compromiso siempre ha sido una faceta importante del matrimonio. Tradicionalmente, el matrimonio se ha considerado un estado permanente, no algo que se pueda interrumpir fácilmente y recomenzarlo con otra persona.

En el pasaje anterior, Pablo dice que las personas separadas deben mantenerse solteras. Esto nos ayuda a entender que, según Pablo, el matrimonio debe ser un suceso que tiene lugar una vez.

Bebe el agua de tu propio pozo, el agua que fluye de tu propio manantial. ¿Habrán de derramarse tus fuentes por las calles y tus corrientes de

aguas por las plazas públicas? Son tuyas, solamente tuyas, y no para que las compartas con extraños. ¡Bendita sea tu fuente! ¡Goza con la esposa de tu juventud! Es una gacela amorosa, es una cervatilla encantadora. ¡Que sus pechos te satisfagan siempre! ¡Que su amor te cautive todo el tiempo! (Pr. 5:15-19).

La monogamia es un aspecto importante del compromiso matrimonial. Las personas casadas no deben tener relaciones sexuales con nadie excepto su cónyuge, ni deben permitir que su cónyuge las tenga. Además, los pasajes bíblicos sugieren que parte del compromiso matrimonial consiste en mantener la intimidad sexual con el cónyuge durante todo el matrimonio, mientras ambas partes estén en condiciones físicas de hacerlo.

ORACIÓN 7

El matrimonio es un compromiso serio; es un pacto que dura toda la vida. Cuando nos casamos, hacemos el voto de estar junto a la otra persona en la salud y en la enfermedad, para lo bueno y para lo malo. Señor, ayuda a esta pareja a mantener los votos y los compromisos que hicieron. Dales sabiduría y gracia en todo lo relativo al pacto matrimonial...

Comunicación en el matrimonio

1 RETRATOS

- Timoteo estaba en la entrada de un restaurante lleno de gente y veía cómo entraba todos los comensales... pero ni rastro de Julia. En un restaurante situado a varios kilómetros de allí, Julia estaba en la entrada también llena de gente mirando la puerta... esperando a Timoteo.
- Cuando Jazmín le dijo a su marido: "¡Es horrible estar aquí! No estás nunca en casa. ¡Me paso sola el día y la noche!", fue otro grave error de comunicación que afectó al matrimonio. Carlos entendió que ella odiaba la casa que él había construido. Lo que Jazmín quería decir es que le gusta la casa, pero que deseaba que él pasase más tiempo con ella.
- Cuando el marido de Emilia se encierra en sí mismo, ella le presiona y le provoca para que se abra. Entonces, él se cierra aún más. Al final los dos acaban perdiendo los nervios. Ella empieza a gritarle, y él se marcha de casa para ir con sus amigos al bar.

2 DEFINICIONES E IDEAS CLAVE

- La comunicación en el matrimonio (y cualquier comunicación bidireccional) es un *proceso* que se entiende y se analiza mejor cuando lo dividimos en sus cinco partes:
    1. un *mensaje* de una persona o grupo
    2. se envía en forma oral o escrita
    3. a *otra persona o grupo*
    4. que *recibe* el mensaje
    5. y *entiende* su significado de determinada manera
- La mala comunicación puede darse ¡en cualquiera de las partes de este proceso! *La comunicación perfecta se produce cuando el receptor comprende plenamente y con precisión la intención del mensaje emitido.* La comunicación eficaz y alentadora tiene un potencial enorme para enriquecer la intimidad de un matrimonio.
- *La comunicación rota o confusa tiene lugar debido a distracciones y malas interpretaciones* en cualquier punto de este proceso complejo. Por ejemplo:
    - El mensaje, tal como se expresa, puede que no represente la intención del emisor.

- El modo en que se envía puede ser ineficaz o estar incompleto.
- Es posible que el receptor no escuche con atención.
- La comprensión del mensaje recibido puede verse afectada por los filtros de la historia, las emociones, el género y los valores del oyente.

- Según algunos expertos en matrimonio, hasta el *90 por ciento* de las parejas que acuden a consejería dicen que *la mala comunicación se encuentra en la raíz de sus problemas.*
- Incluso durante discusiones serias o charlas sentidas, las parejas pueden confundirse al *oír mal o malinterpretar* la esencia de los mensajes que emite el otro.

La diferencia de opinión, la independencia económica y los niveles bajos de tolerancia conducen a los conflictos en el matrimonio.[1]

ENTREVISTA DE EVALUACIÓN 3

La comunicación, ¿es un problema en la relación de las personas a las que asesora? Las preguntas siguientes pueden ayudarle a evaluar la capacidad comunicativa de la pareja o sus dificultades con ella.

1. ¿Con qué frecuencia hablan usted y su cónyuge de cosas íntimas?
2. ¿Con qué frecuencia usted y su cónyuge mantienen una conversación larga y con sentido?
3. ¿Con qué frecuencia usted y su cónyuge hablan de cosas curiosas o divertidas?
4. ¿Con qué frecuencia habla con su pareja de algo que le inquieta a usted?
5. Usted o su cónyuge, ¿sienten que su pareja no le comprende?
6. ¿Cuándo fue la última vez que una discusión llegó a un punto destructivo?
7. Usted y su cónyuge, ¿discuten limpiamente, o recurren a menudo a los gritos y a los insultos? Discutir limpiamente significa escuchar de verdad a su cónyuge en vez de atacarlo movido por la rabia.

CONSEJOS SABIOS 4

El objetivo preeminente de toda comunicación en el matrimonio es que las discusiones entre los cónyuges se basen en la sinceridad, el respeto y el amor. La comunicación debe tener un propósito, estar orientada hacia los objetivos y exenta de metas ocultas. Ser sensibles al momento preciso y a la preparación son cosas tremendamente útiles (p. ej., no plantear una situación difícil en público o sentados a la mesa; demorarlo hasta un momento privado reservado para esa conversación).

En las situaciones violentas, puede ser complicado hablar con sinceridad y al mismo tiempo respeto. Las Escrituras señalan que es vergonzoso y necio responder a un asunto antes de haberlo escuchado y entendido todo (Pr. 18:13). *La comunicación consiste en la emisión y la recepción de mensajes.* De estas dos cosas, la más importante es *escuchar con respeto la totalidad del mensaje.*

5 PASOS PRÁCTICOS

Hay maneras para mejorar la calidad de la comunicación. La autenticidad, la empatía y el respeto por parte tanto del que habla como del que escucha son esenciales para mejorar la comunicación entre cónyuges. Además de estos principios, veamos algunas técnicas y sugerencias para una conversación eficaz:

Un matrimonio feliz es una larga conversación que siempre parece muy corta.
André Maurois

1. Pase más tiempo hablando

- Piense en la cantidad de tiempo que pasan juntos como pareja. El Dr. Richard Swenson, autor de *Margin*, descubrió que muchas parejas dedican una media de cuatro minutos diarios a mantener una conversación significativa.[2]

2. No permita que nada interfiera con su comunicación

- Si está sobrecargado de responsabilidad, examine sus compromisos y decida cuáles deben ser sus prioridades.
- Busque tiempo para comunicarse. En lugar de llenar sus horas con llamadas telefónicas, la televisión, ir de compras, los deportes, los amigos y otras actividades, pase tiempo hablando con su esposa.
- No permita que la ira o la amargura le impidan comunicarse. Si aísla a su pareja, se perjudica a sí mismo y a su matrimonio.

3. Cuidado con la comunicación no verbal

- Las parejas no dejan de enviarse mensajes, positivos o negativos, incluso cuando no dicen nada. Por consiguiente, usted debe dedicarse activamente a *controlar* su *comunicación negativa.*
- Por ejemplo, un hombre vuelve del trabajo y no dice nada. Puede que piense que se muestra respetuoso al no molestar a su mujer. Su esposa puede pensar que él se muestra esquivo y frío.
- Por el contrario, el encogimiento casual de hombros por parte de la esposa puede significar "No estoy segura", pero su marido puede interpretarlo como "No me impresionas mucho" o "Esas cosas no tienen importancia para mí".
- Los matrimonios deben esforzarse para que sus intenciones y su forma de expresarlas sean claras.

4. Acabe con las malas estrategias comunicativas

El Dr. John Gottman, renombrado científico y psicólogo de familia, descubrió cuatro tipos de estrategias comunicativas erróneas que interfieren con la capacidad de los cónyuges para resolver los sentimientos negativos. Él las llama "los cuatro jinetes del Apocalipsis":

Crítica. La crítica a veces se disfraza de pregunta que implica que la otra persona tiene un defecto de carácter: "¿Por qué haces siempre lo mismo? Nunca haces lo que dices que vas a hacer. Esto es otro ejemplo de cómo no puedo contar contigo para nada".

Actitud defensiva. Cuando otros nos critican, lo fácil es contraatacar con otras críticas: "¿Qué quieres decir con eso de que no hago lo que digo? ¿Y qué me dices de lavar los platos? ¿Lloriquear y quejarte es lo único que sabes hacer?".

Desprecio. Cuando la crítica y la actitud defensiva suben varios puntos, puede conducir a comentarios despreciativos, desaires y una falta grave de respeto. No haber cortado el césped puede llevar a frases como: "¡Me pones enferma! Nunca cumples lo que prometes hacer. Tendré que hacerlo todo yo".

Bloqueo. Cuando la intensidad sube, una persona puede desconectar y decidir que ya no quiere participar en la conversación. Como es lógico, esto pondrá aún más furioso a su cónyuge y preparará el terreno para la siguiente ronda de críticas.[4]

Una cuarta parte de los estadounidenses ha experimentado al menos un divorcio.[3]

EJEMPLOS BÍBLICOS 6

Todos deben estar listos para escuchar, y ser lentos para hablar y para enojarse (Stg. 1:19).

Abandonen toda amargura, ira y enojo, gritos y calumnias, y toda forma de malicia (Ef. 4:31).

Dentro del matrimonio, cuando una persona se enfurece, la conversación pasa rápidamente de ser constructiva a destructiva. El pasaje de Santiago subraya la importancia de mantener la calma durante la conversación. Las parejas deben recordar que escuchar a su cónyuge es tan importante como que él o ella les escuche.

Dejen de mentirse unos a otros (Col. 3:9).

Más bien, al vivir la verdad con amor, creceremos hasta ser en todo como aquel que es la cabeza, es decir, Cristo (Ef. 4:15).

Estos dos versículos subrayan dos ideas clave. La primera es decir siempre la verdad, a pesar de que a veces resulte más sencillo mentir. La segunda es decir la verdad con amor. Esto quiere decir que nunca se debe expresar la verdad para acusar, condenar o herir a la pareja.

Por eso, confiésense unos a otros sus pecados, y oren unos por otros, para que sean sanados. La oración del justo es poderosa y eficaz (Stg. 5:16).

Más bien, sean bondadosos y compasivos unos con otros, y perdónense mutuamente, así como Dios los perdonó a ustedes en Cristo (Ef. 4:32).

Estos pasajes realzan otras dos ideas clave para la comunicación matrimonial. Primero, fíjese que Santiago 5:16 dice "confiésense sus pecados". El pasaje da por hecho que en la vida, de tanto en tanto, pecaremos contra otros. De vez en cuando heriremos, decepcionaremos o seremos injustos con nuestro cónyuge. Por consiguiente, debemos ser lo bastante abiertos como para admitir que no somos perfectos y confesar esas transgresiones.

El segundo principio lo hallamos en Efesios. Habla de manifestar un perdón cariñoso. Para restaurar el vínculo matrimonial después de momentos difíciles, la misericordia y la gracia son imperativas.

7 ORACIÓN

La comunicación es un arte, y también un don. Parece que algunos nacemos con la capacidad de comunicar mejor nuestros sentimientos, otros nacen con la capacidad innata de poner los conflictos en la dimensión adecuada, y algunos necesitamos mejorar nuestra capacidad comunicativa. Bendícenos y ayúdanos a desarrollar esa capacidad en beneficio de nuestro matrimonio…

Conflictos en el matrimonio

RETRATOS 1

- Cuando Laura y Leo discuten, ¡lo hacen con entusiasmo! Levantan la voz, no dejan hablar al otro y, al final, pocas veces llegan a un acuerdo. Sin embargo, al cabo de poco tiempo ya están los dos abrazados en el sofá, susurrando y riendo juntos. Un amigo les dice: "Hace un momento se estaban matando. ¿Cómo es posible que ahora se están riendo?".

  "¡Ah, eso!", responde Leo. "Es que a los diez segundos de dejar de gritarnos ya nos hemos olvidado de la discusión".

  "Sí, ¿por qué vamos a permitir que un desacuerdo absurdo destruya nuestra relación?", añade Laura.
- Teresa dice que su marido, Tomás, la saca de quicio: "No, nunca nos gritamos ni nos peleamos, ¡pero ojalá lo hiciéramos! Al primer indicio de desacuerdo o de desagrado, Tomás se va y me elude, a veces durante días. Luego afirma que nunca discutimos, como si eso fuera algo positivo para nuestra relación. No quiere venir a consejería; evita todo y a todos los que considera que podrían causar un conflicto".
- "¡Nunca me escuchas!", grita Gloria.

  "¿Que nunca escucho?", le grita su nuevo marido. "¡¿Que nunca escucho?! Pues ahora mismo te estoy escuchando, ¿no? Te escucho y ¡no dejas de molestarme a cada minuto del día!".

  La pareja de recién casados supo que tenía un problema. Necesitaban ayuda para eliminar sus tremendas batallas verbales.

DEFINICIONES E IDEAS CLAVE 2

- El conflicto en el matrimonio no es la presencia o ausencia de discusiones, dado que los desacuerdos en algún nivel del matrimonio son inevitables. Se trata de *desacuerdos que nunca se resuelven.* Estos son el peligro, porque se convierten en resentimiento y amargura, cosas que pueden acabar con una relación.
- En todo matrimonio hay conflictos. El problema no son las discusiones, sino más bien *la manera en que discuten y manejan el conflicto,* ya sea si lo hacen para resolver amistosamente un desacuerdo y teniendo en mente un interés común como si discuten egoístamente y para hacer daño a su pareja. Existen *muchos estilos*

o formas de conflicto (incluyendo la evasión silenciosa), y *todo tipo de conflicto es difícil y puede hacer que el cónyuge viva sumido en el desespero.*

El estudio de Gottman

El reconocido investigador del matrimonio John Gottman, en su libro pionero *Why Marriages Succeed or Fail* [Por qué un matrimonio tiene éxito o fracasa], escribe que existen tres estilos de conflicto totalmente aceptables que pueden usar las parejas: el volátil, el reafirmante y el elusivo.

- *El estilo de conflicto volátil*: Este estilo hace que los conflictos surjan a menudo, dando pie a disputas apasionadas. Ambas partes dejan clara su postura, desafiando y refutando la de su cónyuge. Por lo tanto, raras veces se resuelven los conflictos. Sin embargo, el conflicto se ve contrarrestado por todos los buenos momentos del matrimonio. Cuando observa la imagen global, la pareja está muy satisfecha con la relación matrimonial.
- *Estilo de conflicto afirmante*: Este estilo es el que han enseñado tradicionalmente los psicólogos y los consejeros. Según este estilo, las parejas hablan, escuchan, llegan a acuerdos y, con calma, resuelven sus problemas para obtener, a veces, una satisfacción mutua.
- *Estilo de conflicto elusivo*: Según este estilo, las parejas rara vez o nunca se enfrentan directamente a sus problemas. En lugar de eso, el lema de su matrimonio podría ser "Acordamos discrepar". Los cónyuges admiten que son individuos diferentes, independientes, que tienen una voluntad firme, y que respecto a algunos temas tendrán opiniones distintas. Mientras la pareja esté de acuerdo en la mayoría de las cosas, la relación puede seguir creciendo.

Históricamente, muchos profesionales de la salud mental han considerado que los estilos de conflicto volátil y elusivo son destructivos para los matrimonios. Sin embargo, la investigación de Gottman sugiere que *los tres estilos son igual de aceptables para mantener o edificar un matrimonio saludable.*

> El mal manejo de los conflictos y la interacción negativa en el matrimonio predicen tanto la angustia dentro de la pareja como los efectos negativos sobre los hijos.[1]

Gottman ha descubierto que, en realidad, no es importante el estilo de conflicto que usa un matrimonio, mientras el conflicto no domine el matrimonio. Lo que importa es que dentro del matrimonio haya suficientes interacciones positivas como para contrarrestar las negativas. Se cree que *para contrarrestar una interacción negativa hacen falta entre cuatro y veinte positivas.*

Sin embargo, a veces las discusiones pueden llevar a peleas muy desagradables entre esposo y esposa. Una pelea de este tipo es la que aliena o hiere a un cónyuge. Cuando esto sucede, pueden echar raíces en el matrimonio la amargura, la ira, el resentimiento e incluso los pensamientos de divorciarse o de agredir a la pareja. A menudo, cuando los cónyuges pelean sucio, lo hacen debido a un "problema de corazón" profundo.

Los corazones insanos

Las personas con "mal corazón", venganza psicoespiritual o trastornos que inducen a herir a otros tienen que cambiar sus hábitos poco saludables. Si no curan su "mal corazón", destruirán su matrimonio.

Los enfermos del corazón que tienen "arterioesclerosis" se someten a chequeos regulares. Como los médicos, los consejeros pueden ayudar a quienes necesitan "un examen del corazón" psicoespiritual. Podemos ayudar a diagnosticar el problema analizando *ocho áreas potencialmente problemáticas*:

1. Orgullo: ¿Me centro demasiado en lo mucho que me han ofendido? ¿Me han dicho otros que "siempre quiero tener razón" o que creo que tengo derecho a todo?
2. Buscar faltas: ¿Pienso constantemente en los errores de otros (o los repaso mentalmente)?
3. Evasión: ¿Evito el contacto, las llamadas telefónicas y estar cerca de las personas con quienes tengo un conflicto?
4. Silencio: ¿Me niego a compartir mis sentimientos de forma saludable? ¿Cree mi cónyuge que le castigo con mi silencio?
5. Aislamiento: ¿Me retraigo emocionalmente, incluso físicamente?
6. Infidelidad: ¿Comparto información exagerada e innecesaria sobre mi adversario? ¿Me apresuro a amontonar acusaciones adicionales cuando otras personas lo atacan?
7. Desesperanza: ¿Espero o imagino a menudo los peores resultados cuando las cosas van mal? ¿Me falta la fe de que Dios puede obrar en cualquier situación?
8. Resentimiento: ¿Me aferro a mi ira durante días e incluso semanas? ¿La mantengo hasta que se transforma en amargura?[2]

> **La dificultad con el matrimonio es que nos enamoramos de una personalidad, pero tenemos que vivir con un carácter.**
>
> *Peter de Vries*

La Biblia dice: "Busquen la paz con todos, y la santidad, sin la cual nadie verá al Señor. Asegúrense de que nadie deje de alcanzar la gracia de Dios; de que ninguna raíz amarga brote y cause dificultades y corrompa a muchos" (He. 12:14-15).

Afortunadamente, en la búsqueda de la paz matrimonial existen muchas habilidades que pueden aprender las parejas para discutir limpiamente cuando se desarrolla un conflicto dentro de su relación.

ENTREVISTA DE EVALUACIÓN 3

Las siguientes preguntas le ayudarán a tener una imagen más clara de los estilos de conflicto de la pareja y del impacto que han tenido en su matrimonio.

1. ¿Con qué frecuencia discuten? ¿Cuántas discusiones a la semana, al mes? ¿Son cada vez más frecuentes, fuertes o desesperantes?
2. Describa una discusión típica entre los dos. ¿Sus enfrentamientos son más bien discusiones o negociaciones? ¿O se caracterizan sus peleas por el silencio o la evasión?

3. ¿Tienen más momentos buenos que malos? ¿Cuál ha sido la tendencia durante el año pasado? ¿Cómo se comparan los seis últimos meses con los seis primeros de su matrimonio?
4. ¿Tienden a centrarse en los malos momentos aunque no sean frecuentes? Ese acto de pensar siempre en lo mismo, ¿qué efecto tiene sobre su estado de ánimo, sus conversaciones maritales, la relación con sus hijos? ¿Sabe cómo detener y controlar esa actitud?
5. ¿Sus discusiones son acaloradas? ¿Llegan a ser violentas? ¿Alguno de los dos amenaza al otro con una agresión, aunque aún no se haya producido?
6. ¿Se mantiene tranquilo cuando discute? ¿Es una de esas personas que recurren a los golpes bajos (ver el Paso práctico 5)?
7. ¿Hay alguien más que interviene a menudo en sus discusiones para incitarles o para apoyarles después de la pelea? ¿Discuten cada vez más porque esa otra persona interfiere en su relación? ¿Qué han hecho para limitar esa interferencia?
8. ¿Quién suele iniciar el proceso de reconciliación? ¿Es siempre usted? ¿Se perdonan cuando se han ofendido? Después de una pelea, ¿mejora su relación sexual o sus diversiones?

4 CONSEJOS SABIOS

Sin importar el estilo de conflicto que tenga la pareja (y tenga en cuenta que cada cónyuge puede tener un estilo diferente), todos pueden beneficiarse si aprenden las siguientes normas básicas para discutir limpiamente y resolver las disputas respetuosamente.

5 PASOS PRÁCTICOS

Normas para discutir limpiamente

1. Mantener la calma

Es importante mantener la calma, o al menos controlar su ira. Al permanecer tranquilo es más probable que su cónyuge tenga en cuenta su punto de vista y no reaccione en exceso. Esto podría eliminar un conflicto antes de que empiece, sobre todo si se basa en un malentendido (como pasa con muchos). Si usted se siente tan enojado o molesto que será incapaz de manejar el conflicto de forma positiva, tómese un "tiempo muerto" para intentar situar las cosas en su perspectiva. Este conflicto es probablemente una nimiedad comparado con la vida del matrimonio.

2. Abordar un conflicto a la vez

Algunas parejas intentan arreglar al mismo tiempo todos los problemas de su matrimonio, y al final acaban exasperados y agobiados. Por lo tanto, es mejor abordar un conflicto a la vez, y dejar los demás a un lado hasta que el presente se haya resuelto (o abandonado). *Nota:* Si tiene muchos problemas acumulados, podría ser difícil elegir uno solo para resolverlo. A veces un elevado número de problemas pequeños dan la sensación de estar entrelazados porque, en realidad, son partes de un problema general más grande. En este caso, lo prudente es empezar obteniendo la ayuda de un consejero para decidir por dónde comenzar a abordar los problemas.

3. Evitar las acusaciones

La forma más rápida de poner a alguien a la defensiva es acusarle de algo. Por consiguiente, en vez de acusar de algo a su cónyuge (por ejemplo, diciendo: "¡Me ofendes!"), subraye cómo le ha hecho sentir su acto o actos. Por ejemplo, diga: "¡Cuando dijiste eso, me ofendiste!".

> Un matrimonio sin conflictos es casi tan inconcebible como una nación sin crisis.
>
> *André Maurois*

4. No generalizar

Sea concreto al hablar del problema. Es imperativo que su cónyuge entienda claramente cuál es. Las quejas imprecisas son imposibles de manejar. Además, los adverbios *nunca* y *siempre* son de las dos peores palabras en un conflicto, porque casi siempre son una exageración. "Nunca prestas atención" o "Siempre llegas tarde" son afirmaciones que, aunque puedan parecer verdad, agrandan una situación menos importante. "¿Me puedes prestar más atención?" y "Me molesta que llegues tarde" son dos formas mucho mejores de expresar el mismo problema.

5. No propinar golpes bajos

No dar golpes bajos es una regla del boxeo, y también para los matrimonios. Dar golpes bajos en un conflicto matrimonial supone un ataque contra su cónyuge como persona, no contra el problema. Además, el ataque suele dirigirse a un área sensible de su cónyuge, y se lleva a cabo con la intención de herirle, no de resolver un problema.

6. No acumular el dolor

Acumular las pequeñas ofensas es contraproducente para la salud del matrimonio. Por lo tanto, es mejor abordar los problemas a medida que surgen. Por supuesto, esto no siempre es posible. A veces no es el momento adecuado para iniciar una discusión, como por ejemplo justo antes de acostarse, mientras alguien está trabajando, o delante de otras personas, familiares o amigos. Por lo tanto, para contribuir a la resolución de las pequeñas cosas que se acumulan, algunas parejas practican lo que se llama "momentos de verdad", donde pueden expresar las pequeñas ofensas que han tenido lugar, como "Ayer me ofendiste delante de nuestros invitados" o "Has vuelto a olvidarte de apagar el calentador al marcharte esta mañana". Si no se hablan o si solo se pasan por alto, estas pequeñas desavenencias pueden acumularse y explotar con una ola de emoción cuando la pareja se enfrente a un conflicto relativo a algo más importante.

Pautas para controlar los daños

Si una pareja acude a usted para que la aconseje, es probable que ya haya tenido lugar un conflicto grave. Quizá un cónyuge (o los dos) dijeron o hicieron algo que hirió profundamente al otro. Si es así, haga que pongan en práctica las siguientes pautas.

1. Centrarse en la resolución y en la reconciliación

El proceso de reconciliación puede darse cuando ambas partes estén dispuestas a escuchar sin interrumpirse. Los dos deben mostrar respeto y comprender que en toda historia hay dos versiones, dos conjuntos de sentimientos que hay que entender, y dos corazones que deben sanarse. La lista siguiente de cosas que hay que hacer, o no, les guiarán en la resolución y la reconciliación.

En la columna del "hacer":

- Ver la situación desde el punto de vista del otro.
- Decir a su cónyuge: "Me estás diciendo __________. ¿Es así?".
- Usar palabras de ánimo.
- Ser respetuoso, incluso cuando no le traten así.
- Ser consciente de que tiene el poder de cambiarse solo a usted.
- *Pedir* un cambio de conducta, especificando cuál debe ser, y no exigirlo.
- Estar en paz, sabiendo que tiene al Príncipe de paz en su corazón.

Y ahora la columna del "no hacer":

- No olvidar que su adversario también es una creación de Dios y el padre o madre de sus hijos.
- No albergar resentimiento, amargura u odio; en su lugar, confesar los pecados.
- No usar afirmaciones con "tú", como "Me sacas de quicio… Deberías… Es que tú siempre…".
- No caer en discusiones inútiles.
- No esperar un cambio inmediato; pedir demasiado y quererlo demasiado pronto solo logrará derrotar a ambos y generar más frustración y resentimiento.
- No pensar que es posible alcanzar la perfección en la resolución y en la reconciliación; celebrar cualquier progreso que hagan juntos y seguir adelante.

2. Disculparse y perdonar

La sanación física no puede tener lugar hasta que usted no opte por hacer lo saludable. De igual manera, la sanación de dos corazones heridos no sucederá si los dos se niegan a disculparse y a pedir perdón. Hay formas correctas e incorrectas de pedir perdón.

- No haga excusas: "No pude evitarlo".
- No use el juego de la culpa: "Me obligaste a hacerlo".
- Acepte la responsabilidad plena: "Mi actitud fue inexcusable".
- Acepte toda la culpa por su parte: "Nadie puede hacer pecar a otra persona. Admito que pequé contra ti".
- Con corazón humilde, diga: "He intentado ver nuestra relación desde tu punto de vista. Me doy cuenta de que mi actitud de __________ ha sido equivocada. ¿Me perdonas?".

Algunas personas tienen una herida que no se curará porque no lo permiten. De la misma manera que hay que permitir que las heridas sanen, una persona debe permitir que el perdón haga su trabajo. Veamos algunos pasos prácticos en el proceso de sanación:

- Ser conscientes de que el perdón no significa exculpar al ofensor, sino borrarlo de su lista negra y dejar que Dios se encargue.
- Decidir que quiere librarse del dolor del pasado.
- Admitir la(s) necesidad(es) insatisfecha(s) en la persona que le hirió y creer que esa persona actuó movida por ellas y por ignorancia, no con la intención maligna de hacer daño.
- Hacer una lista de las ofensas y dejarlas todas, y al ofensor también, en manos de Dios.

(Para más detalles, ver la sección sobre Perdón y reconciliación).

La gente dice que el dinero es el tema más frecuente de los conflictos en su matrimonio, y en segundo lugar están los hijos. Sin embargo, hay muchas razones para pensar que los motivos por los que discuten las parejas son menos importantes que el modo en que discuten.[3]

3. Buscar la ayuda de un consejero o un mediador

Si se ha consultado con un médico y no está claro el trastorno, a menudo se busca una segunda opinión. La Biblia habla incluso de recurrir a un consejero sabio externo: "Cuando falta el consejo, fracasan los planes; cuando abunda el consejo, prosperan" (Pr. 15:22). En ocasiones, una persona ajena tiene una perspectiva diferente. Tenga en cuenta esa ayuda para reflexionar sobre los problemas y alcanzar una resolución eficaz. Tendrá que encontrar a alguien que ambos respeten.

Cada uno de ustedes debe estar preparado para la posibilidad de un resultado negativo del proceso de reconciliación. En última instancia, puede que una relación entre dos personas no funcione. Una persona no puede ser responsable del resultado de una relación.

Sin embargo, cada uno es responsable de llevar el proceso de reconciliación de una forma bíblica. "Si es posible, y en cuanto dependa de ustedes, vivan en paz con todos" (Ro. 12:18). Por consiguiente, es esencial que desarrolle una actitud humilde y examine su propio corazón en lugar de culpar a su cónyuge.

EJEMPLOS BÍBLICOS 6

Si verbalmente te has comprometido, enredándote con tus propias palabras, entonces has caído en manos de tu prójimo. Si quieres librarte, hijo mío, este es el camino: Ve corriendo y humíllate ante él; procura deshacer tu compromiso (Pr. 6:2-3).

Aunque este pasaje se refiere al conflicto con el prójimo, es aplicable al matrimonio y a la familia. De vez en cuando, todos decimos cosas que lamentamos. Aunque es mejor no haberlo dicho nunca, podemos minimizar el daño si nos humillamos y pedimos perdón.

El que es entendido refrena sus palabras; el que es prudente controla sus impulsos (Pr. 17:27).

Usar el dominio propio y controlar los impulsos tienen una importancia vital para los conflictos. El esposo y la esposa no tienen que levantar la voz o hacer comentarios sarcásticos para hacer oír sus argumentos. Como sabe cualquiera que tenga experiencia en la comunicación, la falta de respeto solo empeora las cosas.

Cuando el Señor aprueba la conducta de un hombre, hasta con sus enemigos lo reconcilia (Pr. 16:7).

¿Ha oído a alguien decir: "No me gusta esa persona, pero la respeto"? Algunas personas son tan honorables en sus actos que incluso sus adversarios tienen que alabar el modo en que se conducen.

En el matrimonio, si el esposo y la esposa pueden ser amables y honrar a Dios con todo lo que hagan, aunque tengan conflictos (como cualquier matrimonio), los desacuerdos no tienen por qué ser desagradables o destructivos.

Si se enojan, no pequen. No dejen que el sol se ponga estando aún enojados... Eviten toda conversación obscena. Por el contrario, que sus palabras contribuyan a la necesaria edificación y sean de bendición para quienes escuchan (Ef. 4:26, 29).

Enojarse no es el problema; es el modo en que nos comportamos movidos por la ira lo que tiene poder para perjudicar nuestras relaciones más importantes y amorosas.

Sea positivo al hablar. Recuerde que a menudo hacen falta entre cuatro y veinte comentarios positivos para contrarrestar uno negativo.

De igual manera, ustedes esposos, sean comprensivos en su vida conyugal, tratando cada uno a su esposa con respeto, ya que como mujer es más delicada, y ambos son herederos del grato don de la vida. Así nada estorbará las oraciones de ustedes (1 P. 3:7).

La Biblia deja muy claro que el modo en que tratamos a nuestro cónyuge afecta de forma natural a nuestra vida de oración. Nada es más importante que tratar a nuestro cónyuge con amor y respeto.

Oren el uno por el otro. Si la comunicación se acalora, busquen un tiempo aparte y oren por su reacción a la situación. Trate a su pareja como le gustaría que ella le tratase a usted.

7 ORACIÓN

Todos los matrimonios tienen conflictos. Sabemos que el conflicto no es necesariamente malo en sí mismo, pero tiene el potencial de ser destructivo. Señor, ayúdanos a tener conflictos constructivos y a edificar relaciones tan llenas de amor, respeto e interacciones positivas que nuestros conflictos y desacuerdos no dominen nuestras vidas.

Consejería prematrimonial

RETRATOS 1

- Berta y César se resisten a la idea de asistir a consejería prematrimonial. Dicen: "Durante el año pasado hemos dedicado muchas horas a conocernos mutuamente, así que, ¿para qué gastar dinero en consejería?". También están convencidos de que la psicología y algunos "test de personalidad" no van a decidir si son o no compatibles.
- Nelson y Karina son trabajadores profesionales. Llaman a un pastor porque necesitan un lugar donde casarse, no porque quieran asistir a consejería. Los dos afirman que están demasiado ocupados para estas trivialidades.
- Celia y Gregorio están muy enamorados. Dicen que no les importa pasar por consejería prematrimonial y les parece que será divertido. ¿Qué debería hacer un consejero con dos personas tan dispuestas y ambiciosas?

DEFINICIONES E IDEAS CLAVE 2

- La consejería prematrimonial es un proceso intencionado e importante para un esposo y una esposa potenciales, para ir más allá de la fachada de la relación como novios y ayudarles a *descubrir la verdad sobre sus expectativas, hábitos, imperfecciones, creencias y valores mutuos mientras se preparan para el matrimonio.* En ocasiones, una pareja llega al matrimonio llevando consigo una amplia gama de hipótesis y expectativas falsas sobre cómo será su nueva vida. Cuando estas predicciones no se cumplen, puede surgir un conflicto importante poco después de la boda.

  Por ejemplo, quizá un cónyuge quiere adoptar a niños y el otro no. Es más que probable que cada uno piense que, al final, el otro aceptará su punto de vista. El cónyuge que quiere adoptar puede pensar: *Al final él [o ella] querrá adoptar a un niño*, mientras el otro piensa: *Seguro que al final se olvidará de esa idea de adoptar a un hijo.*

  Por lo tanto, uno de los propósitos primarios de la consejería prematrimonial es *identificar las expectativas de cada cónyuge* y trabajar aquellas áreas de conflicto potencial.

> Los estudios demuestran que la consejería prematrimonial reduce el riesgo de divorcio en un 30 por ciento.[1]

- Tras la consejería prematrimonial, algunas parejas deciden no continuar con sus planes de boda. Esto no es un fracaso, aunque a menudo supone un cambio profundo que requiere lamentarse de la pérdida, *y quizá el resultado de la consejería prematrimonial sea lo mejor para la pareja.*

3 ENTREVISTA DE EVALUACIÓN

Veamos algunas preguntas que generalmente se hacen a una pareja durante una sesión de consejería prematrimonial:

1. ¿Cómo se conocieron? ¿Qué les gusta de su pareja?
2. ¿Tendrán hijos? ¿Los adoptarán? Si tienen hijos, ¿cuál será su estilo para educarlos?
3. ¿Existen diferencias espirituales o teológicas, o situaciones de su pasado que puedan ser problemáticas para la educación de sus hijos?
4. En cuanto al dinero, ¿lo ahorran o lo gastan? ¿Quién pagará las cuentas y manejará las finanzas? ¿Cómo piensan manejar el dinero? ¿Ahorrarán mucho? ¿Pedirán prestamos o usarán tarjetas de crédito?
5. ¿Tendrá uno de los dos el poder de vetar su uso del dinero?
6. ¿Cómo tomarán decisiones sobre cómo disciplinar a sus hijos, tener relaciones sexuales y elegir a sus amigos?
7. ¿Tendrán más que nada amigos mutuos o cada uno los suyos? ¿Tendrá cada uno amigos del sexo opuesto?
8. ¿Quién de los dos necesita más al otro? ¿Cómo les hace sentir eso?
9. ¿Alguno de los dos tendrá una "noche libre"? ¿Con qué frecuencia?
10. ¿Cuáles son las cosas que más les preocupan sobre casarse con esta persona en concreto? ¿Qué expectativas no expresadas tiene acerca de él o ella?
11. ¿Qué sistema de apoyo al matrimonio tienen? ¿Hay algún miembro de la familia que pueda interferir en el tiempo que necesitan dedicar a su matrimonio? ¿Cómo pondrán límites a las exigencias de la familia de su cónyuge? ¿Dónde pasarán las vacaciones?
12. Tras casarse, ¿dónde vivirán? ¿Se mudarán en algún momento? ¿Quién trabajará? ¿Quién cocinará, limpiará, cortará el césped y arreglará las cosas que se estropeen?
13. ¿Cómo dan y reciben amor?
14. ¿Saben cómo manejar el conflicto de forma saludable?
15. Usted y su pareja, ¿son almas gemelas? ¿Qué significa esto para los dos?

> "Las parejas nacidas de nuevo que se casan... en la iglesia después de recibir consejería prematrimonial... y asisten regularmente a la iglesia y oran juntas cada día..." experimentan solo un divorcio por cada 39.000 matrimonios, un 0,00256 por ciento.[2]

4 CONSEJOS SABIOS

Animamos a *todo consejero cristiano y a todos los pastores (o miembros del equipo pastoral) a formarse para impartir un programa de consejería y educación prematrimonial equilibrado.* Esta sección por sí sola no le preparará lo bastante para hacerlo. Existen muchos programas magníficos de formación sobre consejería prematrimonial, que prepararán a un consejero para prestar este servicio esencial a cualquier miembro de la iglesia que quiera casarse. Normalmente los programas tienen entre seis y diez reuniones, aunque otros requieren un enfoque más intensivo durante un fin de semana.

PASOS PRÁCTICOS 5

A continuación veremos una lista de tareas que puede intentar cumplir un consejero con una pareja, a lo largo de una serie de sesiones de consejería prematrimonial.

Tarea 1: Establezca comunicación con la pareja. Conózcalos, además de averiguar qué esperan conseguir con la consejería.

Tarea 2: Empiece una evaluación inicial con la pareja, utilizando un cuestionario como PREPARE (de Life Innovations, ver http:www.prepare-enrich.com).

Tarea 3: Pida a la pareja que le hablen de sus respectivas familias de origen. Quizá desee ayudarles a elaborar genogramas separados para cada familia. Es muy probable que esto constituya una experiencia de aprendizaje para usted y para la pareja, dado que no es probable que hayan analizado a fondo a las familias extendidas de cada uno.

Tarea 4: Ayude a cada uno a entender sus expectativas de su pareja, y que ambos revelen sus valores personales. Entre los valores importantes figuran los papeles de esposo, esposa, hijos y familia extendida, incluyendo quién hará determinadas tareas y quién tomará decisiones.

Tarea 5: Ayude a la pareja a aprender los lenguajes del amor de cada uno (ver la sección Estilos del amor en el matrimonio y la familia).

Tarea 6: Ayude a la pareja a comprender y a crear límites saludables para su matrimonio (ver la sección Límites en el matrimonio).

Tarea 7: Ayude a la pareja a desarrollar un sueño para su matrimonio (ver la sección Desafecto: cuando el amor se enfría).

Tarea 8: Ayude a la pareja a aprender a comunicarse y a jugar limpio en sus discusiones (ver la sección Comunicación en el matrimonio).

Tarea 9: Ayude a la pareja a evaluar cómo será su situación económica y a tomar decisiones presupuestarias sabias (ver la sección El dinero y la economía).

Tarea 10: Ayude a la pareja a crecer juntos espiritualmente (ver la sección Intimidad espiritual).

Tarea 11: Anime a la pareja a encontrar una pareja mayor que le sirva de mentores.

> Si la tendencia actual continua, es probable que un 40 o incluso un 50 por ciento de los matrimonios acabará en divorcio. Sin embargo, esto no es más que una predicción y una proyección.[3]

6 EJEMPLOS BÍBLICOS

Supongamos que alguno de ustedes quiere construir una torre. ¿Acaso no se sienta primero a calcular el costo, para ver si tiene suficiente dinero para terminarla? (Lc. 14:28).

Los índices más altos de divorcio se encuentran en el Cinturón de la Biblia. "Tennessee, Arkansas, Alabama y Oklahoma están entre los cinco estados donde más prevalece el divorcio... los índices de divorcio en estos estados conservadores superan más o menos en un 50 por ciento el promedio nacional" de 4,2 por cada 1.000 personas.[4]

El matrimonio no es lo mismo que construir una torre, pero este pasaje en el libro de Lucas nos plantea una idea importante. De la misma manera que alguien se prepararía para edificar una torre o abordar cualquier otro proyecto importante, también debe prepararse para el matrimonio.

A lo mejor no parece algo tremendamente romántico o espontáneo, pero las parejas que planifican bien su matrimonio tendrán tiempo de ser ambas cosas más adelante. Las parejas que no planifican arriesgan su felicidad futura y conjunta.

[El amor] todo lo disculpa, todo lo cree, todo lo espera, todo lo soporta (1 Co. 13:7).

"Todo lo disculpa" significa que el verdadero amor cristiano puede sobrevivir a las tormentas de la vida. "Todo lo cree" significa que el amor nunca pierde la fe en otros y está dispuesto a pensar lo mejor de ellos. "Todo lo espera" significa que el amor mira al futuro con optimismo, sabiendo que Dios obra en todas las cosas para bien. "Todo lo soporta" significa que el amor resiste. Al final, el amor nunca falla y nunca acaba.

Cuando amamos, participamos de Dios y de sus atributos eternos. Podemos pedir que Dios perfeccione nuestro amor por Él y por otros.

Queridos hermanos, amémonos los unos a los otros, porque el amor viene de Dios, y todo el que ama ha nacido de él y lo conoce (1 Jn. 4:7).

Dios creó el concepto del amor. Cuando la gente se convierte, aprenden a "amarse unos a otros", porque el Espíritu que vive en ellos les enseña cómo hacerlo cuando se someten a su guía.

Las relaciones cristianas deberían ser las más llenas de amor del mundo. A menudo los cristianos que se ven por primera vez experimentan un vínculo de amor que trasciende el entendimiento. El amor que conecta a los cristianos forja relaciones sólidas y eternas. El amor en nuestras relaciones revela a Dios en nosotros.

7 ORACIÓN

Señor, nos tomamos muy en serio el matrimonio. Esta pareja quiere vivir de una manera que te glorifique, y quiere empezar su matrimonio de la manera más correcta. Ayúdales a aprovechar al máximo estos momentos de consejería. Ayúdales a prepararse para sus primeros años de matrimonio...

Control de la natalidad

RETRATOS 1

- Bruno y Cintia sienten que no están preparados para tener su primer hijo, y buscan un anticonceptivo seguro y fiable. Como saben que existe cierta controversia teológica sobre el control de la natalidad, buscan información y guía precisas.
- Dana y su esposo tienen cuatro hijos, y esperan el quinto. Son muy felices. Sienten que Dios les dará todos los hijos que Él quiera, y que no deben interferir con el plan divino para su familia.
- Juana bebió demasiado alcohol, pero dice que fue una noche estupenda. Sin embargo, se pregunta si permitió que las cosas escaparan de su control. Ella piensa que podría quedar embarazada y estudia el Plan B, un nuevo método de control de la natalidad.

DEFINICIONES E IDEAS CLAVE 2

- El control de la natalidad y la planificación familiar son *métodos que se usan para controlar el embarazo y el parto*, de modo que el proceso, el momento y el número de niños que nacen son decisiones del matrimonio, no fruto del azar. Estos temas pueden involucrar una serie de decisiones difíciles para un matrimonio. *La Biblia no habla concretamente del control de la natalidad*, aunque muchos teólogos e iglesias sugieren que existen muchos pasajes que ofrecen cierta guía para tomar decisiones sobre este tema.
- Las ideas sobre la anticoncepción, incluso entre creyentes, son muy dispares. *Algunas personas creen que todo tipo de anticonceptivo, incluyendo la abstinencia sexual, es pecado.* Estas personas tienden a considerar que la aleatoriedad del embarazo no planificado está en armonía con el propósito de Dios y con su mandamiento de "sean fructíferos y multiplíquense". *Otros cristianos creen que todo tipo de control de la natalidad, incluyendo el aborto, es aceptable.* La mayoría de cristianos está entre estos dos extremos.

> El principal método anticonceptivo en las mujeres de entre 15 y 29 años es la píldora.[1]

- Una opinión frecuente entre los cristianos conservadores es que la vida empieza en la concepción (fertilización). Por consiguiente, los métodos anticonceptivos que evitan la fertilización están bien, porque no destruyen una vida. Sin embargo, tales personas creen que cualquier método destinado a acabar con un óvulo fertilizado es inaceptable.

- *Todo hijo es una bendición de Dios y tiene un valor incalculable.* Aunque afirmamos que la vida humana empieza en la fertilización (la unión de esperma y óvulo), no creemos que la prevención de la fertilización sea moralmente condenable. Sin embargo, nos oponemos a todo método de control de la natalidad que actúa tras la fertilización y destruye una vida humana concebida al impedir su implantación en el útero.
- Como contraste a la postura anterior, algunos cristianos no consideran que el control de la natalidad que evita la implantación sea un problema, porque muchos óvulos fertilizados, de forma natural, no sobreviven desde el momento de la concepción al de la implantación en el útero femenino. Además, algunos cristianos sostienen que un óvulo fertilizado no es un ser humano, igual que un huevo de gallina no es un pollito; es solamente algo que puede convertirse en otra cosa. *Sin embargo, esta postura es prácticamente imposible de reconciliar con el texto bíblico.*
- La realidad es que *muchas familias son una combinación de hijos planificados y otros que no lo fueron.* Muchas parejas pueden señalar a uno o más de sus hijos que "llegaron sin avisar", mientras se planteaban decisiones sobre el control de la natalidad y la esterilización. La mayoría de familias considera que tales hijos son un don especial de Dios, el hijo o hija que Él nos envía para recordarnos que la vida no es algo que los humanos puedan planificar ni controlar al detalle.

3 ENTREVISTA DE EVALUACIÓN

En definitiva, los miembros del matrimonio son los únicos que pueden tomar decisiones sobre la planificación familiar y el control de la natalidad. Por consiguiente, un enfoque sólido para ayudar a una pareja es educarla sobre los diversos métodos anticonceptivos y los temas teológicos presentes. Partiendo de esto, la pareja puede tomar una decisión informada. Las siguientes preguntas guiarán una conversación de este tipo.

1. ¿Cuándo cree que empieza la vida, durante la fertilización, la implantación o en algún momento posterior? ¿En qué punto es sagrada la vida y merece que se la proteja?
2. ¿Usaría usted un anticonceptivo que probablemente impide la fertilización pero también la implantación en caso de ser necesario?
3. ¿Ha oído hablar del método de planificación familiar natural? ¿Qué opina de abstenerse de las relaciones sexuales durante determinados momentos para controlar la natalidad?
4. ¿Qué opina del uso del preservativo?
5. ¿Cuántos hijos (más) quiere tener? ¿Cuándo?
6. ¿Alguna vez han hablado de quién se sometería a cirugía esterilizante o al control permanente de la natalidad?

CONSEJOS SABIOS 4

Cuando una pareja se casa, se produce un cambio radical. Mientras que antes de la boda la iglesia amonesta a la pareja para que no practique el sexo, tras la boda ¡esa misma iglesia les amonesta para que no se priven del sexo!

El fundamento bíblico para las decisiones relativas al momento del nacimiento y a los métodos usados para controlar el embarazo debe nacer del amor que la pareja sienta por Dios y de la expresión del sexo y del amor dentro del matrimonio. *Las parejas deben decidir el número y el momento del nacimiento de los hijos* basándose, en parte, en sus condiciones económicas y en el tiempo que deben concederse el uno al otro y a cada uno de sus hijos. Los padres deben tener tiempo para mostrar a sus hijos que los aman profundamente y los protegen.

Las parejas deben usar métodos anticonceptivos que valoren la vida, que no interrumpan o interfieran con la vida que ya se ha iniciado en el seno materno.

En su calidad de consejero, usted debe ser consciente de que parecen existir ciertas evidencias de que *la abstinencia no es un método teológicamente válido de control de la natalidad para el esposo y la mujer.* Para muchos esta es una idea poco importante o secundaria, porque pocos cónyuges eligen este método. Aun así, es importante ser consciente de esta interpretación y tendencia, que se fundamenta en un pasaje de 1 Corintios 7, donde Pablo escribe: "No se nieguen [el sexo] el uno al otro, a no ser de común acuerdo, y solo por un tiempo, para dedicarse a la oración" (v. 5). Aquí tenemos un extracto más amplio y relevante de ese capítulo:

> Pero en vista de tanta inmoralidad, cada hombre debe tener su propia esposa, y cada mujer su propio esposo. El hombre debe cumplir su deber conyugal con su esposa, e igualmente la mujer con su esposo. La mujer ya no tiene derecho sobre su propio cuerpo, sino su esposo. Tampoco el hombre tiene derecho sobre su propio cuerpo, sino su esposa. No se nieguen el uno al otro, a no ser de común acuerdo, y solo por un tiempo, para dedicarse a la oración. No tarden en volver a unirse nuevamente; de lo contrario, pueden caer en tentación de Satanás, por falta de dominio propio (1 Co. 7:2-5).

Bajo nuestro punto de vista, el control de la natalidad está permitido por la Biblia. Al mismo tiempo, las parejas no deben recurrir a él si es una carga para sus conciencias.

John F. MacArthur

Existen muchos métodos de control de la natalidad que se pueden tener en cuenta. Los siguientes no son más que unos pocos. Como consejero, usted se enfrentará a esta cuestión regularmente, de modo que tendrá que estar informado de las últimas tendencias y progresos médicos a medida que vayan apareciendo (y en este campo se producen regularmente cambios y progresos).

Un consejo básico para dar a la pareja es que ningún anticonceptivo es eficaz al cien por cien en todos los casos (excepto la abstinencia y la cirugía). Sin embargo, muchos son bastante buenos cuando se usan correctamente, y el mayor número de embarazos no deseados se produce cuando esos métodos se usan descuidada o incorrectamente. A continuación veremos algunas opciones anticonceptivas frecuentes para las parejas.

Los métodos anticonceptivos basados en elegir el momento: planificación familiar natural/método Ogino

La idea subyacente en la planificación familiar natural (PFN) y el método Ogino (también llamado método del ritmo o del calendario) es la siguiente: una mujer es fértil solo durante una breve ventana cronológica cada mes. Esta ventana se cree que abarca entre 100 y 120 horas. Por lo tanto, si una pareja se abstiene de las relaciones sexuales durante ese tiempo, se puede evitar el embarazo. Por el contrario, la PFN y el método Ogino se pueden usar para ayudar a obtener un embarazo a una pareja que desea tener un hijo.

La pregunta que muchas personas hacen sobre estos métodos es la siguiente: "¿Cómo puedo saber cuál es el momento exacto en que se inicia la ventana de la fertilidad?". Si fuera posible determinar con una precisión del cien por cien el marco cronológico, estos dos métodos anticonceptivos serían perfectos. Sin embargo, ese lapso temporal solo se puede intuir, aunque con una alta probabilidad si se hace bien. Las parejas que usan correctamente los métodos de PFN/Ogino tienen muchas menos probabilidades de embarazo que quienes utilizan preservativo, casi las mismas que quienes toman la píldora.

Para determinar la ventana de fertilidad en la mujer, la PFN y el método Ogino analizan factores como la duración del ciclo menstrual, la temperatura basal y la mucosa cervical. El PFN es el único método anticonceptivo que acepta la Iglesia católica. Sin embargo, como dijimos antes, algunas personas tienen problemas teológicos con este método, porque viola el mandamiento bíblico de abstenerse de la práctica sexual solo con el propósito de ayunar y orar. Quien decide usar estos métodos encontrará en el mercado numerosos recursos para determinar cuándo es fértil la mujer.

Los métodos anticonceptivos de barrera

Preservativos masculinos

Los condones son el tipo más frecuente de anticonceptivo de barrera. Lo más normal es que los condones se elaboren de látex o poliuretano (aunque también se usa la piel de cerdo "natural" y nuevos materiales sintéticos). Los condones de látex son los más populares, porque son los más asequibles y muy eficaces. Hay que tener en cuenta que los condones de látex solo pueden usarse con lubricantes con base de agua, no de aceite, que perjudica la integridad del látex. Además, un número reducido de personas tiene una reacción alérgica al látex.

Los condones de poliuretano están cada vez más disponibles. Estos condones son más finos y transmiten el calor mejor que los de látex, haciendo que las relaciones sexuales parezcan más naturales. No está claro qué material es más resistente, si el látex o el poliuretano, aunque algunos estudios sugieren que es difícil que cualquiera de los dos se rompa. No obstante, algunos dicen que dado que los condones de poliuretano son menos elásticos que los de látex, existe un mayor riesgo de que se rompan o se salgan si el condón está demasiado apretado o suelto. Con los condones de poliuretano se pueden usar lubricantes con base de agua o aceite.

Probablemente, los condones son el método menos agradable de anticoncepción para la mayoría de hombres y para muchas mujeres. El tamaño del condón (anchura y longitud) afecta la comodidad y la eficacia. Para tener una eficacia máxima, los condones deben ponerse antes de que exista contacto genital. Tras la eyaculación, durante el acto sexual, el pene debe extraerse antes de perder erección, y es necesario mantener en su sitio la base del condón durante la extracción.

Los estudios recientes han descubierto que las mujeres sexualmente activas con parejas que usan condón padecen un índice más elevado de depresión que aquellas con parejas que no lo usan.[2] Una teoría reciente sostiene que el semen puede actuar como antidepresivo cuando lo absorbe la vagina femenina.[3]

Preservativos femeninos

El condón femenino ha estado disponible en Europa desde 1992, y la Agencia de Drogas y Medicamentos de Estados Unidos (FDA, por sus siglas en inglés) lo aprobó en 1993. El condón femenino es una vaina de poliuretano de una longitud de unos 16 cm que se pone la mujer durante el coito. Forra la vagina y contribuye a evitar el embarazo y las enfermedades de transmisión sexual (ETS). Los condones femeninos tienen un índice de ineficacia que viene a ser el doble que el de los masculinos, aunque se considera que son mejores para proteger a la mujer de las ETS.

En cada extremo del condón hay un anillo flexible. El extremo cerrado de la vaina, que tiene un anillo ligeramente más pequeño, se inserta en la vagina para mantener en su lugar el profiláctico. En el otro extremo del condón (abierto), el anillo se sitúa a la entrada de la vagina para actuar como guía durante la penetración y evitar que la vaina se arrugue en el interior de la vagina. Dado que el condón no se mueve con el pene, la sensación es más natural y satisfactoria para el hombre que si usa un condón masculino. Sin embargo, a algunas mujeres el condón femenino les resulta incómodo. *Nota*: El condón femenino no debe usarse junto con el masculino, porque la fricción entre ambos puede hacer que se rompan.[4]

El diafragma y los capuchones y escudos cervicales

Los diafragmas y los capuchones y escudos cervicales se parecen porque todos se insertan en la vagina antes del coito, y cubren el cuello uterino para impedir la unión del esperma y el óvulo.

- Un *diafragma* es un dispositivo en forma de cúpula poco profunda, con un borde flexible.
- Un *capuchón cervical* es un dispositivo cóncavo de silicona en forma de gorro de marinero. Tiene un diámetro inferior al del diafragma, aunque encaja perfectamente para cubrir el cuello uterino.
- Un *escudo cervical (por ejemplo, el Lea Contraceptivum)* es un dispositivo cóncavo parecido a una gorra de béisbol, con una válvula de aire y una pestaña que ayuda a extraerlo.

Cada método debe usarse en combinación con una crema o un gel espermicida. Este mata los espermatozoides, mientras que el dispositivo insertado impide que el esperma entre en el cuello uterino de la mujer.

Los diafragmas, los capuchones y los escudos son dispositivos reutilizables y un médico debe ajustar el dispositivo a la medida de la mujer. Si la mujer aumenta de peso o lo pierde, hay que ajustar de nuevo el dispositivo. Es más difícil insertar un capuchón en una mujer que ha dado a luz, y el índice de ineficacia aumenta. Por lo tanto, *16 de cada 100* mujeres que usan un diafragma quedarán embarazadas durante el primer año de uso regular. *Catorce de cada 100* mujeres que nunca han tenido un embarazo y usan el capuchón cervical quedarán embarazadas durante el primer año de uso regular. *Veintinueve de cada 100* mujeres que han tenido un parto vaginal y usan un capuchón cervical quedarán embarazadas en ese mismo lapso de tiempo. *Quince de cada 100 mujeres* que usen el escudo (como el Lea Contraceptivum) quedarán embarazadas durante esa misma ventana cronológica.[5]

Por lo que respecta a la satisfacción sexual, algunas personas consideran que usar un diafragma, un capuchón o un escudo es una interrupción importante antes de mantener relaciones sexuales, pero para otras personas no supone ningún problema. Una vez insertados, estos métodos son muy cómodos para el hombre y para la mujer, dado que ninguno de los dos debería ser consciente de la presencia del dispositivo durante la relación.[6]

Esponjas

La esponja anticonceptiva es un trozo de espuma de poliuretano con forma de rosquilla, que contiene un espermicida y se inserta en la vagina situándola sobre el cuello uterino. Gracias al espermicida, las esponjas bloquean y además matan los espermatozoides. La esponja, semejante a un diafragma o un capuchón, se puede dejar en su sitio durante veinticuatro horas y usar más de una vez (aunque será necesario aplicar más espermicida). La esponja, igual que el capuchón cervical, debe permanecer en la vagina durante las seis horas posteriores al acto sexual. Por lo que respecta a sus inconvenientes, algunos hombres afirman que durante el acto sienten la esponja o la pestaña que sirve para extraerla. Además, el índice de ineficacia de las esponjas es elevado: un 9 por ciento de las mujeres que nunca han dado a luz y alrededor del 20 por ciento de las que ya han sido madres.[7]

Métodos anticonceptivos hormonales

Píldoras

Las píldoras anticonceptivas, a pesar de su uso extendido, resultan bastante problemáticas para muchos cristianos. Esto se debe a que, aunque algunas de esas píldoras (como los otros anticonceptivos hormonales incluidos más abajo) evitan la fertilización del óvulo, otras impiden la implantación de un óvulo fertilizado. Para complicar aún más las cosas, se debate mucho qué métodos hormonales evitan la fertilización y cuáles la implantación. Básicamente, todos los métodos anticonceptivos hormonales contienen una progestina, una forma sintética de la progesterona (que evita la implantación), y algunos contienen también un estrógeno sintético (que impide la ovulación y la fertilización). Estas dos sustancias químicas están presentes en diversos grados e intensidades, dependiendo del anticonceptivo elegido.

Existen dos tipos frecuentes de píldoras anticonceptivas: las pídoras que solo contienen progestina (PDP) y los anticonceptivos orales combinados (AOC), que contienen tanto progestina como estrógeno. Las PDP permiten la ovulación al menos algunas veces. Esto quiere decir que es posible la fertilización, mientras se inhibe la implantación. Por consiguiente, si una persona entiende que la vida empieza con la fertilización, las PDP son una mala elección. Por el contrario, los AOC son tan eficaces para impedir la ovulación que es imposible que se produzca fertilización. En teoría, la progestina de las píldoras podría interferir con la implantación, pero si no llega a producirse fertilización, esto no tiene importancia. Por lo tanto, los AOC podrían ser una forma aceptable de anticonceptivo, incluso para las parejas que creen que la vida se inicia con la fertilización.

La pareja debe tener muy clara la justificación moral para usar anticonceptivos, y debe ser plenamente coherente con el compromiso cristiano de los cónyuges.

R. Albert Mohler Jr.

La inyección anticonceptiva

La inyección anticonceptiva, también conocida como anticonceptivos combinados inyectables (ACI), se aplica una vez al mes. Este método está ganando popularidad por su fácil uso (no hay que acordarse de tomar una pastilla al día), sus escasos efectos secundarios y su eficacia. Los ACI contienen tanto estrógeno como progestina, y es probable que sean muy eficaces para evitar la ovulación pero, debido a su novedad, no se dispone de datos fiables.[8]

Los implantes

Los implantes consisten en unos seis tubitos del tamaño de una cerilla que contienen progesterona y que un médico inserta quirúrgicamente bajo la piel de la parte superior del brazo de la mujer. Los tubitos van liberando poco a poco la progesterona en el riego sanguíneo de la mujer. A pesar de que este método solo usa la progestina, que hace que se reduzca el revestimiento vaginal haciendo imposible la implantación, como el sistema de liberación suministra un flujo constante de la hormona de la progesterona, se suprime por completo la ovulación. Por consiguiente, la fertilización es imposible. Por lo general, los implantes funcionan bien entre tres y cinco años. Tienen una eficacia del 99 por ciento, y su manejo es muy fácil para el usuario. El costo de un implante está entre 450 y 900 dólares cada cinco años, y el coste de su extracción oscila entre los 100 y los 300. Después de extraerles el implante, por lo general las mujeres recuperan bastante rápido la fertilidad.

El anillo

El método del anillo vaginal, el más popular de los cuales es NuvaRing, es un círculo flexible de unos 6 cm de diámetro que se lleva en la vagina durante tres semanas cada mes, y luego se extrae durante la cuarta (lo cual suele provocar la menstruación). Una vez insertado, la mujer no siente el anillo, y la mayoría de hombres afirma que tampoco lo siente durante el acto sexual. Las hormonas contenidas en el anillo, una combinación de estrógeno y progestina, se absorben directamente en el riego sanguíneo a través de la pared vaginal. Este método es muy eficaz para evitar la ovulación. Además, con el uso del NuvaRing, el revestimiento vaginal se adelgaza más de lo normal, lo cual inhibiría la implantación de un óvulo fertilizado (en caso de producir la fertilización).

El parche

Los parches cada vez son más populares para la administración de muchos tipos de medicación, desde los que disuaden de fumar hasta los antidepresivos. Su popularidad se basa en la posibilidad de recibir la medicación de una forma cómoda, con menos probabilidad de saltarse una dosis. Para el control de la natalidad, la mujer se pone un parche pequeño, de unos 2,5 cm, que lleva durante tres semanas al mes. Este parche transmite al cuerpo de la mujer las mismas hormonas presentes en las píldoras anticonceptivas tradicionales.

El plan B

El llamado plan B (levonorgestrel) evita el embarazo (en un 89 por ciento) si se toma en los tres días posteriores al acto sexual, aunque cuanto antes se toma después del acto, más eficaz será. Aunque está pensada para tomarla después del acto sexual, el levonorgestrel no es la RU-486 (la píldora abortiva), y no funcionará si la mujer ya está embarazada. Dado que este método destruye los óvulos fertilizados, los cristianos lo han rechazado ampliamente. Cada vez hay más evidencias científicas de que esta hormona sintética detiene la ovulación, pero no tiene efecto alguno sobre un óvulo fertilizado.[9] El plan B se considera un anticonceptivo de emergencia que puede *evitar* un embarazo tras un fallo de otros métodos (por ejemplo, olvidarse de tomar la píldora o la rotura de un condón), practicar sexo sin protección o una agresión sexual.[10]

Dispositivo intrauterino

Un dispositivo intrauterino (DIU) es un pequeño objeto que se introduce en el útero para impedir el embarazo. Los DIU pueden durar entre uno y diez años. El DIU no se detecta durante el acto sexual. Algunos afirmas que los DIU afectan el movimiento de los óvulos y del esperma para impedir la fertilización pero, en general, hacen que el revestimiento uterino no sea idóneo para la implantación de un óvulo fertilizado.

Métodos anticonceptivos permanentes

Espermicidas

Los espermicidas llevan mucho tiempo en el mercado, tal vez, según algunos, desde el año 1850 a.C. Hoy día existe una amplia gama de espermicidas en forma de supositorios, gel, crema, espuma e incluso película plástica.[11] A muchos les gusta usar espermicidas, ya sea como método único o en combinación con otros anticonceptivos, porque son relativamente baratos, fáciles de usar y se pueden comprar sin receta médica. Además, no exigen la separación física de los genitales masculino y femenino, como pasa con los condones.

Sin embargo, los espermicidas tienen sus desventajas. La principal de ellas es que, cuando se usan solos, tienen una fiabilidad limitada. Por lo tanto, muchas personas que usan los espermicidas lo hacen en combinación con los condones o un dispositivo del tipo del capuchón cervical. Otra desventaja es el tiempo de eficacia. Es decir, los espermicidas son eficaces solo durante un tiempo limitado, y algunos hay que aplicarlos hasta un cuarto de hora antes de que pueda tener lugar el acto sexual. Además, a algunas personas les provoca irritaciones el Nonoxinol-9, un ingrediente activo frecuente en los espermicidas que se comercializan en Estados Unidos. Se ha descubierto que, entre las mujeres, la frecuencia de uso aumenta significativamente la probabilidad de irritación,[12] pero que, cuando los usan esporádicamente, la irritación es poco frecuente (solo un tres por ciento más que con un placebo).

Vasectomía

La vasectomía se ha descrito como la forma más fiable de control de la natalidad. Por ejemplo, las directrices de esterilización nacional británicas llegaron a esta conclusión: "El índice de fracaso de la vasectomía es de aproximadamente un caso entre dos mil (0,05 por ciento)".[13] En contadas ocasiones, la vasectomía se revierte sola; sin embargo, esto sucede solo en un 0,025 por ciento de los casos, uno entre cada 4.000 vasectomías.[14]

Una vasectomía consiste en cortar (o, más recientemente, bloquear) el canal deferente, un conducto por el que pasa el esperma generado en los testículos. El fracaso de la intervención es muy infrecuente y no es habitual que haya complicaciones. Además, la vasectomía no altera en absoluto el deseo sexual, aunque unos pocos hombres parecen desarrollar una reacción psicosomática que interfiere con la respuesta sexual normal. Además, dado que los testículos proporcionan menos del cinco por ciento del fluido seminal eyaculado durante el orgasmo, no se siente ni detecta variación alguna en la eyaculación. Aunque a veces se puede revertir una vasectomía, nunca se dan garantías, y la intervención debería considerarse permanente.

Los métodos nuevos para la vasectomía incluyen el Vasclip, una técnica mediante la cual un pequeño clip de plástico, del tamaño de un grano de arroz, se coloca bloqueando el canal deferente, cerrándolo eficazmente.

Ligadura de trompas

La ligadura de trompas se puede hacer de las siguientes maneras:

La *laparoscopia* conlleva la inserción de una cámara y los instrumentos quirúrgicos a través de incisiones pequeñas realizadas en el abdomen.

La *mini laparotomía* se realiza a través de una incisión que mide menos de 2,5 cm.

La *ligadura de trompas posparto* suele realizarse como una *mini laparotomía* después del parto. Las trompas de Falopio están en un punto más elevado del abdomen justo después del parto, de modo que la incisión se practica debajo del ombligo. A menudo el procedimiento se realiza en las 24 a 36 horas después del nacimiento del bebé.

Una *ligadura de trompas abierta* (*laparotomía*) se realiza practicando una incisión más grande en el abdomen. Puede ser la opción recomendada si la mujer necesita una intervención abdominal por otros motivos (como una cesárea) o ha tenido una enfermedad inflamatoria pélvica (EIP), una endometriosis o una intervención abdominal o pélvica anterior. Estas condiciones a menudo provocan que los tejidos y los órganos abdominales se cicatricen o adhieran. Las cicatrices y las adhesiones pueden hacer que alguno de los otros tipos de ligadura de trompas sea más difícil y arriesgado.

La *laparoscopia* suele practicarse con anestesia local. La *laparotomía* o la *mini laparotomía* se puede practicar usando anestesia general o una local, también conocida como epidural.

Es posible deshacer una ligadura de trompas, pero no con mucho éxito. Este es el motivo de que se considere la ligadura de trompas como un método permanente de control de la natalidad.[15]

Una complicación infrecuente pero grave de la ligadura de trompas es el embarazo ectópico, en el que el óvulo fertilizado se implanta en una trompa de Falopio en vez de hacerlo en el útero. Esta es una situación tremendamente peligrosa, que provoca la muerte de la madre a menos que se detecte el embarazo pronto y se interrumpa. El índice general de embarazos ectópicos para las ligaduras de trompas tradicionales es muy bajo: el 0,7 por ciento. La edad de la mujer influye en la posibilidad de que se produzca un embarazo ectópico; las mujeres que se someten a una ligadura de trompas a una edad inferior a los treinta años tienen el doble de riesgo cuando se las compara con mujeres mayores.[16]

El mero hecho de que algo sea un don del Señor no significa que esté mal administrar uno mismo cuándo recibirlo.
John Piper

El aborto

La última forma de control de la natalidad, y la más inaceptable desde el punto de vista cristiano, es el aborto. Se usan diversos procedimientos en distintos momentos del desarrollo del feto (llegando hasta el momento del parto) para matar al feto o bebé y extraerlo del vientre.

En Estados Unidos el aborto es legal desde que en 1973 el Tribunal Supremo lo declaró así en el conocido caso *Roe vs. Wade* y otros relacionados. Durante más de una década el índice de abortos en Estados Unidos ha permanecido esencialmente estable: en torno a 1,4 millones anuales.

5 PASOS PRÁCTICOS

1. Investiguen

- Analicen todas las opciones disponibles para el control de la natalidad a fin de tomar una decisión informada con la que estén de acuerdo como pareja.
- Busquen en Internet información relativa a las opciones para el control de la natalidad. Algunas páginas que les ofrecerán información útil son www.WebMD.com, www.cmda.org, www.healthywomen.org.
- Pidan información a un pastor de confianza en su iglesia o a otro individuo al que consideren un creyente maduro. Puede que les

ayude saber lo que Dios ha revelado a esa persona sobre el tema del control de la natalidad.

2. Oren juntos

- Establezcan momentos para sentarse y hablar de las opciones y de la información que han encontrado; luego oren juntos acerca de qué decisión tomar.
- Fijen un día (al cabo de una o dos semanas) en el que los dos se reunirán para tomar una decisión. Durante ese intervalo de una o dos semanas, los dos deben orar individualmente buscando la guía divina.
- Una vez hayan elegido la mejor opción para ustedes como pareja, oren dando gracias a Dios por su guía. A partir de ese momento, confíen en que Dios sabe lo que es mejor para su matrimonio. Sepan que Él satisfará todas las necesidades que tengan de un embarazo, planificado o no, fruto de su unión matrimonial.
- *Asegúrese de enfatizar la importancia que tiene que los dos miembros de la pareja busquen la guía del Señor respecto a esta decisión. Puede que quiera sugerirles un tiempo de ayuno además de la oración.*

EJEMPLOS BÍBLICOS 6

Si a alguno de ustedes le falta sabiduría, pídasela a Dios, y él se la dará, pues Dios da a todos generosamente sin menospreciar a nadie (Stg. 1:5).

Es importante ser consciente de la necesidad de contar con la dirección y la sabiduría divinas en lo tocante al control de la natalidad. Existen muchos puntos de vista diferentes sobre el uso de los anticonceptivos, pero lo más importante es el plan y el deseo de Dios para esa pareja.

Entonces comprenderás el temor del Señor y hallarás el conocimiento de Dios. Porque el Señor da la sabiduría; conocimiento y ciencia brotan de sus labios. Él reserva su ayuda para la gente íntegra y protege a los de conducta intachable (Pr. 2:5-7).

Dios bendecirá a la pareja que desee de todo corazón hacer la voluntad del Todopoderoso. Al reservar un tiempo para orar, incluso para ayunar, y meditar sobre su decisión de controlar la natalidad, Dios les otorgará discernimiento y sabiduría. Dios dará paz a los dos individuos respecto al método que sea mejor para ellos.

Así dice el Señor, tu Redentor, quien te formó en el seno materno: "Yo soy el Señor, que ha hecho todas las cosas" (Is. 44:24).

Ningún método de control de la natalidad es fiable al cien por cien. Pero podemos confiar en Dios, el creador y sustentador de la vida. Para Él no hay embarazos no planificados. Si Dios decide crear un niño dentro del seno de una madre, tiene un plan hermoso y dará a los padres lo necesario para criar al bebé.

En otra parte dice: "Yo confiaré en él". Y añade: "Aquí me tienen, con los hijos que Dios me ha dado" (He. 2:13).

Las parejas deben aprender a confiar en el Señor, orar y pedir sabiduría de lo alto; entonces, deben seguir la guía divina. ¡Él demostrará que es fiel!

7 ORACIÓN

Padre celestial, tú conoces todas las cosas a la perfección. Danos sabiduría ahora que reflexionamos sobre la planificación y el control de la natalidad. Señor, hay muchas opiniones fuertes y muchas cuestiones difíciles a tener en cuenta. Ofrece a esta pareja claridad y tu guía cuando consideren las opciones de planificación familiar…

Crianza de los hijos

RETRATOS 1

- "Si el director del colegio me llama una vez más, explotaré. ¿Por qué no hace caso ese muchacho?", grita Marta, exasperada.
- Juan y Pablo, que nacieron con un año de diferencia, no paran de pelearse entre ellos. Juan acaba de darle un golpe en la cara a Pablo con una pelota de fútbol, lo cual ha hecho que este salga llorando a decírselo a su madre. Ella está fuera de sí, y se pregunta: *¿Y ahora qué hago? Lo he castigado y lo he mandado al rincón tantas veces que ya ni me acuerdo de cuántas.*
- La pequeña Rut fue la respuesta a las oraciones de sus padres. Es un tesoro, pero no se comporta bien. Acaba de cumplir tres años, es un motor que no se detiene, lleno de energía, y pone a prueba a sus padres constantemente.

DEFINICIONES E IDEAS CLAVE 2

- La crianza de los hijos conlleva educar a sus hijos biológicos o adoptados para que sean *adultos sanso, buenos ciudadanos y padres cariñosos.* La oportunidad para influir en ellos oscila entre dieciocho y veinte años, *mientras viven en su casa y aprenden de su ejemplo.*
- Criar a los hijos es *un alto llamamiento* que Dios ha concedido a los padres. Tanto si son dos para criarlos como si usted es padre o madre soltero, no se puede tomar esta responsabilidad a la ligera.
- Dios ha dado a determinadas personas un papel de liderazgo sobre sus hijos, y les llamó padres. *Dios ha dispuesto que los padres sean los líderes* de su hogar. Reconozca que, como padre, *se le ha concedido autoridad* sobre sus hijos. En otras palabras, el propio Dios le ha elegido para asumir el papel de liderazgo en la crianza de sus hijos.
- En cierto sentido, su papel como padre *consiste en criar tan bien a sus hijos que un día ya no lo necesiten.* Aunque nunca dejará de ser un padre, su papel cambia a medida que sus hijos crecen y maduran. Al final, su papel se vuelve menos autoritario y menos activo, *y funciona más como consejero o confidente, incluso como amigo,* para sus hijos adultos.
- *Los hijos necesitan a una madre y a un padre para disfrutar de un desarrollo óptimo.* Lamentablemente, a menudo el padre está física o emocionalmente ausente. Se calcula que un 40 por ciento de niños estadounidenses se cría en hogares donde no hay un padre presente.[2] Estos niños tienen más problemas físicos, emocionales y

> Los niños estadounidenses ven entre tres y cuatro horas de televisión al día.[1]

conductuales que aquellos otros cuyo padre está presente, y es más probable que acaben en la cárcel.[3]

3 ENTREVISTA DE EVALUACIÓN

Con frecuencia los padres *sienten que han fracasado* si su hijo necesita una ayuda o una asistencia especial. Ser padre no es fácil. Asegure a los padres que buscar *consejo es una prueba de que están haciendo un buen papel como padres.*

Tener un problema familiar *no significa que el hijo sea "problemático"*. Evite ponerle esta etiqueta a nadie. Si la familia busca ayuda porque el hijo es indisciplinado o incontrolable, es prudente que lo visite *el médico de familia* para descartar un problema físico. Los problemas como el trastorno por déficit de atención parecen estar cada vez más extendidos, y quizá sea necesaria una evaluación profesional. Puede consultar la sección de este libro sobre "Niños con necesidades especiales".

El hijo sabio atiende a la corrección de su padre, pero el insolente no hace caso a la reprensión.
Proverbios 13:1

1. ¿Cómo describiría la conducta de su hijo/a? Hábleme del desarrollo temprano de su hijo. Describa una situación típica en la que todo pareció venirse abajo.
2. ¿Cuándo empezó a surgir el problema? ¿Con qué frecuencia aparece? ¿Cómo ha abordado el problema en el pasado?
3. ¿Los dos padres son coherentes en su disciplina? ¿Sus hijos consiguen enfrentarle con su cónyuge, o saben que ambos forman un frente común? Cuando les advierte de las consecuencias de sus actos, ¿cumple sus advertencias?
4. ¿Qué hace cada miembro de la familia cuando surge el problema? ¿Y después de que haya sucedido?
5. ¿Se ha producido algún cambio importante en su familia que pueda haber creado una presión adicional?
6. Hábleme de los otros niños en la familia. ¿Cómo sería la familia perfecta? Describa a su familia como le gustaría que fuese.

4 CONSEJOS SABIOS

De la misma manera que la masa del pan necesita levadura para subir, los hijos necesitan unos ingredientes básicos que les ofrecen sus padres para alcanzar el potencial que Dios les ha dado. Tenga en cuenta que, aunque los ingredientes serán necesarios durante todas las etapas de la paternidad, la cantidad exacta necesaria en determinadas fases del proceso dependerá de la edad y el grado de madurez del niño.

Amor

Cada día, los niños necesitan abrazos, contacto físico, palabras de ánimo y afirmación, y tiempo de calidad; todas estas cosas *transmiten amor.* Recuerde que cada niño necesita a alguien que le quiera con locura. El amor también contribuye a romper las barreras y muros que no vemos con los ojos. Tenga en cuenta que los adolescentes *son muy conscientes de las apariencias* y quizá no les guste que les abrace delante de sus compañeros.

A veces, sobre todo durante la adolescencia, nuestros hijos pueden parecer nuestros enemigos, pero en realidad es cuando aprenden a pensar y a actuar por su cuenta. *Cierto grado de resistencia y de "hostilidad" forma parte normal del proceso de transición de la infancia a la madurez.*

Como padres, hemos de amar a nuestros hijos aun cuando no lo merezcan. Esto no quiere decir que aceptemos todo lo que hagan, pero *la gracia debe tener prioridad sobre el castigo y el control.*

El amor y la aceptación no son sinónimos. Los padres deben recordar a sus hijos que *les aman incluso cuando no están de acuerdo con ellos* o cuando sus acciones les rompen el corazón.

Disciplina

La Biblia previene a los padres de que *no desanimen* a sus hijos (Col. 3:21), pero también dice que quienes aman a sus hijos los disciplinan (Pr. 13:24). *La disciplina, a diferencia del castigo, evita los gritos, la ira y la rabia infructíferas e imagina siempre un futuro mejor* para los hijos.

El equilibrio es la clave. Como padres, debemos disciplinar y enseñar a nuestros hijos, pero no como si dirigiésemos un campamento de instrucción militar. Sobre todo, debemos tratar de no disciplinarlos, castigarlos o humillarlos cuando estemos furiosos.

Sin embargo, los padres deben cumplir las advertencias. Si dijeron que el niño o niña tendría que irse a su cuarto "si volvía a hacerlo una vez más", y el niño lo hace, *los padres deben cumplir exactamente lo que dijeron. Lo esencial es la coherencia* de que haya consecuencias cuando el niño se porta mal. La consecuencia en sí es menos importante.

Hay *tres reglas* que pueden ser una guía para disciplinar a los hijos:

- *La regla AFC: Amabilidad, firmeza* y *coherencia.*
- *La regla de la abuela*: Esto significa simplemente que, primero, el niño hace lo que quiere el padre y, después, puede hacer lo que él o ella quiere. Por ejemplo, el padre puede decir: "Si quieres ir a nadar, primero debes hacer las tareas de la casa".
- *La regla del milenio*: Esta regla dice que, si el padre permite que el hijo se salga con la suya, puede necesitar mil correcciones para encauzarle de nuevo.

> Un 94 por ciento de los padres con niños menores de tres años dijo haber recurrido al castigo físico durante los 12 meses anteriores; un 35 por ciento azotó a sus bebés.[4]

Anime a los padres de *niños con carácter o con voluntad firme* a que no les entre el pánico al pensar en el futuro del hijo. Algunos de los adultos con mayor éxito fueron niños insoportables. Anime a los padres a aferrarse por la fe a imaginar un futuro positivo para el hijo, y a compartir esa visión con sus hijos, con amor.

Guía

Es tarea de los padres *enseñar a sus hijos sobre la vida* y guiarles en todas las áreas, sobre todo en la de la Palabra de Dios (Dt. 6:4-9).

Guiar a los hijos puede significar también *permitirles cometer errores.*

Cuando un niño comete un error y telefonea a casa el director del colegio o un oficial de policía para informar a los padres de la situación, estos deben entender que es el principio de una crisis que deben atravesar con sus hijos.

Los padres deben estar listos para sentirse decepcionados con algunas de las elecciones y conductas de sus hijos. Es un error ayudar a un hijo enseguida a salir de las dificultades en que se ha metido debido a una mala elección o conducta. Durante una crisis, una persona crece más que en cualquier otro momento.

Transmita a la familia que *Dios los ha puesto juntos.* Dios les ayudará y les mostrará cómo crecer como familia. Será necesario introducir cambios y, aunque al principio *estos puedan ser difíciles,* los padres lograrán introducirlos con la ayuda del Señor.

Es muy importante *pasar tiempo juntos.* Hoy día puede ser muy difícil reunir a toda la familia a menos que sobrevenga una crisis.

5 PASOS PRÁCTICOS

1. Concéntrese en la relación

- Como padre o madre, usted sabe si está emocionalmente cercano a su hijo. Lo más importante es que seguramente puede identificar una o dos cosas que podría hacer para estar más cerca. Comprométase durante un mes a hacer al menos una cosa que sea de bendición para cada uno de sus hijos.

2. Céntrese en las reglas y en las responsabilidades

- La calidad de su relación con sus hijos determinará la efectividad de sus estrategias disciplinarias. Su objetivo es desarrollar un plan que incluya las siguientes cosas:
  - las normas a seguir
  - cómo disciplinar a sus hijos por la infracción de las reglas
  - lo que es negociable y lo que no (por ejemplo, la hora de llegar a casa por la noche puede ser negociable)
  - apartar momentos para la familia (una noche concreta de la semana, un desayuno o una cena)
  - las tareas de la casa (quién hace qué, qué es necesario, cuándo hay que hacerlas)
  - otras cuestiones que puedan surgir

Instruye al niño en el camino correcto, y aun en su vejez no lo abandonará.
Proverbios 22:6

Desarrolle el plan

- ¿Qué debe formar parte del plan? (Esto varía dependiendo de la edad de los hijos y de las tareas). Los miembros de la familia deben hablar entre sí y compartir las ideas que desean incorporar al plan.
- Intente introducir en el plan las ideas de todos. Hasta los miembros más jóvenes pueden opinar, pero ustedes, como padres, son responsables del plan final.

Casi un 75 por ciento de los niños que viven en hogares sin padre experimenta pobreza y tienen diez veces más probabilidades de padecer una pobreza extrema.[5]

Adapte el plan según sea necesario

- *Si percibe que los padres son inmaduros y cree que no saben cómo desarrollar un buen plan (o que sus hijos los dominen), haga un seguimiento después de la reunión familiar para examinar el plan que han preparado. Quizá necesiten ayuda para aceptar el papel de padres o para ser más realistas.*
- Siga el plan un par de semanas y vaya modificándolo según sea necesario, pero siempre durante una reunión familiar. (Por ejemplo, si los hijos siguen sin hacer las tareas de la casa, puede que tenga que añadir qué consecuencias habrá por no hacerlas). El plan debe recompensar la conducta deseada y especificar las consecuencias para la indeseada.

Sea coherente

- Sitúe el plan donde todos puedan verlo. Mamá y papá deben estar juntos en esto. Los hijos no deben pensar que pueden influenciar uno u otro de los padres o que pueden enfrentarlos el uno contra el otro.

3. Oren juntos

- Pida la guía de Dios para criar a sus hijos y convertirlos en adultos responsables.

4. Pasen tiempo juntos

- Intenten compartir al menos una comida al día como familia. Tal vez desayunar juntos sea más fácil que juntarse para cenar, dependiendo de los compromisos de su familia. Lo más importante es mantener firme la relación entre usted y sus hijos.
  - Hable con ellos.
  - Escúchelos.
  - Muéstrales su amor.
  - Juegue con ellos; haga cosas que les gusta hacer.
  - Recuerde que para los niños, AMOR = TIEMPO.
  - Anime a sus hijos.
  - Ore con sus hijos.

EJEMPLOS BÍBLICOS 6

Grábate en el corazón estas palabras que hoy te mando. Incúlcaselas continuamente a tus hijos. Háblales de ellas cuando estés en tu casa y cuando vayas por el camino, cuando te acuestes y cuando te levantes. Átalas a tus manos como un signo; llévalas en tu frente como una marca; escríbelas en los postes de tu casa y en los portones de tus ciudades (Dt. 6:6-9).

Enseñar a los hijos los caminos del Señor es el llamado más alto de los padres, y es un proceso de 24 horas al día, siete días a la semana. Debe ser tan frecuente como hablar y respirar en cualquier situación y lugar. Vivir por y para Dios es una parte esencial de la vida cotidiana, tanto como lo es comer o trabajar.

Este es el niño que yo le pedí al Señor, y él me lo concedió. Ahora yo, por mi parte, se lo entrego al Señor. Mientras el niño viva, estará dedicado a él. Entonces Elí se postró allí ante el Señor (1 S. 1:27-28).

Ser padres es una tarea exigente, pero tiene recompensa. Muchas personas se preparan y estudian durante años para acceder a una profesión concreta, pero los padres normalmente aprenden mientras educan a los hijos. La meta de los padres es que un día los hijos vuelen solos.

Ya le dije que por la maldad de sus hijos he condenado a su familia para siempre; él sabía que estaban blasfemando contra Dios y, sin embargo, no los refrenó (1 S. 3:13).

Y ustedes, padres, no hagan enojar a sus hijos, sino críenlos según la disciplina e instrucción del Señor.

Efesios 6:4

Elí no disciplinó a sus hijos, a pesar de que eran sacerdotes y él era su supervisor. Estos hombres menospreciaban los sacrificios del pueblo (1 S. 2:12-17), y cometían pecados sexuales con las mujeres del tabernáculo. Sin duda Elí, como padre y sumo sacerdote, tenía autoridad para controlar a sus hijos, pero prefirió no hacer nada. Al final, Dios intervino.

Dios da a los padres autoridad sobre sus hijos. Los padres deben usar esa autoridad sabiamente para apartar a sus hijos del pecado.

Adonías, cuya madre fue Jaguit, ambicionaba ser rey, y por lo tanto se levantó en armas. Consiguió carros de combate, caballos y cincuenta guardias de escolta. Adonías era más joven que Absalón, y muy bien parecido. Como David, su padre, nunca lo había contrariado ni le había pedido cuentas de lo que hacía... (1 R. 1:5-6).

Adonías era un hijo de David, y es evidente que una de las debilidades de este era su incapacidad para disciplinar a sus hijos. Los errores de David como padre condujeron a una serie de fracasos y de pecados en sus hijos.

Los padres siempre influyen en sus hijos, para bien y para mal. No hay nada que sustituya a unos padres que dedican tiempo, cuidan y aman a sus hijos, y los disciplinan cuando es necesario.

Pero el amor del Señor es eterno y siempre está con los que le temen; su justicia está con los hijos de sus hijos, con los que cumplen su pacto y se acuerdan de sus preceptos para ponerlos por obra (Sal. 103:17-18).

Una de las grandes promesas de la Biblia es que la misericordia del Señor se transmite de generación en generación, hasta los hijos de nuestros hijos. Esto no significa que los hijos de los creyentes creerán automáticamente en Dios, sino que la misericordia y la bondad de

Dios están disponibles en cada generación que sigue el buen ejemplo marcado por la anterior.

Los padres deben dar el ejemplo correcto a sus hijos. No viven solo para sí mismos; sus acciones son un modelo que afectará a las generaciones venideras.

Los niños saben evaluar a sus padres. Si usted solo está medio convencido de sus creencias, sus hijos enseguida discernirán ese hecho.

Pero tú, permanece firme en lo que has aprendido y de lo cual estás convencido, pues sabes de quiénes lo aprendiste. Desde tu niñez conoces las Sagradas Escrituras, que pueden darte la sabiduría necesaria para la salvación mediante la fe en Cristo Jesús (2 Ti. 3:14-15).

Timoteo había aprendido las Sagradas Escrituras desde pequeño. Los padres cristianos tienen la responsabilidad dada por Dios de criar a sus hijos de modo que conozcan y amen a Dios y su Palabra.

Los hijos pequeños pueden aprender las grandes verdades e historias de la Biblia que demuestran el amor y el poder de Dios. La enseñanza que reciban los niños pequeños quedará grabada en sus mentes y les dará un fundamento firme sobre el que edificar. Esa formación puede darles "la sabiduría necesaria para la salvación mediante la fe en Cristo Jesús".

ORACIÓN 7

Señor, gracias por estos padres que han acudido hoy. Quieren criar bien a sus hijos; quieren ser buenos padres. Ahora mismo sienten que las cosas en su hogar no van bien, y no saben qué hacer. Muéstrales el camino, Señor. Muéstrales especialmente que el amor que sienten por sus hijos es una pálida sombra del amor que sientes tú por ellos como su Padre celestial…

Depresión en el matrimonio

1 RETRATOS

- Cada mañana, Ángela lucha por encontrar fuerzas para levantarse de la cama. Se siente apática y triste. Sus hijos la necesitan, pero ella no logra reunir la energía siquiera para interactuar con ellos, y mucho menos para preparar la comida o limpiar la casa.
- A Jorge le cuesta pensar con claridad. Perdió su empleo y no parece capaz de salir del agujero en el que siente que ha caído. No acude a entrevistas de trabajo porque está muy abatido, de modo que se queda sentado en casa jugando en la computadora. Su esposa está enojada con él y no entiende por qué no mejora.
- Andrés está furioso. Se queja de que su esposa Ana ha dejado de hacer incluso las tareas más básicas. Le molesta que ella ha perdido todo interés por el sexo y pone excusas para eludirlo. La acusa de ser perezosa, con la intención de ver si reacciona. Cuando se reúnen con el consejero, Ana se sienta con la cabeza inclinada hacia abajo y parece totalmente ausente. El consejero piensa: *Esto no es pereza, la mujer parece deprimida.*

2 DEFINICIONES E IDEAS CLAVE

- La depresión en el matrimonio es la presencia de *una depresión clínicamente importante en uno o los dos cónyuges, que afecta negativamente al matrimonio.* La depresión es distinta a la tristeza o el abatimiento, que es una reacción a una pérdida, y que hace que las personas disminuyan su velocidad para que puedan procesar su dolor. Cuando alguien está triste, el respeto por sí mismo permanece intacto, conserva la esperanza intrínseca, y experimenta alivio después de llorar y recibir apoyo. Con la depresión no pasa esto; suele caracterizarse por la famosa "tríada cognitiva" de indefensión, desesperanza e inutilidad que gobierna sus pensamientos. El impacto negativo de la depresión sobre la conducta y las emociones puede ser aplastante: son frecuentes los trastornos alimentarios y de sueño, al igual que el aislamiento social y la irritabilidad, así como la incapacidad de disfrutar de la vida y de las cosas que antes resultaban agradables. La falta de energía que padece una persona deprimida le dificulta hacer todo lo que no sean las tareas más pequeñas. En su peor forma, la depresión induce pensamientos y actos suicidas que pueden controlar a la persona.

- La depresión *ocurre cada vez con más frecuencia*. Las personas nacidas después de 1950 tienen diez veces más probabilidades de experimentar una depresión que sus antecesores. Las personas entre 25 y 45 años son las que constituyen el porcentaje más elevado de depresión, aunque es entre los grupos de adolescentes donde la depresión está aumentando con mayor velocidad.[1]
- *La probabilidad de padecer una depresión es el doble para las mujeres* que para los hombres.[2]
- La depresión provoca un sufrimiento incalculable para quienes padecen el trastorno y para las personas que les son cercanas. Se dice que la depresión destruye las vidas de las víctimas y de sus familiares innecesariamente. La mayoría de las personas *no busca tratamiento* ni piensa que su depresión sea un problema tratable.[3]
- La depresión en el matrimonio es un trastorno muy cíclico: *la depresión puede influir en un matrimonio atribulado, lo cual puede a su vez influir en la depresión del cónyuge e intensificarla*. Como "trastorno dual" clásico pero diferente, la depresión en el matrimonio tiene que tratarse al mismo tiempo de dos maneras distintas: tratar la depresión individual y los problemas matrimoniales que surgen o se desprenden de ella.

Tipos de depresión

- La *depresión clínica/grave* se distingue porque sus síntomas son tan intensos que interrumpen la rutina cotidiana. Estas depresiones no suelen aparecer solo una vez en la vida, sino que para la mayoría de afectados son recurrentes.
- *El trastorno distímico* es una depresión crónica de baja intensidad, que a menudo se confunde con la tristeza, de la que es difícil distinguirla.
- *El trastorno bipolar*, conocido antes como "depresión maniaca", es un tipo de trastorno que produce cambios intensos en el estado de ánimo. Una persona puede experimentar periodos breves de euforia seguidos de periodos más largos de depresión. Aunque se controla bien mediante medicación (dado que es hereditario y en su mayor parte de origen biológico), muchos pacientes no toman su medicación porque les encanta el poder y la energía que les ofrecen los episodios de su trastorno, y niegan los problemas que les produce.
- La *ciclotimia* es una variante más suave del trastorno bipolar, y produce una perturbación recurrente en el estado de animo que oscila entre la hipomanía (estado de ánimo irritable o elevado) y la distimia (depresión crónica de baja intensidad).
- *El trastorno afectivo estacional (TAE)* consiste en que la persona se entristece al llegar el invierno, padece una depresión, que muy a menudo se considera fruto de la ausencia de la luz solar (o la

> Aparte del efecto negativo en el estado de ánimo y en las relaciones, la depresión no tratada afecta a múltiples áreas de la vida. Es una de las tres principales causas de incapacitación y de reducción de la productividad laboral.[4]

vitamina D); suele ser evidente entre noviembre y la siguiente primavera o verano.

Causas de la depresión

- La depresión puede producirse *cuando muchas cuestiones vitales estresantes superan a la persona*, entre ellas la ira, el fracaso, el rechazo, el divorcio, el maltrato, el miedo, la sensación de futilidad, la ausencia de control sobre la propia vida, el duelo y la pérdida, la culpabilidad o la vergüenza, la sensación de aislamiento, los pensamientos negativos, las creencias destructivas y el estrés. A veces a esto se le llama "*depresión reactiva*". En el caso de esta depresión, los síntomas suelen ser bastante controlables, y pueden ser más bajos por la mañana y aumentar a lo largo del día. *Nota*: La depresión reactiva persistente puede alterar el equilibrio químico y conducir a una depresión endógena.
- *Los factores médicos y biológicos* también pueden inducir la depresión, sobre todo la predisposición genética heredada. Otros factores médicos incluyen las anomalías tiroideas, las fluctuaciones hormonales femeninas, las irregularidades en la serotonina o la norepinefrina, la diabetes, la deficiencia de vitamina B-12 o de hierro, la falta de sol o de vitamina D, una embolia o ataque cardiaco reciente, el prolapso de la válvula mitral, la exposición al moho negro o venenoso, diversos fármacos (antihipertensivos, anticonceptivos orales) o drogas recreativas (alcohol, marihuana, cocaína). Cuando tiene un origen biológico, a veces se conoce como "*depresión endógena*". En este caso, a menudo los síntomas son más graves, y los pacientes suelen sentirse peor por las mañanas.

Síntomas de la depresión

- Los síntomas de la depresión son numerosos, e incluyen: reducción de la energía, trastorno del sueño (dormir demasiado o demasiado poco), fluctuación del peso corporal (ganar o perder peso), reducción de la concentración, confusión mental y olvidos, irritabilidad, incapacidad de controlar la ira, episodios de llanto, desesperanza, desinterés por las actividades placenteras, falta de sensación placentera cuando se hacen cosas agradables, aislamiento y alienación social y pensamientos de suicidio.
- La Biblia está llena de ejemplos de depresión, con motivos y resultados muy diferentes:
  - David escribió que su depresión se debió a un pecado inconfeso (Sal. 38; 51).
  - Dios usó una depresión para llamar la atención de Nehemías (Neh. 1—2).
  - Las pérdidas devastadoras de Job le llevaron a maldecir el día que nació (Job 1—3).
  - Elías estaba tan deprimido al ver la situación de los líderes israelitas que se metió en una cueva y deseó morir (1 R. 19).

La angustia abate el corazón del hombre, pero una palabra amable lo alegra.
Proverbios 12:25

ENTREVISTA DE EVALUACIÓN 3

Preguntas clarificadoras

1. Si 10 es la tristeza extrema y 1 es sentirse bien, ¿dónde se encuentra usted hoy en la escala de 1 al 10? (Si la persona está muy abatida, descubra qué provoca la tristeza. Es posible que el problema no sea la depresión, sino otra cosa, incluyendo el dolor persistente por una pérdida).
2. ¿Consume drogas o alcohol? ¿Toma alguna medicación? ¿No está tomando una medicación que debería tomar?
3. ¿Cuándo fue la última vez que se sometió a un chequeo médico completo? (Si la persona no ha consultado con su médico recientemente, debería hacerlo para descartar cualquier problema físico que pudiera causar una depresión).
4. ¿Cambian mucho sus estados de ánimo? ¿Tiene periodos en los que apenas necesita dormir y siente una gran energía y poder? ¿Hay momentos en los que gasta el dinero sin pensar o mantiene relaciones sexuales arriesgadas? (Pregunte sobre la existencia de manía o hipomanía y, en caso de que exista, remite a la persona a un psiquiatra).
5. ¿Ha pensado en lesionarse o suicidarse? ¿Ha intentado matarse en el pasado? ¿Piensa cada día en morir? ¿Ha pensado en cómo lo haría? ¿Alguien más sabe que usted ha pensado en morir de esta manera? (A veces los pensamientos son difusos, como *Sería mejor que no estuviera aquí*. Preste una atención especial si la persona habla de un medio para poner por obra sus pensamientos. Alguien que tiene tendencias suicidas y se imagina un accidente de tráfico tiene tanto el plan como los medios para realizarlo).

La depresión no es algo que se cura fácilmente. Suele ser causada por un desequilibrio de sustancias químicas cerebrales, junto con otros factores. Como todo trastorno médico grave, hay que tratarla.[5]

Preguntas generales

1. ¿Durante cuánto tiempo se ha sentido deprimido? ¿Lo ha estado antes? ¿Alguna vez un médico o un consejero le ha tratado a causa de una depresión?
2. ¿Qué sucedía en su vida cuando se deprimió por primera vez? (Una persona deprimida necesita aceptación y cariño. Es posible que el aconsejado se sienta como si hubiera fracasado en algún sentido. Empiece escuchando su historia sin juzgarlo).
3. ¿Tiene un historial familiar de depresión, algunos tíos o abuelos que se deprimieron o padecieron una depresión maniaca?
4. ¿Hay algún problema en su matrimonio que le afecta mucho? ¿Y en su trabajo? ¿Algún problema en su red de amigos?
5. ¿Ha perdido interés por las actividades placenteras? ¿Ha detectado cambios en sus patrones alimentarios o de sueño? ¿Se siente más irritable o se enoja fácilmente? ¿Siente culpabilidad o temor sobre algo? (El miedo prevalece en muchos casos de depresión y la ansiedad en el 70 por ciento de los pacientes depresivos).

6. ¿Qué ve en su futuro? El futuro, ¿le parece prometedor o desmoralizante?
7. ¿Cómo le está respondiendo actualmente su familia? ¿Qué dicen sobre usted? ¿Qué hace su cónyuge para ayudarle a superar esta época difícil?

4 CONSEJOS SABIOS

El síntoma más peligroso de la depresión son *las ideas suicidas*. Por lo tanto, pregunte al paciente directamente sobre el tema al principio de la terapia, y establezca el hecho de que puede hablar sobre cualquier tema. Si como resultado de sus preguntas descubre que la persona pretende hacerse daño, no dude en involucrar a otros miembros de la familia, su pastor o un profesional de la salud mental.

5 PASOS PRÁCTICOS

1. Tenga en cuenta la salud física

- *(Si no hay riesgos para la salud y un médico lo aconseja, diga a la persona que haga ejercicio moderado, como un paseo a paso rápido. Por supuesto, lo último que quiere hacer una persona deprimida es ejercicio intenso; conseguir que haga ejercicio durante el tratamiento siempre es un problema*). Los estudios demuestran que media hora de ejercicio moderado es muy útil para elevar el ánimo. Por consiguiente, yo recomiendo un paseo diario a buen ritmo, y le haré un seguimiento. Encuentre a alguien con quien pasear; que alguien le espere hará que le sea más difícil evitar la actividad.
- Hágase un chequeo médico y trabaje con un médico para elaborar una dieta y un programa de ejercicios. La mejora en los hábitos alimentarios (por ejemplo, menos azúcar y más vitaminas) puede ayudar mucho. Un médico podrá evaluar también su necesidad de medicación, en caso de ser necesario.

A ti, Señor, elevo mi clamor desde las profundidades del abismo. Escucha, Señor, mi voz. Estén atentos tus oídos a mi voz suplicante… Espero al Señor, lo espero con toda el alma; en su palabra he puesto mi esperanza.

Salmos 130:1-2, 5

2. Profundice

- Yo le ayudaré a manejar cualquier situación que haya provocado la depresión. (*Si la persona ha padecido hace poco una pérdida considerable, reconozca esa pérdida y ayúdele a iniciar el proceso de duelo*). Es normal sentirse triste, pero también hay que mirar la luz. Su pérdida es dolorosa, pero la paz y el contentamiento futuros en Cristo son suyos.
- Piense sinceramente en cuáles podrían ser otras fuentes profundas de la depresión.
- Lleve un diario personal durante las dos próximas semanas y anote los pensamientos que le vengan a la mente acerca de lo que ha provocado la depresión.
- Mantenga un registro cada día de los momentos en que se siente muy deprimido, qué sucede y qué piensa justo entonces. Haga lo que haga, ¡que sea sencillo!

3. Empiece a pensar con claridad

(Desafíe las afirmaciones y creencias negativas de la persona. Por ejemplo, puede que la persona diga: "Soy un inútil; no sirvo para nada". Haga preguntas agudas para destacar el hecho de que esa persona realmente tiene valor. Recuerde la tríada cognitiva de la indefensión, la desesperanza y la inutilidad. Tome como blanco esa charla autodirigida y refútela sencilla y claramente. Pide a la persona que le diga algo positivo que ha hecho y que lo siga haciendo durante la semana).

- Durante la próxima semana, haga una lista de tres rasgos que le gustan de sí mismo, y uno de ellos debe ser físico. Le pediré que me diga cuáles son.
- Hay muy pocas cosas que no tengan remedio, y muy pocas situaciones que sean solo malas. Cuando usted ve solo la cara negativa de la vida y la resalta, tiene un problema de percepción selectiva.

4. Busque apoyo social

(Con permiso, hable con el cónyuge de la persona e infórmelo de la depresión que padece su pareja. Aparte del cónyuge, ¿hay más personas que puedan ayudar a la persona a contrarrestar la depresión?)

- ¿En qué grupos sociales participa actualmente? (*El aislamiento social agudizará la depresión*).
- ¿En qué grado participa en la iglesia? ¿Quién en la iglesia podría ayudarle y apoyarle? (*¿Puede la iglesia conformar un grupo de apoyo y oración que rodee a la persona deprimida, que contacte con ella diariamente durante un periodo de tiempo limitado?*).

5. Preste atención a los temas espirituales

- ¿Tiene algún pecado no confesado o se siente culpable por pecados y ofensas pasadas que fomentan la depresión?
- ¿Necesita perdonar a alguien para avanzar hacia la salud personal?
- ¿Cómo está su relación con Cristo? (*Cuando una persona no se centra en Dios, puede ser víctima de la frustración y la depresión*).
- ¿Cree que Dios puede acabar con su depresión y hacerle feliz? ¿O ve a Dios como un juez que le castiga dándole o prolongando la depresión?
- La memorización de versículos bíblicos puede ser muy útil para apropiarse de las promesas y el ánimo que Dios da y para contribuir a la meta de pensar con claridad.

EJEMPLOS BÍBLICOS 6

Y [Elías] caminó todo un día por el desierto. Llegó adonde había un arbusto, y se sentó a su sombra con ganas de morirse. "¡Estoy harto, SEÑOR! —protestó—. Quítame la vida, pues no soy mejor que mis antepasados" (1 R. 19:4).

La vida tiene altibajos y, como en una cadena montañosa, los bajos vienen justo después de los altos. Como Elías, podemos escalar las alturas de la victoria espiritual solo para encontrarnos pronto en el oscuro valle de la depresión.

Aunque determinadas formas de depresión clínica debe tratarlas un profesional, muchos sentimientos depresivos forman parte de los altibajos de la vida.

Como Elías, debemos escuchar el "suave murmullo" (1 R. 19:12) para consolarnos. Al Señor le gusta cuando pasamos tiempo con Él y esperamos en Él.

Sin duda, los cristianos deprimidos deben seguir orando, leyendo la Biblia, confesando sus pecados y buscando la santidad. Sin embargo, a menos que Dios o un consejero profesional cristiano diga lo contrario, no dé por hecho que la depresión tiene su origen en un problema espiritual. Ese tipo de pensamiento puede impedir que un cristiano deprimido busque la ayuda necesaria.[6]

Luego se acostó debajo del arbusto y se quedó dormido. De repente, un ángel lo tocó y le dijo: "Levántate y come". Elías miró a su alrededor, y vio a su cabecera un panecillo cocido sobre carbones calientes, y un jarro de agua. Comió y bebió, y volvió a acostarse (1 R. 19:5-6).

La depresión puede agotar las energías, desvirtuar los valores y atacar nuestra fe. La depresión puede afectar a cualquiera. Dios cuidó de Elías en muchos sentidos. Ofreció alimentos para que recuperase su fortaleza física y emocional. Un ángel tocó a Elías, y le confirmó que no estaba solo. Además, en dos ocasiones, Dios animó a Elías a descansar.

¿Por qué voy a inquietarme? ¿Por qué me voy a angustiar? En Dios pondré mi esperanza y todavía lo alabaré. ¡Él es mi Salvador y mi Dios! (Sal. 42:5).

Los sentimientos de depresión pueden inducir a algunas personas a apartarse de Dios. Otras, como David, permiten que esos sentimientos turbulentos, tristes, les hagan "esperar en Dios", recordando su bondad.

Durante esos momentos, vivir por fe adquiere un nuevo significado. Las personas deprimidas han de aprender a confiar en lo que no pueden sentir o ver. Deben comprender que la felicidad procede de la comunión con Dios, no de nada de lo que hay en el mundo.

Y a confortar a los dolientes de Sión. Me ha enviado a darles una corona en vez de cenizas, aceite de alegría en vez de luto, traje de fiesta en vez de espíritu de desaliento. Serán llamados robles de justicia, plantío del Señor, para mostrar su gloria (Is. 61:3).

La Biblia reconoce el dolor de la depresión. El amor y la comprensión de Dios son para todos aquellos deprimidos y desanimados. Dios promete darnos consuelo, hermosura en vez de cenizas, el óleo de alegría en vez del luto, y un vestido de alabanza en vez de un espíritu de abatimiento.

ORACIÓN 7

Señor, hay momentos en que todos nos sentimos abatidos. Hoy __________ siente que camina entre tinieblas, sin salida. Te ruego, Señor, que lo sanes y nos ayudes a discernir lo que sucede en lo más profundo de su corazón. ¡Sé la luz que libra de las tinieblas! Si existe profundo dolor o pérdida, culpa o vergüenza, ayúdanos a tener el discernimiento para sacarlo a la luz y confesarlo por tu gracia...

Depresión posparto

1 RETRATOS

- Solo hace tres días que Alicia volvió a casa con su bebé, y está tan aletargada que tarda treinta minutos en ponerse las medias. Afortunadamente, su madre está allí para ayudarla. "Te pasa lo mismo que cuando yo te tuve", le dijo. "Vamos al médico a que te haga un chequeo".
- "¿Por qué es tan perezosa?", preguntó Benjamín. "Fue un embarazo complicado, pero ahora tenemos un bebé feliz y sano, y sin embargo mi esposa no puede estar más triste. Se arrastra de un sitio para otro. Apenas he podido dedicarme a mi trabajo, porque hago el 99 por ciento de las tareas que requiere el bebé".
- "Algo no anda bien", sollozó Natalia. "Tengo un niño precioso de seis meses, y he perdido las ganas de vivir. Necesito ayuda porque, de otro modo, no sé qué haré."

2 DEFINICIONES E IDEAS CLAVE

- El episodio intenso de depresión que se produce después de un embarazo se llama *depresión posparto* o *depresión peripartum* (normalmente, la expresión *depresión perinatal* se refiere a la que se padece durante el embarazo). Estos trastornos anímicos son la complicación más frecuente durante el embarazo y después de este.
- La *tristeza posparto* no es una depresión posparto. Este tipo de tristeza afecta aproximadamente a la mitad de las mujeres tras el nacimiento de su bebé. Los síntomas empiezan a manifestarse pocos días después del parto, y duran un máximo de una semana. Los síntomas no son graves, pero pueden incluir unas emociones demasiado intensas, llanto y pérdida de apetito. Sin embargo, la nueva madre seguirá interactuando bien con sus amigos, familiares y con el bebé.[1]
- La *psicosis posparto* es un trastorno poco común. Se produce en una o dos de cada mil mujeres que dan a luz (0,01–0,02 por ciento). Normalmente empieza dentro de las dos o tres semanas posteriores al parto, y puede prolongarse hasta un mes. La psicosis posparto se caracteriza por *alucinaciones, delirios y otros síntomas psíquicos.*[2] Una mujer puede experimentar cambios rápidos de humor, que van de la euforia a la ira y al desespero. Es cierto que una madre con psicosis posparto puede hacerle daño al bebé.
- A pesar de que últimamente se habla más de la depresión posparto, a menudo *no se diagnostica o se ignora como carente de importan-*

cia. Esta actitud *es peligrosa tanto para la madre como para el bebé*. También conduce a una negación de las consecuencias adversas para el vínculo materno-filial, y puede conducir incluso a que la madre agreda al bebé o a otros niños pequeños a su cargo.

- Hace mucho tiempo que se reconoce la existencia de un *vínculo entre el parto y las enfermedades mentales*. En el año 460 a.C., Hipócrates observó que las mujeres experimentan una "fiebre del puerperio" y presento la teoría de que la descarga loquial suprimida se trasladaba al cerebro, donde producía "agitación, delirio y ataques de manía". En el siglo XI, un ginecólogo llamado Trotula consideró que "si el vientre está demasiado húmedo, el cerebro se llena de agua y la humedad que se extiende hasta los ojos les induce a derramar lágrimas involuntarias".
- A menudo la depresión en las mujeres *no se reconoce*, porque el embarazo y el parto normales provocan *síntomas parecidos*, incluyendo letargo (cansancio), trastornos del sueño, fluctuaciones emocionales y alteraciones del peso corporal.
- Hay diversos motivos por los que las mujeres se deprimen durante y después del embarazo. Por ejemplo, los siguientes factores pueden *aumentar la probabilidad de que una mujer padezca una depresión durante el embarazo*:
  - antecedentes familiares o personales de depresión o enfermedad mental
  - antecedentes familiares o personales de consumo de drogas
  - una falta de apoyo social por parte de la familia o los amigos
  - problemas relacionales o matrimoniales
  - problemas económicos
  - estrés y ansiedad
  - complicaciones médicas durante el embarazo
  - complicaciones médicas durante un embarazo o parto anterior
- Junto con los factores anteriores, *las hormonas* pueden afectar el estado anímico de una mujer *después del embarazo*. Durante el embarazo, en el cuerpo de la mujer aumentan mucho los niveles de las hormonas *estrógeno* y *progesterona*. Sin embargo, dentro de las primeras veinticuatro horas posteriores al parto, estas hormonas recuperan los niveles habituales antes del embarazo. Esta *reducción acelerada* puede llevar a la depresión posparto.
- *De vez en cuando el nivel de la hormona tiroidea se reduce tras el parto*. La tiroides, situada en el cuello, es una glándula pequeña e importante que regula el metabolismo. Cuando las hormonas tiroideas escasean, puede darse una depresión grave.
- Un simple análisis de sangre puede contribuir a determinar si los niveles hormonales de una mujer están descompensados, y a menudo los médicos recetan fármacos para devolver las hormonas a su nivel normal. Recuerde que, en este mundo caído, *nuestros cuerpos son imperfectos*, y en ocasiones necesitamos medicinas para devolver nuestra biología al diseño original de Dios.

Aproximadamente entre el 10 y el 15 por ciento de mujeres padecen trastornos posparto, incluyendo la depresión posparto, la psicosis posparto y el trastorno obsesivo-compulsivo posparto.[3]

- A continuación veremos algunos factores adicionales, no médicos, que pueden inducir la depresión posparto:
  - sentirse agobiada por las exigencias de la maternidad
  - sentirse no preparada o dudar de su capacidad para cuidar del bebé
  - patrones irregulares de sueño, debido a las nuevas exigencias del bebé
  - dormir menos de lo normal, menos de ocho o nueve horas
  - el estrés causado por complicaciones médicas durante el embarazo o el parto
  - mantener una actitud perfeccionista sobre la maternidad
  - pasar más tiempo que antes en casa
  - una reducción súbita en las actividades de ocio y recreación personal
  - la falta de ejercicio
  - la pérdida de un trabajo o unos estudios
  - sentirse menos atractiva debido a la pérdida de la figura prenatal

3 ENTREVISTA DE EVALUACIÓN

Aunque usted no podrá diagnosticar a la persona a la que aconseje, sea consciente de que cualquiera de los síntoma siguientes, que duran más de dos semanas, son indicios de un episodio depresivo intenso. Si la persona a la que aconseja manifiesta alguno de estos síntomas, siga ayudándola, pero también remítala de inmediato a un médico.

> Las estadísticas señalan que las mujeres que asistieron a consejería informaron de una reducción del 55 por ciento en los síntomas de la depresión que experimentaban. Los síntomas restantes permanecen, y tienden a reaparecer si se interrumpe el tratamiento.[4]

1. Parece que últimamente la vida ha sido algo distinta. ¿Se ha sentido triste, sin esperanza y agobiada? ¿Se siente abatida, indigna o culpable?
2. ¿Llora a menudo? ¿Se siente inquieta o irritable? ¿Siente que carece de energía o de motivación? ¿Ha perdido el interés o el placer en las actividades? ¿Tiene dolores de cabeza o de pecho, taquicardias o problemas para respirar?
3. ¿Come menos o más de lo habitual? ¿Duerme más o menos de ocho o nueve horas cada noche? ¿Tiene problemas para concentrarse, recordar cosas o tomar decisiones? ¿Siente que se está apartando de los amigos y la familia?
4. ¿Le inquieta el temor de hacerle daño a su bebé? ¿Siente que este no le interesa?
5. ¿Cuida bien de los otros hijos? ¿Le parecen ahora desconocidos y cargantes?

4 CONSEJOS SABIOS

Es importante recibir un tratamiento para la depresión posparto. Este trastorno perjudica y afecta su capacidad de ser madre. Y cuando mamá no tiene fuerzas, le cuesta concentrarse, está irritable o no puede satisfacer la necesidad que tienen sus hijos de su amor y afecto, ella se siente culpable y se desmotiva al pensar que no es buena madre. Esta falta de confianza solo consigue exacerbar la depresión.

La depresión posparto obstaculiza lo que debería ser un momento de celebración y de acción de gracias. Es una influencia injusta, porque todos los niños merecen tener una madre sana, y todas las madres merecen la oportunidad de disfrutar de la vida con sus hijos.

Normalmente la depresión se trata de una de dos maneras: la *consejería* y *la medicación.* (Si una mujer amamanta a su bebé, esto puede descartar el uso de cualquier tipo de medicación). Los dos tratamientos, combinados, han demostrado su eficacia clínica, y a menudo suelen usarse juntos para un resultado óptimo. Sin embargo, en su condición de persona que asesora a otras, usted no debe descartar la posibilidad de que exista un grave problema biológico que exige la intervención de un médico. Asegúrese de que la persona que padece depresión posparto busca asistencia médica aparte de acudir a consejería.

PASOS PRÁCTICOS 5

A continuación veremos una lista de consejos útiles que puede darle a una mujer afectada por la depresión posparto.

1. Reduzca el estrés

- A menudo quienes acaban de ser padres se imponen unos estándares tan altos que no es posible alcanzarlos. Se sienten obligados a hacerlo todo, y a hacerlo perfecto. Es importante aceptar que los padres perfectos no existen, y que "Supermamá" es un personaje de ficción. Ningún padre o madre puede hacerlo todo. Quienes acaban de ser padres necesitan mucha ayuda. Encuentre a personas dispuestas a ayudarles, y descansen mucho.
- Si no duerme suficiente, su estado de ánimo se verá afectado. Por consiguiente, busque maneras de descansar más. Si es posible, pida a su esposo que le ayude cuando el bebé se despierte de noche. Intente recuperar el sueño perdido haciendo alguna siesta cuando el bebé duerma. Además, no tome cafeína ni alcohol, que solo contribuyen a reducir sus energías.

> Alrededor del 10 por ciento de los embarazos provoca una depresión posparto, que puede durar pocos días o incluso meses después del alumbramiento.[5]

2. Celebre la llegada del nuevo bebé

- Los recién nacidos son una gran alegría para toda la familia, y hay motivos más que suficientes para celebrar la vida, su buena suerte y la bendición de Dios. Cuando una madre que acaba de dar a luz participa en una celebración, riendo, agradeciendo sus bendiciones, viendo cómo el padre y otros disfrutan del nuevo bebé, se distrae y deja de centrarse en lo que va mal.

3. Encuentre tiempo para usted

- Por supuesto, cuando nace un bebé, los padres están muy atareados, pero debe intentar encontrar algo de tiempo para usted, aparte de las horas que dedica al sueño. Si siente que no dispone del tiempo suficiente para usted, otro factor importante que no hay que olvidar es el tiempo personal con su esposo. ¿Han encontrado una buena niñera? A lo mejor el abuelo y la abuela pueden vigilar al pequeño unas cuantas horas alguna noche de esta semana.

4. Busque un grupo de apoyo y un mentor

- Formar parte de un grupo de apoyo compuesto por madres es tremendamente valioso para la embarazada o la mujer que acaba de dar a luz. A menudo, las madres recientes no se dan cuenta de lo normales que son sus presiones, problemas, dudas, temores y sentimientos de culpa. El hecho de formar parte de un grupo contribuirá a "normalizar" su experiencia. Se dará cuenta de que no está sola, y de que otras personas se enfrentan a los mismos retos y tienen los mismos sentimientos.
- Tener a una madre mentora puede ayudarla, en su calidad de madre nueva, a enfrentarse a las presiones y los retos de cuidar a un bebé. Una mentora debe ser cariñosa, paciente y compasiva, y disponer de tiempo suficiente para enseñarla a cuidar a su bebé. La mentora también debe ser consciente de sus límites: no es la madre del bebé, y nunca debe intentar hacerse cargo de usted ni de su pequeño.

5. Reduzca las decisiones o los cambios importantes

- No hace falta decir que el proceso de acabar el embarazo, dar a luz y cuidar del nuevo bebé ¡es un proceso estresante y laborioso! Los cambios importantes de la vida y las decisiones clave en esta época harán que se acumule sobre sus espaldas un estrés adicional. Por consiguiente, es mejor posponer cualquier decisión importante que se pueda aplazar, por lo menos hasta después de que el bebé cumpla un año.

6 EJEMPLOS BÍBLICOS

Y [Elías] caminó todo un día por el desierto. Llegó adonde había un arbusto, y se sentó a su sombra con ganas de morirse. "¡Estoy harto, Señor! —protestó—. Quítame la vida, pues no soy mejor que mis antepasados" (1 R. 19:4).

La vida tiene altibajos y, como en una cadena montañosa, los bajos vienen justo después de los altos. Como Elías, podemos escalar las alturas de la victoria espiritual solo para encontrarnos pronto en el oscuro valle de la depresión.

Aunque determinadas formas de depresión clínica debe tratarlas un profesional, muchos sentimientos depresivos forman parte de los altibajos de la vida.

Como Elías, debemos escuchar el "suave murmullo" (1 R. 19:12) para consolarnos. Al Señor le gusta cuando pasamos tiempo con Él y esperamos en Él.

Luego se acostó debajo del arbusto y se quedó dormido. De repente, un ángel lo tocó y le dijo: "Levántate y come". Elías miró a su alrededor, y vio a su cabecera un panecillo cocido sobre carbones calientes, y un jarro de agua. Comió y bebió, y volvió a acostarse (1 R. 19:5-6).

La depresión puede agotar las energías, desvirtuar los valores y atacar nuestra fe. La depresión puede afectar a cualquiera. Dios cuidó de Elías en muchos sentidos. Ofreció alimentos para que recuperase su fortaleza física y emocional. Un ángel tocó a Elías, y le confirmó que no estaba solo. Además, en dos ocasiones, Dios animó a Elías a descansar.

El omega-3, un ácido graso presente en el pescado, puede reducir el riesgo de padecer una depresión posparto en las madres y mejorar el desarrollo del sistema nervioso de los fetos y de los recién nacidos, tanto si toman leche materna o fórmula infantil.[6]

¿Por qué voy a inquietarme? ¿Por qué me voy a angustiar? En Dios pondré mi esperanza y todavía lo alabaré. ¡Él es mi Salvador y mi Dios! (Sal. 42:5).

Los sentimientos de depresión pueden inducir a algunas personas a apartarse de Dios. Otras, como David, permiten que esos sentimientos turbulentos, tristes, les hagan "esperar en Dios", recordando su bondad.

Durante esos momentos, vivir por fe adquiere un nuevo significado. Las personas deprimidas han de aprender a confiar en lo que no pueden sentir o ver. Deben comprender que la felicidad procede de la comunión con Dios, no de nada de lo que hay en el mundo.

Y a confortar a los dolientes de Sión. Me ha enviado a darles una corona en vez de cenizas, aceite de alegría en vez de luto, traje de fiesta en vez de espíritu de desaliento. Serán llamados robles de justicia, plantío del SEÑOR, para mostrar su gloria (Is. 61:3).

La Biblia reconoce el dolor de la depresión. El amor y la comprensión de Dios son para todos aquellos deprimidos y desanimados. Dios promete darnos consuelo, hermosura en vez de cenizas, el óleo de alegría en vez del luto, y un vestido de alabanza en vez de un espíritu de abatimiento.

ORACIÓN 7

La depresión duele, Señor. Además, parece irónico que en un momento en que una mujer debería regocijarse por el nacimiento de su bebé, se sienta abatida. Ayuda a __________ a superar este problema, Señor. Permite que la medicina funcione, y ayúdala para que sus pensamientos y sus sentimientos mejoren…

Desafecto: cuando el amor se enfría

1 RETRATOS

- Cuando Evaristo y María acababan de casarse, parecían vivir un estado constante de felicidad. Pero últimamente parece que han cambiado. Evaristo se muestra brusco y enfrentado con María, y ella es fría y condescendiente con él. En público intentan mantener la sonrisa, pero usted percibe la ira que emana de los dos. Les pregunta si todo va bien.
- Cuando Carolina decidió aceptar el puesto en la oficina del abogado, Ramón se alteró. "¿Quién se ocupará de la casa? Es una casa vieja y necesita mantenimiento. ¡Y necesito que cuides de mis padres durante la semana!".

  Carolina respondió: "Ya te dije que iba a buscar empleo. ¡No debería tomarte por sorpresa!".
- El año pasado, si Tomás se olvidaba de sacar la basura, Elisabet se reía y comentaba lo despistado que era su marido. Pero durante los últimos seis meses, las cosas entre los dos no han ido bien. Se han producido más desacuerdos y discusiones de las que hubieran creído posibles. Esta mañana, cuando Elisabet vio que Tomás se olvidó de sacar la basura, estalló en ira.

2 DEFINICIONES E IDEAS CLAVE

- *El desafecto es la transformación negativa del amor y el compromiso matrimoniales*; es el proceso mediante el cual el amor se enfría y el deseo de abandonar el matrimonio o herir al cónyuge sustituye al amor anterior.
- A menudo el desafecto conlleva la ruptura no intencionada de los vínculos emocionales de amor y de afecto.
- Todos los matrimonios pasan por momentos en los que el amor se enfría o carece de la profundidad que tuvo antes. Cuando los matrimonios tienen un problema, *las dos partes salen perjudicadas*, y muchas veces ni siquiera pueden identificar la causa.
- Si las personas están dispuestas a dar un paso atrás y examinar la historia de su matrimonio, normalmente descubrirán un patrón de pensamientos y conductas que condujo al desafecto.
- Dado que los patrones nocivos son predecibles, las parejas pueden actuar para interrumpirlos y salvar su matrimonio. Más que

limitarse a mantenerlo a flote, pueden invertir el proceso e insuflar nueva vida a su relación.

ENTREVISTA DE EVALUACIÓN 3

El primer paso en el proceso de consejería consiste en identificar los patrones que llevaron a la pareja al punto del desafecto. Puede hacer las siguientes preguntas:

1. ¿Durante cuánto tiempo ha sentido el desafecto en su relación? ¿Le parece que empeora, mejora o se mantiene más o menos igual?
2. ¿Qué expectativas tiene de su cónyuge que él o ella no satisface? ¿Su cónyuge conoce esas expectativas?
3. ¿Qué expectativas cree que tiene de usted su cónyuge? ¿Las satisface? ¿Qué diría él o ella de su respuesta?
4. Usted y su cónyuge, ¿se han puesto de acuerdo sobre las expectativas que tienen? Si no están de acuerdo, ¿están dispuestos a llegar a un compromiso y crear un conjunto nuevo de expectativas?
5. ¿Qué factores estresantes o distracciones perjudican el amor que sienten el uno por el otro? ¿Están dispuestos a dedicar tiempo y energía a acabar con cualquier patrón perjudicial que haya en la relación?
6. ¿Cree que el matrimonio puede mejorar? Si se despertase mañana y todo en su relación fuera perfecto, ¿qué sería distinto?
7. ¿Cuáles son los mejores rasgos de su cónyuge? ¿Cuáles son los mejores puntos fuertes de su relación? ¿Qué le atrajo de su cónyuge cuando le conoció?
8. Si tienen hijos, ¿qué papel desempeñan en su matrimonio?
9. ¿Hay cosas que debe perdonarle a su cónyuge? ¿Hay algunas que él o ella deba perdonarle a usted?
10. Si solo está presente uno de los cónyuges: ¿estaría dispuesta su pareja a venir a consejería con usted?

CONSEJOS SABIOS 4

El desafecto matrimonial no es un misterio, sino *un virus frecuente*. Lo interesante es que el proceso empieza con la vida y las presiones cotidianas. Pensemos en los ejemplos siguientes:

El estrés

Las presiones de la vida, como problemas económicos, pérdidas, trastornos de salud o agendas laborales demasiado exigentes, han afectado negativamente a algunos matrimonios. Los cónyuges deben afrontar el estrés teniendo en cuenta las *demandas* de la vida y su capacidad de *afrontarlas*. Si las demandas superan su capacidad de afrontarlas, hay problemas a la vista.

Los cónyuges deben hacer inventario de qué presiones han estado afectando a su relación desde que se casaron. Partiendo de esa lista deben desarrollar un plan para *afrontarlas mejor y reducir el estrés*. Por ejemplo, cambiar de trabajo para mejorar el matrimonio a menudo es una buena opción (reduce estrés). Contratar a un ayudante para disponer de más tiempo personal también es una buena idea (para afrontar mejor los problemas).

El pecado y el egoísmo

El pecado forma parte de nuestra naturaleza. Como cristianos, intentamos tener la victoria sobre el pecado, pero a menudo fracasamos. En algún punto de la historia matrimonial, uno o los dos cónyuges pueden empezar a aprovecharse del otro. Se hieren mutuamente. Como escribió Pablo: "No entiendo lo que me pasa, pues no hago lo que quiero, sino lo que aborrezco" (Ro. 7:15). A menudo lo mismo pasa en nuestros matrimonios.

El único remedio es ser sincero, pedir perdón e invertir mucho en su cónyuge.

El tipo de intervención que puede ser más útil para las parejas en la primera fase del desafecto es la formación en habilidades sociales, como la resolución de conflictos y la capacidad comunicativa.[1]

El ataque satánico

Desde Adán y Eva, Satanás ha dirigido las flechas venenosas del infierno al vínculo íntimo del matrimonio. Es el gran tergiversador, el mentiroso más grande. Magnifica las debilidades y los temores de las personas, y los usa para crear problemas en el matrimonio. Pedro describió a Satanás como "león rugiente, buscando a quién devorar" (1 P. 5:8). Y su deseo es dar un buen mordisco a los matrimonios humanos.

Las parejas deben estar centradas en el Señor y orar por su matrimonio. No tienen que temer a Satanás, pero sí comprender sus tácticas y su influencia. Ser miembros activos de una iglesia sana y solidaria también es una buena forma de mantener la fortaleza espiritual.

Las expectativas irreales

La brecha entre las expectativas incumplidas y la realidad está llena de decepciones. Si las personas tienen expectativas del matrimonio que no son realistas, se encaminan al fracaso. Algunas de estas expectativas irrealistas son:

- "El matrimonio me completará". Algunos de los que crecieron en hogares faltos de amor o en otro entorno difícil pueden tener la esperanza de que el matrimonio cambiará todo lo negativo que aportan a él.
- "Mi cónyuge no me hará daño". Igual que la primera expectativa entiende el matrimonio como el agente de sanación, esta otra lo considera el mejor lugar seguro. Por lo tanto, la primera herida recibida resulta devastadora.
- "Ahora la vida será fácil". Esta es la expectativa "y fueron felices para siempre", propia de los cuentos de hadas. Luego, cualquier momento de infelicidad en el matrimonio produce decepción y posiblemente miedo.

- "El amor nos mantendrá unidos". Cada vez que los cónyuges se hieren mutuamente, de manera intencional o no, conciben el amor como algo cada vez menos eficaz, hasta que, al final, pueden decir que su relación estaba condenada al fracaso.

Hay que contrarrestar estas expectativas irrealistas con otras bíblicas, que son realistas. Las personas deben comprender que nadie es perfecto; nadie satisfará todas sus necesidades. Solo Dios puede hacer eso. Ningún matrimonio está exento de discordias, y ningún cónyuge es totalmente altruista.

El matrimonio une a dos personas que tienen muchas debilidades humanas, y las junta en una proximidad tan estrecha que conocen todos los detalles de sus vidas y todos sus defectos. Lo ideal es que, en Cristo, sus debilidades se fortalezcan y conviertan en rasgos santos. Pero la supervivencia de un matrimonio exige mucha humildad, gracia y un perdón profundo. En otras palabras, es mucho trabajo.

> Las expectativas del papel de cada sexo y los patrones de comunicación pueden jugar un papel importante en el grado de desafecto matrimonial que experimenta un cónyuge.[2]

Los guiones de la infancia

Muchos consejeros piensan que la mayor parte de lo que nos impulsa como adultos nos sucedió en nuestros primeros años de vida. Estos "guiones", que otros escribieron para nosotros hace mucho tiempo, los seguimos y reforzamos fielmente mientras nos aferramos a ellos. Por ejemplo, algunas personas abandonadas por sus padres creen que sus seres queridos harán lo mismo algún día. Estos guiones distorsionan la realidad e impulsan a las personas a actuar y a reaccionar de maneras que podrían ser muy destructivas. Estos guiones también influyen en el modo en que las personas dan y reciben amor. Es necesario abordar ante el Padre el abuso físico, emocional o sexual sin resolver, el divorcio de los padres, el abandono, un fracaso importante y la pérdida emocional, de modo que no infecten el matrimonio.

Las presiones laborales y del tiempo

Las relaciones y la intimidad exigen su tiempo, un tiempo para comprenderse, disfrutarse y responder uno a otro; tiempo para satisfacer las necesidades del otro y para que él o ella satisfaga las nuestras. Sin embargo, como hoy día vivimos siempre corriendo, hay poco tiempo para esto… a menos que las parejas *lo programen*. Para mantenerse unidas, las parejas deben programar un tiempo regularmente solo para estar juntas.

PASOS PRÁCTICOS 5

Como ya ha leído, el desafecto es una respuesta razonable a una situación que no lo es. Abajo vemos los pasos para contrarrestarlo y restaurar el vínculo matrimonial.

1. Reestructure su historia matrimonial

El primer paso en el camino hacia la restauración es identificar la serie de problemas que le llevó al estado del desafecto. Podría tratarse de una combinación de factores. Quizá el patrón incluya algunos de los siguientes:

- trabajar demasiadas horas y no pasar juntos suficiente tiempo de calidad
- no tener un corazón de aceptación y de amor
- no anteponer las necesidades de su cónyuge a las propias
- sentir que su cónyuge no le valora
- tener expectativas de su cónyuge que él o ella no puede satisfacer

2. Respondan (no reaccionen) el uno al otro como lo haría Cristo

Este paso en la restauración conlleva que usted siempre tenga un corazón de gracia y misericordia; que sea amable, solidario y cariñoso con su esposo/a. Sin embargo, esto no quiere decir que tenga que sacrificarse siempre y no tener límites personales (*ver la sección sobre los Límites en el matrimonio*). Los cónyuges más solidarios y amantes dan mucho, pero también se quieren a sí mismos lo bastante como para que no los manipulen, se aprovechen o abusen de ellos. Atienda estas cinco tareas:

> Todos los matrimonios pasan por periodos de desafecto, momentos en los que el amor parece distante, frío. Lo que sucede durante esas épocas marcará a menudo el rumbo para el resto de la vida conyugal.[3]

- Acepte un compromiso de amor nuevo y práctico, e invierta en su cónyuge un tiempo y una atención reales.
- Comprométase a forjar una nueva intimidad con él/ella: espiritual, sexual, emocional y familiar, y vuelvan a tener citas.
- Reduzca su crítica y su interacción negativa, y aumente su comunicación positiva y con carga emocional.
- En el futuro cercano, manifieste una dosis extra de gracia, cariño y perdón. Alabe a su cónyuge por lo que haga bien, sea lo que sea.
- Mantenga y respete la zona segura de su cónyuge. Si discuten, retrocedan pronto, pidan perdón por las palabras hirientes y conceda a su cónyuge un espacio para irse y recomponerse antes de retomar el tema problemático.

3. Encuentre un mentor

Lo crea o no, las parejas más estables y sólidas también han pasado por momentos oscuros. Por lo tanto, es de sabios que una pareja que lucha contra el desafecto aprenda y busque apoyo en otras parejas experimentadas que ya han pasado por lo mismo y han encontrado el camino de vuelta. *Nota: Si una pareja afirma que nunca ha pasado por momentos de desafecto, o mienten o están ciegos. Sea como fuere, seguramente no son buenos candidatos para ser mentores.*

4. Tenga un sueño asequible para su matrimonio

Tener un sueño para su matrimonio significa que tenga metas concretas y expectativas compartidas y consensuadas. Por ejemplo, su sueño puede incluir las respuestas a las preguntas siguientes: ¿Siempre viviremos en los suburbios o la ciudad o el campo? ¿Quién trabajará? ¿Cuántos hijos tendremos? ¿De cuánto dinero dispondrá la familia? ¿Cómo será nuestra vida sexual? Un buen programa de consejería prematrimonial abordará estas cuestiones y muchas otras, aunque nunca es demasiado tarde para forjar un sueño matrimonial, y podría ser útil que la pareja mirara atrás para comprobar si el sueño ha variado en algún sentido.

Otros indicadores del desafecto matrimonial incluyen el incremento de la media de edad al casarse y el número de parejas sin hijos.[4]

5. Recuerde lo que Dios ha hecho

Dios nos da un cónyuge de modo que pueda obrar por medio de él o ella para crear en nosotros una imagen más parecida a Cristo. Mientras trabajan juntos por su matrimonio, no pierdan de vista su desarrollo personal autónomo. Su proceso de santificación, de volverse más como Cristo, es crucial, y la unión matrimonial debe jugar un papel constructivo, no destructivo.

EJEMPLOS BÍBLICOS

Él respondió: "La mujer que me diste por compañera me dio de ese fruto, y yo lo comí" (Gn. 3:12).

En Génesis vemos el primer desacuerdo entre el hombre y la mujer, cuando Adán culpó a Eva de su pecado. El "juego de la culpa" empezó pronto en la Biblia, y sigue rampante hoy día. Los matrimonios y los individuos sanos aceptan la responsabilidad de su conducta.

Si te has enredado con las palabras de tu boca, si con las palabras de tu boca has sido atrapado, haz esto ahora, hijo mío, y líbrate, ya que has caído en la mano de tu prójimo: ve, humíllate e importuna a tu prójimo (Pr. 6:2-3).

Aunque este pasaje se refiere al conflicto con cualquier persona, lo mismo es aplicable al matrimonio y a la familia. De vez en cuando, todos decimos cosas que lamentamos. Aunque sería mejor no haberlas dicho nunca, podemos minimizar el daño si nos humillamos y pedimos perdón.

El que retiene sus palabras tiene conocimiento, y el de espíritu sereno es hombre entendido (Pr. 17:27).

Utilizar el dominio propio y mantener un ánimo apacible tienen una importancia vital en un conflicto. El esposo y la esposa no tienen que levantar la voz ni hacer comentarios sarcásticos para hacerse oír.

Como sabe cualquiera con experiencia, esta falta de respeto solo consigue empeorar las cosas.

Cuando los caminos del hombre son agradables al Señor, aun a sus enemigos hace que estén en paz con él (Pr. 16:7).

¿Alguna vez ha oído la afirmación: "Él no me gusta, pero le respeto"? Algunas personas son tan honorables en sus actos que incluso sus adversarios tienen que alabarles por el modo en que se conducen.

Dentro del matrimonio, si el esposo y la esposa pueden mostrarse respetuosos y honrar a Dios en todo lo que hagan, aunque tengan conflictos (como pasa en todos los matrimonios), los desacuerdos no tienen por qué ser agresivos ni destructivos.

7 ORACIÓN

Señor, sabemos que todos los matrimonios pasan por momentos difíciles y de desafecto. Confesamos que la mayoría de nosotros no hemos contemplado nuestro matrimonio o a nuestro cónyuge con tus ojos. Concede a esta pareja una visión nueva para su matrimonio y una nueva esperanza. Te rogamos que este periodo de desafecto sea breve, y que la intimidad y la alegría vuelvan a la relación. Te lo rogamos en el nombre de tu Hijo…

Dinero y economía

RETRATOS 1

- Las deudas que han contraído Carlos y Laura con sus tarjetas de crédito se han disparado. Carlos no consigue que Laura deje de gastar, de modo que están siempre agobiados con cuentas que no pueden pagar. Carlos quiere visitar a un consejero para hacer que Laura comprenda la situación.
- Guillermo acaba de perder su trabajo debido a una reducción de plantilla. Intenta encontrar trabajo, pero el mercado es complicado. Se esfuerza por creer que el cuidado de Dios es suficiente para él en medio de esta crisis.
- Silvia y su esposo acaban de mudarse a una ciudad nueva, y no logran decidir si van a alquilar o a comprar una casa. Si compran, podrían acabar siendo lo que se llama "personas pobres por gastos de vivienda". Si alquilan, ¿no sería como desperdiciar el dinero?

DEFINICIONES E IDEAS CLAVE 2

- Tenemos que *dominar* el dinero para que no nos domine. *Jesús habló más del dinero* que de cualquier otro tema. ¿Por qué? "Porque donde esté tu tesoro, allí estará también tu corazón" (Mt. 6:21).
- Una persona que venga a consejería por un tema de dinero necesitará que la asesoren para manejar la situación económica adversa, pero también algo más profundo: comprender que, en medio de las dificultades, *Dios sigue cuidándola y está a su lado.*
- Puede ser importante ayudar a la persona a introducir *algunos cambios en su estilo de vida* que la ayuden con su crisis. Si esta es el resultado de la irresponsabilidad personal, la persona tiene que detener el proceso e introducir cambios que eviten que esta crisis vuelva a suceder.

ENTREVISTA DE EVALUACIÓN 3

Preguntas prácticas

1. ¿Cuál es su situación económica actual?
2. ¿Cuál considera que es la causa de la crisis económica en que se encuentra hoy día? (Si están presentes ambos cónyuges, pregunte: ¿Están de acuerdo en que esta es la raíz del problema?). ¿Qué cree que es necesario para salir de esta crisis?
3. ¿Cómo les ha afectado esta crisis a usted y a su familia? ¿Cómo afronta la situación actualmente?

> Al comprometerse a no incurrir en más deudas, las personas comienzan a invertir el proceso que generó la deuda. Entonces pueden elaborar un presupuesto equilibrado que controle los gastos y les permita mantenerse dentro de los límites de sus medios económicos.[1]

4. ¿Quién suele encargarse de las cuentas en su hogar? Describa el proceso para gestionar sus compromisos económicos mensuales.
5. ¿Cuánto dinero le falta cada mes para satisfacer esos compromisos? ¿En qué áreas puede ahorrar dinero? ¿Cree que podría apretarse el cinturón durante un tiempo?
6. ¿Qué cambios debe introducir en su estilo de vida para evitar una nueva crisis económica en su hogar? ¿Se comprometerá a introducirlos?

Preguntas espirituales

1. ¿Cómo le va espiritualmente? ¿Practica el diezmo? ¿Qué siente respecto a su relación con Dios en este momento?
2. ¿Qué cree sobre la oración? ¿Cree que puede orar por esta situación? ¿Cree que Dios le escuchará y responderá a su necesidad?
3. ¿De qué maneras ha visto a Dios responder a sus oraciones? ¿De qué maneras espera que Él le conteste?
4. ¿Se niega a buscar a Dios y se aparta de sus respuestas? (Por ejemplo, ¿le han ofrecido ayuda pero la ha rechazado? ¿Le han ofrecido un empleo que ha considerado "inferior" a lo que merece?).
5. ¿Hay alguna conducta que pueda haberle llevado a esta situación? ¿Ha pedido perdón a Dios?
6. ¿Qué lecciones está aprendiendo ya?

4 CONSEJOS SABIOS

Estos son algunos de los problemas a los que quizá se enfrente el aconsejado:

Necesidad de una perspectiva nueva: La persona puede estar tan sobrepasada que no puede funcionar en su vida y pierde la perspectiva de lo que es realmente importante. Tiene que ayudar al aconsejado a ver que *existe* una salida; que debe tomarse un respiro, buscar la sabiduría, aceptar la responsabilidad y empezar a pensar creativamente.

La falta de oración: Quizá la persona no sienta deseos de orar porque la situación es culpa suya. Tiene que ayudarla a comprender que, sea cual fuere la causa de la crisis, Dios quiere que él o ella ore sobre ello, incluso si la persona debe confesar primero el pecado que conoce.

El chivo expiatorio y la culpa: Si el aconsejado echa la culpa de su problema a otra persona y se centra demasiado en ella, tiene que ayudarle a entender que pasar demasiado tiempo furioso no contribuye a mejorar la situación económica.

Las falacias de las soluciones rápidas: Si la persona se centra en alguna vía rápida para salir del problema (como ganar un premio de la lotería o declararse en bancarrota), ayúdela a entender que la administración financiera conlleva un compromiso a largo plazo de trabajar duro. Para resolver el problema y asegurarse de que no se repita, el aconsejado tendrá que apretarse el cinturón e introducir cambios en su estilo de vida.

PASOS PRÁCTICOS 5

1. Busque la perspectiva

- *El aconsejado tiene que recuperar la perspectiva. Pídale que diga en voz alta*: "El dinero no resolverá todos mis problemas". Sin duda, el dinero es importante, pero lo más importante de todo es lo que Dios quiere hacer en su vida. Es importante recordar que el mundo material es temporal y transitorio, mientras que el mundo invisible del espíritu es la única realidad eterna.
- Las compañías de tarjetas de crédito no se pasan la noche en vela pensando en *usted*. Solo quieren engancharle y sacarle el dinero.
- Haga algo gratuito y agradable. Dispone del día de hoy: disfrútelo. Siga viviendo. Pasee el perro, abrace a sus hijos, escuche un CD, tome prestada una película de la biblioteca o de un amigo.
- Fije sus nuevas prioridades y empiece a vivir en verdadera abundancia. Devuelva una parte a Dios, y Él le promete proveer (ver Mal. 3:10; Hch. 20:35).

Humíllense, pues, bajo la poderosa mano de Dios, para que él los exalte a su debido tiempo. Depositen en él toda ansiedad, porque él cuida de ustedes.

1 Pedro 5:6-7

2. Ore

- ¿Está bien orar por el dinero? Sí, por supuesto. En medio de una crisis económica, como en cualquier otra crisis o sufrimiento, Dios quiere que usted acuda a Él. Además, pida guía y sabiduría.
- Si usted causó el problema económico, pida a Dios que le perdone y le ayude a aprender, de modo que no vuelva a suceder.
- A Dios le interesa *toda* la vida. Su objetivo es hacerle más parecido a Él. Su crisis económica puede formar parte de ese crecimiento.

> Las estadísticas siguen demostrando que al menos el 50 por ciento de los nuevos matrimonios acaba en divorcio; y, de los divorciados encuestados, los problemas económicos surgen como la causa principal de muchos de los divorcios.[2]

3. Aborde los problemas inmediatos

- Enfréntese al problema y decida qué sacrificios o cambios pueden ser necesarios a corto plazo, como:
  - ¿Hay un pecado? Mírelo a la cara y resuélvalo.
  - ¿Necesita ayuda profesional (como en el caso de una ludopatía)?
  - Hable con los acreedores, establezca patrones de pago.
  - Controle la deuda que tiene en las tarjetas de crédito.
  - Sería mejor que dejara de usar todo lo posible sus tarjetas de crédito.
  - ¿Qué otros fuegos tiene que apagar?

4. Desarrolle un plan

- Prepare un presupuesto. Ponga primero sus ingresos; luego calcule los gastos fijos (alquiler/hipoteca, diezmo, servicios públicos, cuota del auto, seguros), los gastos regulares mensuales (alimentos, gas y gastos diversos) y otros pagos mensuales (acreedores; empiece con las cantidades mínimas requeridas). Luego, haga una lista de "otros" gastos, empezando por el más bajo hasta el más elevado.

- Después de determinar su presupuesto, ¿cuánto dinero puede destinar a la lista de los "otros" gastos? Si puede pagar la cantidad mínima requerida (como en las tarjetas de crédito), empiece por ahí. (Si ni siquiera puede pagar eso, plantéese las otras opciones en el apartado 5). Junto a cada gasto de la lista, escriba la cantidad total que debe.
- Decida cuánto puede aportar en cada caso. Pague esas cantidades regularmente. En cuanto haya pagado la cuenta más baja, añada la cantidad que aportaba a la siguiente cuenta en la lista, y así sucesivamente.
- Gradualmente, dispondrá de más dinero para pagar las cuentas más elevadas.
- Prepare una hoja de trabajo donde figuren todas las cuentas. Organícelas en función de las fechas límite y decida cuáles pagará cada mes. Que sea una hoja reproducible, de modo que pueda usarla cada mes, tachando los pagos a medida que avance.

5. Busque ayuda

- Piense en maneras de obtener dinero adicional para cancelar las deudas. (Recuerde que cualquier dinero extra que gane deberá consignarlo a las deudas, no a mejorar su calidad de vida).
- Algunas ideas para obtener dinero incluyen:
  - Vender algo de valor.
  - Pensar en consolidar su deuda. Pida una segunda hipoteca o refinancie la hipoteca existente.
  - Buscar un nuevo empleo (quizá su cónyuge pueda trabajar fuera de casa, o ganar dinero en casa cuidando niños, haciendo tutorías, etc.).
  - Pida un préstamo a familiares o amigos (pero sea prudente con esto).
  - Busque el consejo de un contador, un asesor financiero o asesor de deudas, quien pueda ayudarle a mantenerse en el buen camino y a actuar como intermediario con sus acreedores.
  - Busque ayuda de la iglesia o del gobierno.

6. Establezca nuevas prioridades y parámetros

- *No* contraiga nuevas deudas. Reserve las tarjetas de crédito solo para las emergencias.
- Hable con otros de lo que necesita y no de lo que quiere, haga una lista para su propia vida y empiece a vivir solo para sus necesidades, olvidando por un tiempo sus deseos (ver Fil. 4:11).
- Decida que durante treinta días no comprará nada que valga por encima de cierta cantidad de dinero. Al cabo de un mes, puede descubrir que aquello que quería comprar no le interesa.

7. Sea paciente

- Su crisis no es un estado permanente, sino un punto de inflexión. Mejorará.
- No se avergüence. Mantenga la cabeza alta, confíe en Dios para que lo guie, siga sus instrucciones y recuerde que, de alguna manera, Dios hará que todas estas cosas redunden para su bien (Ro. 8:28).
- Pregúntese: ¿Hacia dónde me dirige Dios sobre este tema? ¿Qué me enseña Dios sobre el dinero y la confianza? Lea Mateo 6:19-21. No permita que la crisis le aleje de Dios. Acérquese más a Él. Estudie su Palabra. Ore pidiendo sabiduría, protección y provisión.

EJEMPLOS BÍBLICOS 6

El trabajador duerme tranquilo, coma mucho o coma poco. Al rico sus muchas riquezas no lo dejan dormir (Ec. 5:12).

Así que mi Dios les proveerá de todo lo que necesiten, conforme a las gloriosas riquezas que tiene en Cristo Jesús (Fil. 4:19).

Muchas personas desean ser ricas, pensando que ya no tendrán más preocupaciones. Sin embargo, esto es una paradoja. Las riquezas dan libertad para hacer muchas cosas, pero las cadenas de la inquietud a menudo destruyen el verdadero placer, dado que, con frecuencia, los ricos se preocupan incesantemente para no perder lo que tienen.

Dios quiere que estemos satisfechos sea cual fuere nuestra posición económica, porque, en última instancia, todas las riquezas le pertenecen. Las preocupaciones pueden agobiarnos, seamos ricos o pobres; la clave es acudir a Dios y confiar solo en Él y no en las riquezas.

Un 43 por ciento de los matrimonios tiene altercados sobre el dinero y los hábitos de compra.[3]

"Ustedes siembran mucho, pero cosechan poco… y al jornalero se le va su salario como por saco roto". Así dice el Señor Todopoderoso: "¡Reflexionen sobre su proceder!" (Hag. 1:6-7).

La gente gasta dinero en lo que considera más importante. Hageo señaló que los habitantes de Jerusalén valoraban más la comodidad de sus hogares que a Dios.

Hemos de replantearnos en qué gastamos nuestros recursos. Nuestras actividades y hábitos económicos, ¿reflejan nuestra dedicación a Dios?

"Traigan íntegro el diezmo para los fondos del templo, y así habrá alimento en mi casa. Pruébenme en esto —dice el Señor Todopoderoso—, y vean si no abro las compuertas del cielo y derramo sobre ustedes bendición hasta que sobreabunde" (Mal. 3:10).

Los caminos de Dios no son los nuestros. La gente piensa que, para estar seguros, deben atesorar su dinero. Dios dice lo contrario.

Jesús lanzó el mismo reto: "Den, y se les dará: se les echará en el regazo una medida llena, apretada, sacudida y desbordante" (Lc. 6:38). Negarse a dar es, en realidad, robar a Dios; dar generosamente es conocer las bendiciones abundantes de Dios.

Así que mi Dios les proveerá de todo lo que necesiten, conforme a las gloriosas riquezas que tiene en Cristo Jesús.
Filipenses 4:19

No se inquieten por nada; más bien, en toda ocasión, con oración y ruego, presenten sus peticiones a Dios y denle gracias. Y la paz de Dios, que sobrepasa todo entendimiento, cuidará sus corazones y sus pensamientos en Cristo Jesús (Fil. 4:6-7).

Estos versículos son aplicables a muchos tipos de preocupación, y sin duda también al sufrimiento de origen económico. Si usted pasa por una crisis financiera, el primero a quien debe acudir es a Dios, para que "sean conocidas sus peticiones" delante de Él.

Porque el amor al dinero es la raíz de toda clase de males. Por codiciarlo, algunos se han desviado de la fe y se han causado muchísimos sinsabores (1 Ti. 6:10).

La Biblia no dice que el dinero es la raíz de todos los males. La raíz de todos los males es *el amor* al dinero. Quienes aman el dinero nunca tienen suficiente y siempre se estresan por no perderlo. Hacen muchas cosas estúpidas, ilegales o arriesgadas para ganar más. Nunca están satisfechos.

¿Cómo se apartan los creyentes del amor al dinero? La respuesta es: mediante "la piedad acompañada decontentamiento" (1 Ti. 6:6, RVR-1960).

7 ORACIÓN

Señor, _________ ha venido hoy con una situación económica complicada. Señor, sabemos que para ti nada es difícil. Te rogamos humildemente que le ayudes a tener sabiduría mientras elabora un presupuesto, busca nuevas fuentes de ingresos e intenta pagar las deudas, porque sabemos que esto te honra. Muestra a tu hijo/a lo que quieres que haga, y te rogamos tu provisión y tu protección…

Estilos del amor en el matrimonio y la familia

RETRATOS 1

- Alfredo ya ni siquiera intenta complacer a su esposa. La semana pasada estuvo trabajando sin parar, cambió el techo de la casa e incluso acabó los pequeños trabajos de mantenimiento que Cristina le había pedido. Cuando entró en casa hoy, Cristina estaba claramente enojada, y le dijo a Alfredo que sentía que él la ignora.
- La pequeña Débora no deja de recibir regalos de su mamá, pero lo que realmente quiere es que mamá pase un tiempo con ella. Se lo ha dicho a su madre muchas veces, pero esta sigue haciendo las cosas habituales y frustrantes.
- Bruno y Josefina tienen que viajar por trabajo más o menos una vez al mes. Bruno siempre le trae alguna cosa a su esposa de esos viajes, pero Josefina nunca le compra nada. Además, parece que no aprecia los regalos que le hace su marido. "¿Qué le pasa?", pregunta Bruno a su consejero. "¿Es que no le importo?".

DEFINICIONES E IDEAS CLAVE 2

Todos necesitamos amor. *Fuimos creados para el amor y para relacionarnos con otros* (ver Gn. 2:18). Sin embargo, cada individuo necesita que el amor se exprese de una manera diferente. Lo que hace que una persona se sienta amada no hará necesariamente que otra se sienta así, porque existen *diversos modos en los que se expresa y se recibe el amor*, conocidos como *lenguajes del amor*. La clave para mantener el amor vivo en un matrimonio es aprender el estilo o lenguaje del amor primario de su cónyuge, y hablarlo regularmente. Lo mismo sucede con los niños.

Existen *cinco estilos básicos del amor*, conocidos como "los lenguajes del amor". Para manifestar eficazmente el amor a otros, las personas deben aprender a hablar su lenguaje del amor. Debemos hacernos tres preguntas primarias:

- ¿Cómo manifiesto amor a otros?
- ¿Cómo me expresan otros su amor?
- ¿Cómo me gustaría que otros me expresaran su amor?

Cada uno de nosotros tiene un estilo de amor primario. El amor transmitido en el estilo de amor primario de una persona la hace sentirse realmente amada, pero el amor manifiesto en otro estilo no le parece una expresión de amor. A veces usted puede amar a alguien con todo el corazón y la otra persona ni siquiera se da cuenta.

El reconocido escritor Gary Chapman describe cinco "lenguajes del amor", las cinco maneras en que las personas muestran su amor.[1]

- ***Palabras de afirmación***. Quienes usan este estilo del amor *usan las palabras para edificar a la otra persona*. En 1 Corintios 8:1 leemos que el amor "edifica" o construye. Una manera de expresar amor es animar a la otra persona. Para quienes tienen este estilo de amor, incluso la afirmación más pequeña significa mucho. Ya sea oralmente o por escrito, el objetivo es que la otra persona se sienta afirmada.
- ***Regalos***. Con el estilo del amor de los "regalos", las personas *ofrecen muestras tangibles de su aprecio*. Los regalos (incluso los que no son costosos) dicen a las personas que son importantes y queridas. No es materialista ni egoísta. A veces la mejor manera de expresar lo que pensamos sobre otra persona es un regalo, un recordatorio tangible de ser querido. Cuando Jesús solo era un bebé, los sabios le manifestaron su cariño llevándole regalos. Más adelante, cuando María rompió la jarra de alabastro y vertió el aceite sobre los pies de Jesús, no solo estaba sirviendo al Señor, sino haciéndole un regalo muy costoso.

Según las estadísticas, aproximadamente un 90 por ciento de las parejas no comparte el mismo lenguaje primario del amor.[2]

- ***Actos de servicio***. El estilo del amor fundamentado en los "actos de servicio" es cuando *una persona hace cosas que otra aprecia*. La Biblia desafía a los humanos a no decir solamente "te quiero", sino a amar "con hechos y de verdad" (1 Jn. 3:18). Hasta los actos pequeños cuentan. Preguntar qué podemos hacer para ayudar a un cónyuge o a un hijo, y responder a las peticiones poco importantes, supone manifestar amor por medio de actos de servicio.
- ***Tiempo de calidad***. Salir a desayunar, sentarse juntos en el sofá, mantener una conversación y dar un paseo; el estilo del amor "tiempo de calidad" consiste en *prestar una atención indivisa a otra persona*. La actividad que hagamos durante el tiempo de calidad no es lo más importante; lo que cuenta es centrarse en la otra persona. El tiempo es un comunicador poderoso del amor; como hemos dicho, a menudo los niños, en concreto, equiparan el amor con el tiempo.
- ***Contacto físico***. Un abrazo, un beso, darse la mano o poner una mano en el hombro son expresiones de amor. Como estilo del amor, el "contacto físico" es un *contacto humano tierno y cariñoso*. Lo interesante es que a Jesús no le daba miedo extender su mano y tocar a otros (pensemos en quienes estaban enfermos), ni siquiera a los leprosos. Tanto los ancianos como los jóvenes se benefician emocionalmente al recibir un contacto físico cariñoso.

ENTREVISTA DE EVALUACIÓN 3

Normalmente, las personas le dirán que no se sienten queridas. A menudo usted percibirá los síntomas siguientes: abatimiento, fatiga, falta de ganas de vivir, falta de deseo de socializar y ausencia de plenitud.

Haga estas preguntas para determinar el primer y segundo lenguaje primario de la persona.

> La fe, como la luz, debería ser siempre sencilla e inflexible; sin embargo, el amor, como el calor, debería enviar sus rayos por doquier y doblegarse a cualquier necesidad de nuestros hermanos.
>
> *Martín Lutero*

Palabras de afirmación

1. ¿Necesita que otros le alaben y animen verbalmente? ¿Le motivan la alabanza verbal, el tono de voz, la amabilidad y la gratitud? ¿Le gusta que las personas le hagan cumplidos y hablen bien de usted a otros (directa e indirectamente)?
2. ¿Le gusta recibir notas y mensajes? ¿Necesita confirmación verbal? ¿Muestra su aprecio por otros de esta manera?

Tiempo de calidad

3. ¿Le gusta disfrutar de la atención indivisa de otros? ¿Le gusta que vengan otras personas a su casa solo para pasar un rato? ¿Le gusta planificar actividades para hacer con otros?
4. ¿Le gustan las conversaciones de calidad? ¿Disfruta cuando hace preguntas y escucha a otros? ¿Le gusta de verdad meterse en la mente de las personas y descubrir sus pensamientos?

Regalos

5. ¿Le gustan los símbolos visuales del amor? (Los regalos pueden tener muchas formas y tamaños; quizá alguien le traiga una taza de café en el trabajo o le regale una barra de chocolate. El precio no importa; lo que cuenta es la intención). ¿Suele hacer regalos a otros para demostrarles que les aprecia?

Actos de servicio

6. ¿Le gusta hacer cosas por otros? ¿Aprecia que otros le ayuden? (Por ejemplo, alguien que se presenta para ayudarle en un proyecto; alguien le lava el auto; una persona le prepara la cena… y usted hace el mismo tipo de cosas por sus amigos y sus familiares).

Contacto físico

7. ¿Le gusta tocar a otros? ¿Da palmaditas en la espalda? Cuando se encuentra con un amigo íntimo, ¿lo abraza? ¿Aprecia ese tipo de contacto físico por parte de otros?

CONSEJOS SABIOS 4

Descubrir el lenguaje de amor primario de un cónyuge o un hijo proporciona la información necesaria para satisfacer eficazmente las necesidades emocionales de esa persona. Para aumentar la probabilidad de que el amor sea recíproco, hay que expresar amor en el lenguaje primario de la otra persona. Amar incondicionalmente a nuestro cónyuge y a nuestros hijos y usar sus lenguajes del amor primarios tienen el potencial de obrar milagros en los matrimonios y en las familias. Podemos descubrir los lenguajes del amor de otros cuando hagamos las siguientes preguntas sobre ellos:

1. ¿Cómo me expresa su amor esta persona habitualmente? (Por lo general, las personas expresan amor del modo que les gustaría recibirlo).
2. ¿De qué se queja esa persona con más frecuencia? (Las quejas revelan sus necesidades interiores).
3. ¿Qué me pide esa persona más a menudo? (Normalmente, sus peticiones revelan un patrón que indica su lenguaje del amor).

Para los matrimonios

"Enamorarse" es una de las emociones más intensas de la vida. Sin embargo, enamorarse y conservar ese amor son dos experiencias muy diferentes. "Enamorarse" es un apego emocional hacia otra persona que conlleva emociones cálidas, sentimentales, afectuosas. La Biblia reconoce esta realidad (Jue. 14:1-3; Cnt. 4:1-7; 5:10-16).

Un 51 por ciento de hombres opinó que sus matrimonios estaban "exentos de amor".[3]

Los estudios demuestran que el impulso emocional del "enamoramiento" dura un máximo de dos años. Por lo tanto, un matrimonio no se puede sustentar sobre esta fase emocional transitoria.

El desafío que plantea la Biblia a las parejas es mantener vivas las emociones cálidas durante toda la vida ("permanecer en amor"). En la Biblia, a los esposos se les ordena que amen a sus esposas (Ef. 5:25), y a las esposas, que amen a sus esposos (Tit. 2:4). En las Escrituras, el "amor" no hace referencia a una emoción, sino a una actitud y una conducta (que incluye *tanto* actos *como* palabras).

Dios es el ejemplo perfecto del amor. Las Escrituras nos instruyen a que nos amemos como Dios nos ha amado. De hecho, si optamos por no amarnos unos a otros, esto demuestra que no conocemos a Dios (1 Jn. 4:7-8). La Biblia nos enseña que el amor de Dios nos atrae hacia Él y luego hacia otros (vv. 9-11).

Dentro del matrimonio, las necesidades emocionales se satisfacen cuando un esposo y una esposa expresan un amor recíproco. Si un cónyuge no manifiesta amor, aun así el otro debería seguir el ejemplo de Dios, quien nos amó aun siendo pecadores (Ro. 5:8). El amor es más grande que la fe y la esperanza (1 Co. 13).

5 PASOS PRÁCTICOS

1. Determine su lenguaje del amor

Determine qué lenguaje usa para expresar su amor a las personas; ¿pasa tiempo con ellas, hace cosas por ellas, las reafirma verbalmente, les hace regalos, las abraza y les da palmaditas?

2. Determine los lenguajes del amor de sus seres queridos

Fíjese en las personas en su vida y determine cuáles son sus lenguajes del amor. (*Muéstrele a la persona las tres preguntas en el apartado Consejos sabios*). Quizá esas personas le estén diciendo "te quiero", pero usted no las escucha porque no lo hacen en su lenguaje del amor. Por ejemplo:

- Quizá sus amigos vengan a su casa a pasar un rato juntos (tiempo de calidad), y usted quiere que le digan cuánto disfrutan al hacerlo (palabras de afirmación).
- Su cónyuge le hace regalos y usted no entiende el propósito.
- Sus hijos esperan que les abrace (contacto físico), y usted piensa que es suficiente alabarles verbalmente.

Determinar su lenguaje del amor y comprender el de su familia y sus amigos contribuirán mucho para transmitir y recibir el amor que está ahí realmente.

EJEMPLOS BÍBLICOS 6

[El amor] todo lo disculpa, todo lo cree, todo lo espera, todo lo soporta (1 Co. 13:7).

"Todo lo disculpa" significa que el amor verdadero, santo, puede sobrevivir a las tormentas de la vida. "Todo lo cree" significa que el amor nunca pierde la fe en otros y está dispuesto a pensar lo mejor de ellos. "Todo lo espera" significa que el amor mira al frente con optimismo, sabiendo que Dios obra en todas las cosas para bien. "Todo lo soporta" significa que el amor resiste. Al final, el amor nunca falla ni deja de ser.

Cuando amamos, participamos de Dios y de sus atributos eternos. Podemos pedir a Dios que perfeccione nuestro amor hacia Él y hacia otros.

> **La máxima felicidad de la vida es la convicción de que nos aman tal como somos o, más bien, a pesar de quienes somos.**
> *Víctor Hugo*

Queridos hijos, no amemos de palabra ni de labios para afuera, sino con hechos y de verdad (1 Jn. 3:18).

Queridos hermanos, amémonos los unos a los otros, porque el amor viene de Dios, y todo el que ama ha nacido de él y lo conoce (1 Jn. 4:7).

Dios es amor. Cuando las personas se convierten, aprenden a "amarse unos a otros", porque el Espíritu en su interior les enseña cómo hacerlo cuando se someten a sus directrices.

Las relaciones cristianas deberían ser las más amorosas del mundo. A menudo los cristianos que se ven por primera vez experimentan un vínculo de amor que trasciende al entendimiento. El amor que une a los cristianos forja relaciones sólidas y eternas. El amor en nuestras relaciones manifiesta a Dios en nosotros.

Que nadie te menosprecie por ser joven. Al contrario, que los creyentes vean en ti un ejemplo a seguir en la manera de hablar, en la conducta, y en amor, fe y pureza (1 Tim. 4:12).

El amor es un acto, una actividad. No es un sentimiento.

El más importante es: "Oye, Israel. El SEÑOR nuestro Dios es el único Señor —contestó Jesús—. Ama al Señor tu Dios con todo tu corazón, con toda tu alma, con toda tu mente y con todas tus fuerzas". El segundo es: "Ama a tu prójimo como a ti mismo". No hay otro mandamiento más importante que estos (Mr. 12:29-31).

La mejor manera de recibir amor es darlo. El mayor mandamiento es amar a Dios con todo su corazón, su alma, su mente y sus fuerzas. El segundo máximo mandamiento es amar a su prójimo como a sí mismo. Esto no es una sugerencia o una buena idea, sino un mandamiento.

7 ORACIÓN

Amado Señor, gracias por el amor que nos has manifestado por medio de tu Hijo. Gracias por las personas que has puesto en nuestra vida. Te ruego que reveles a __________ las maneras en que le transmiten su amor sus seres queridos, y que les prepares para amarse unos a otros plenamente y en tu gloria…

Estrés y exigencias

RETRATOS 1

- Juan se sentó en el borde de su cama de hospital y se abotonó la camisa. Ayer estuvo seguro de que le había dado un ataque cardíaco. Se le había comprimido el pecho y tuvo problemas para respirar. Pero hoy, después de muchas pruebas, el médico le ha dicho que su corazón está bien. Físicamente, está sano. "Creo que usted padece mucho estrés", le dijo el médico, y le aconsejó visitar a un consejero.
- Carla ha sufrido mucho últimamente. Su esposo perdió su empleo y los acreedores empiezan a telefonear a casa. Además, su madre ha estado enferma, sus hijos han tenido dificultades en la escuela y acaba de estropearse el calentador de agua. Carla cree que no podrá superar ni una sola crisis más.
- Miguel intenta ser buen estudiante, pero últimamente las cosas se han complicado. Sus padres se están divorciando, sus calificaciones han bajado, ha perdido su puesto en el equipo de baloncesto debido a las faltas de asistencia, y la semana que viene tiene exámenes finales. Miguel se siente totalmente desbordado.

El estrés está relacionado con seis de las principales causas de muerte: cardiopatías, cáncer, trastornos pulmonares, accidentes, cirrosis hepática y suicidio.[1]

DEFINICIONES E IDEAS CLAVE 2

- El estrés es el término habitual para definir el síndrome de adaptación general o *de lucha o huida*. Es la respuesta natural del cuerpo a situaciones amenazantes, que nos prepara para huir o luchar; nos activa y nos proporciona la energía que necesitamos para resolver la situación o alejarnos del factor estresante. El estrés forma parte normal de la vida, *y puede ser positivo o negativo*, porque nos alerta sobre un problema o un área que exige nuestra atención.
- El estrés es principalmente *negativo* cuando una persona lo experimenta *constantemente*, sin alivio ni relajación entre crisis. A menudo el estrés crónico tiene relación con las evaluaciones constantes y negativas que hace una persona sobre la vida. Ven las cosas como más amenazantes de lo que lo son en realidad.
- A veces el estrés nace de *una situación difícil de la vida*, pero otras veces resulta de *las percepciones negativas sobre las situaciones de la vida*, como la preocupación por el fracaso y las tendencias perfeccionistas. Es muy importante ayudar a las personas a entender *la diferencia entre los sucesos estresantes y el estrés percibido*; su ayuda será distinta en función del estrés existente. Algunas personalidades, a las que se suele definir como Tipo A, *provocan*

estrés para sí mismos y para otros. Algunas personas tienen una personalidad extremadamente intensa o perfeccionista, o viven o trabajan con alguien que la tiene y sienten así el estrés del nerviosismo del otro.

- El estrés que no se alivia puede crear *síntomas físicos*, como dolor de cabeza, molestias gástricas, hipertensión, dolor en el pecho y trastornos del sueño. También puede afectar negativamente *las relaciones de una persona*. El estrés puede *afectar el cuerpo, la mente y el espíritu*. Debemos prestar atención a cada área para reducir los efectos del estrés sobre el bienestar general.
- Si no aprendemos a controlar el estrés, *al final nos controlará*. No debemos permitir que el estrés nos aplaste. Filipenses 4:7 dice: "Y la paz de Dios, que sobrepasa todo entendimiento, cuidará sus corazones y sus pensamientos en Cristo Jesús".

3 ENTREVISTA DE EVALUACIÓN

1. ¿Cuáles diría que son los factores estresantes en su vida hoy? ¿Hay algo o alguien en su vida que le cause estrés? (Por ejemplo, una esposa o un jefe). ¿O se provoca estrés usted mismo por ser perfeccionista o por intentar controlar situaciones que escapan a su control?
2. ¿Qué porcentaje de su estrés total lo provocan cada uno de esos factores? ¿Durante cuánto tiempo han estado presentes esos factores estresantes?
3. Hábleme de cada uno de ellos. (Obtenga todos los detalles posibles, para que pueda empezar a evaluar cómo entiende la persona cada factor estresante).
4. ¿Hasta qué punto es realista la posibilidad de que sucedan las cosas por las que se preocupa? (Por ejemplo, si actualmente la persona tiene miedo constante a perder su empleo, ¿ese temor se basa en la realidad actual?).
5. ¿Con quién habla de las cosas que le estresan? (El impacto del estrés es mayor si un individuo siente que está solo para manejarlo). Esas personas, ¿le resultan útiles?
6. ¿Recurre a otras cosas para aliviar el estrés (por ejemplo, el deporte, los fármacos [ya sean sin receta o con prescripción médica], el alcohol, el uso excesivo de la televisión o la computadora? ¿Qué le ha ayudado?
7. ¿Dónde experimenta el menor estrés en su vida? ¿Hay algún lugar donde no experimente estrés?
8. ¿Es posible el cambio? ¿Cree que tiene el control para cambiar esos factores estresantes? ¿Tiene alguna idea sobre cómo reducir su nivel de estrés?
9. Si no, ¿cuáles son algunas maneras saludables que se le ocurren para manejar el estrés que experimenta actualmente?

El estrés está relacionado con la salud física y mental, así como una reducción de la voluntad de acometer proyectos nuevos y creativos.[2]

CONSEJOS SABIOS 4

Si la persona padece los efectos físicos del estrés y no ha acudido a un médico, anímele a que *programe un examen médico.*

¿Existen *factores situacionales estresantes e inmediatos* que necesiten su atención, como resolver un problema en el lugar de trabajo o encontrar ayuda para un problema con un hijo?

Evalúe maneras *de encontrar alivio* para el estrés. Sugiera:

- el ejercicio (con informe y permiso médicos)
- hacer pausas frecuentes durante el día para orar y meditar sobre un versículo de la Biblia
- compartir las cargas con un amigo de confianza
- tomarse unas vacaciones; incluso uno o dos días pueden ayudar

Dado que el estrés afecta la mente, el cuerpo y el espíritu, *supone una triple amenaza.* La persona tiene que proteger estas tres áreas:

Para proteger la mente: piense con veracidad, niéguese a convertir en montañas los granos de arena, niéguese a ver solo las cosas malas y fije prioridades.

Para proteger el cuerpo: haga más ejercicio, duerma lo suficiente, coma bien y aprenda a respirar hondo.

Para proteger el espíritu: medite en Dios y en su Palabra, agradézcale las cosas buenas en su vida, aprenda a confiar más en Él confesando su falta de confianza en los momentos difíciles, y ore sin cesar; use los pensamientos estresantes como indicadores de cuándo ponerse a orar.

El agotamiento laboral, que experimenta entre el 25 y el 40 por ciento de trabajadores estadounidenses, se atribuye al estrés. Anualmente en Estados Unidos se destinan 300.000 millones de dólares (o 7.500 dólares por empleado) para compensaciones relacionadas con el estrés, reducción de la productividad, absentismo, costos de seguro sanitario, gastos médicos directos (casi 50 por ciento superiores para los trabajadores que tienen estrés) y rotación de personal.[3]

PASOS PRÁCTICOS 5

1. Busque la perspectiva

- Busque cierta perspectiva sobre las cosas que provocan su estrés. "Divida" la carga del estrés en fracciones manejables y empiece a abordar cada una.

2. Considere lo que hace Dios

- Uno de los mejores antídotos para el estrés es ver los propósitos divinos en las dificultades y creer que Dios pretende sacar algo bueno de ellas.
- Dios puede usar diversas situaciones para desarrollar uno de los frutos del Espíritu en usted. Saber que Dios emplea cada situación, incluso aquellas molestas e irritantes, para enseñarle a parecerse más a Jesús, puede ayudarle a sentirse menos estresado por las cosas que no puede controlar.

3. Pase tiempo a solas con Dios

- Los momentos planificados de tranquilidad y soledad son un buen equilibrio para la vida ajetreada.
- Cultivar un corazón que ora le ayuda a obtener la perspectiva de Dios y a experimentar más plenamente su presencia a lo largo del día (Sal. 16:8-11).
- Muchos usan la oración como una manera de cambiar la situación estresante. Aunque no es mala idea, a menudo la oración no cambia la circunstancia tanto como le cambia a usted y su actitud frente a personas y hechos estresantes.
- Cuando apacigua voluntariamente su corazón cada día, el Espíritu Santo tiene ocasión de alterar su manera de ver la situación estresante.

4. Comparta su carga con otros

- La carga se puede compartir literal o figurativamente. En otras palabras, puede pedir a otros que le ayuden con sus responsabilidades y puede hablar con ellos de sus factores estresantes, lo cual le puede aliviar y proporcionar apoyo en oración.
- Quizá parte del estrés se deba a que está haciendo demasiado. Incluso Moisés tuvo que delegar responsabilidades cuando se sintió agotado (Éx. 18:13-26). Tal vez usted pueda hacer lo mismo.

5. Proteja su corazón

- El estrés sabe cómo orientarnos hacia las cosas que andan mal en nuestras vidas. Nos impulsa a olvidar las cosas buenas y santas de nuestra vida y, en su lugar, ver y creer que solo pasan cosas malas.
- Proteja su corazón y su mente contra el negativismo y el pesimismo. Cada día busque momentos para analizar lo que está pensando y llevar todo pensamiento cautivo a la obediencia de Cristo (2 Co. 10:5), al centrarse en Dios y permitirle que cambie su punto de vista.

6. Viva intencionalmente

- Deje de centrarse en minucias. Al final de la vida, muchos se dan cuenta de que dedicaron la mayor parte del tiempo a lo que menos importancia tenía, y muy poco a lo que era muy importante.
- Decida qué es realmente importante, elija sus prioridades y viva para ellas.
- Elija cómo pasar su tiempo y su energía. Aprenda a decir "no" a las cosas que en realidad no son tan importantes.

7. Busque ayuda (respete sus límites)

- A menudo nuestras vidas se llenan de estrés, porque nos negamos a aceptar nuestros límites o estos nos bloquean y nos paralizan por completo.
- Es posible que sentirse desbordado sea un recordatorio de que no vive dentro de los límites que Dios ha creado para usted. Puede que sea el momento de reevaluar, recortar, decir que no o reducir el

ritmo. Incluso a Moisés le reprendió su suegro Jetro, por hacer más de lo que debería haber hecho (Éx. 18:17-18).

8. Ríase un poco (ríase mucho)

- Permítase cierta diversión en su vida. Busque tiempo para una tira cómica, un dicho favorito, un chiste.
- De vez en cuando, busque algo que le haga reírse tanto y durante tanto tiempo que le duelan los costados.

EJEMPLOS BÍBLICOS 6

Al de carácter firme lo guardarás en perfecta paz, porque en ti confía (Is 26:3).

Jesús recordó a sus seguidores: "en este mundo afrontarán aflicciones" (Jn. 16:33). El profeta Isaías escribió que Dios da paz a pesar del conflicto y de la tribulación.

La paz es tan esencial para la naturaleza de Dios que forma parte de su nombre. Dios Padre es el "Dios de paz" (Fil. 4:9; He. 13:20). Dios Hijo es el Príncipe de Paz (Is. 9:6).

El Espíritu Santo produce paz en nuestras vidas (Gá. 5:22). Isaías escribió que, para tener "perfecta paz", debemos centrar nuestras mentes en Dios y confiar en Él.

> **Un 26 por ciento de los trabajadores declara que "a menudo o muy a menudo" su trabajo les estresa o les deja agotados.**
>
> *Families and Work Institute*

No se angustien. Confíen en Dios, y confíen también en mí (Jn. 14:1).

Los discípulos estaban confusos y desanimados. Jesús dijo que se marchaba, que moriría, que uno de los discípulos era un traidor y que Pedro le iba a negar.

"No se angustien", les dijo Jesús. Los creyentes pueden descansar sus corazones atribulados, sabiendo que Jesús tiene el control a pesar de las circunstancias.

... perseguidos, pero no abandonados; derribados, pero no destruidos (2 Co. 4:9).

Para nosotros, cada día está lleno de diversos grados de estrés. Sin importar nuestra ocupación, edad, estatus social o estilo de vida: todos experimentamos estrés.

Hay un estrés que nos acarreamos nosotros mismos, debido a una mala planificación, a decir demasiadas veces que sí, o a la desorganización. Con suerte, aprenderemos la lección para que no vuelva a suceder.

El estrés también surge por factores fuera de nuestro control: el clima, una computadora que no funciona, una dificultad o tristeza inesperada. En esos momentos, solo podemos controlar nuestras reacciones ante el estrés. Nuestras reacciones manifiestan nuestro carácter y nuestra confianza en Dios.

No se inquieten por nada; más bien, en toda ocasión, con oración y ruego, presenten sus peticiones a Dios y denle gracias. Y la paz de Dios, que sobrepasa todo entendimiento, cuidará sus corazones y sus pensamientos en Cristo Jesús (Fil. 4:6-7).

El estrés y su compañera, la preocupación, hacen todo lo posible por inmovilizar a los creyentes. Las personas se angustian por el futuro; les preocupan los sucesos que no han ocurrido, pero que *podrían* ocurrir.

¿Qué pueden hacer los creyentes respecto a su estrés? Cuando lo entregamos a Dios, Él lo sustituye con su paz que "sobrepasa todo entendimiento". Cuando sintamos que el estrés se acumula, deberíamos volvernos a Dios en oración. Él nos dará la paz que nos prometió.

Hermanos míos, considérense muy dichosos cuando tengan que enfrentaros con diversas pruebas, pues ya sabéis que la prueba de su fe produce constancia (Stg. 1:2-3).

Todo el mundo se enfrenta a pruebas, de una u otra manera. No podemos controlar lo que nos encontraremos, pero sí el grado de estrés que generan las circunstancias. En lugar de estar estresados, podemos intentar estar alegres.

La alegría no es una reacción natural ante una dificultad, pero el Espíritu Santo nos la puede proporcionar. Para que esto suceda, debemos elegir una actitud que espera anhelante las lecciones que nos enseñará Dios y la sabiduría que nos proporcionará. No hay una receta mejor para gestionar el estrés.

7 ORACIÓN

Gracias, Señor, porque __________ ha acudido hoy en busca de ayuda para aliviar esta carga del estrés. Tú nunca quisiste que tus hijos llevasen vidas sobrecargadas e insalubres por llevar ellos solos unas cargas de estrés que no les corresponden. Ayuda a __________ a afrontar y manejar lo que esté en su mano, y dale sabiduría para poner en tus manos aquellas personas y situaciones difíciles que escapen a su control…

Familia extendida

RETRATOS 1

- Francisca y Benjamín empezaron a vivir con los padres de él cuando su padre se jubiló. Aunque al principio hubo algunos temas que resolver, tener a sus padres a mano ha sido una gran bendición. Ayudan a vigilar a los niños, lo cual da a Francisca y a Benjamín momentos de descanso, y se han convertido en parte integral de su vida familiar, hasta el punto de que no se imaginan cómo sería vivir sin ellos.
- Tony y Talía visitan a los padres de Tony solo una vez al año, y hay años en que incluso eso les parece excesivo. "Los padres de Tony son insoportables", explica Talía, "sobre todo su madre, que es la mujer más mandona de este mundo". Tony se siente entre la espada y la pared; quiere defender a su esposa, pero no quiere faltarle al respeto a su madre, que según piensa él tiene buena intención.
- Cándida y Emilia han tenido una vida dura. Por eso David no se sorprendió cuando, un año después de casarse con Cándida, Emilia llamó a su puerta buscando un lugar donde vivir. David y Cándida quieren ayudar a Emilia, e incluso darle un lugar en su casa, pero, ¿qué tipo de normas y de límites es pertinente aplicar en esas circunstancias?

DEFINICIONES E IDEAS CLAVE 2

- Además de los miembros de una familia nuclear (padres e hijos), las familias extendidas suelen incluir a los abuelos, primos, tíos, hijos adoptivos (biológicos, de uno de los progenitores o no) y algunos miembros más (no olvidemos los vínculos que se forman con las mascotas).
- En Estados Unidos es frecuente que un miembro adulto de la familia de origen de un cónyuge (FO) se distancie y cree una familia en otro lugar.
- En muchas culturas del mundo (por ejemplo, la africana, judía, latinoamericana, india, las de Oriente Medio, Asia oriental y las islas del Pacífico), la familia extendida es la unidad familiar más habitual, y a menudo sus miembros viven juntos debido a la tradición cultural, la pobreza o la economía limitada. Algunas familias de segunda y tercera generación procedentes de esos países viven en Estados Unidos.
- En algunas culturas, una familia extendida comparte el trabajo. Por lo tanto, la supervivencia de todos depende del trabajo y la ayuda

de cada miembro. A menudo, en estos sistemas las mujeres se ocupan de la casa, y las personas ancianas (a veces patriarcas, otras matriarcas) de la familia arbitran las disputas entre los miembros de la familia. Las personas ancianas también tienen un papel muy activo en la crianza de los jóvenes.

- Se ha descubierto que, en Estados Unidos, el hecho de estar muy relacionado con la FO del hombre o de la mujer aumenta la probabilidad de divorcio de la pareja. Las relaciones entre un cónyuge y sus suegros a veces no son muy buenas, y en las comedias suelen plasmarse como situaciones plagadas de conflictos.
- En Estados Unidos, el objetivo normal de la mayoría de matrimonios es no crear una familia extendida que viva y trabaje junta, pero mantener buenas relaciones e interacciones saludables con los miembros de la familia extendida.

3 ENTREVISTA DE EVALUACIÓN

Las preguntas siguientes le ayudarán a evaluar de qué manera la familia extendida juega un papel en la vida de la pareja, y también a detectar los retos (o beneficios) que plantea la relación de la familia extendida. Normalmente, descubrirá que las interacciones dentro de la familia extendida ofrecen beneficios y plantean retos. Por ejemplo, la pareja que agradece que sus padres estén a mano para cuidar de los pequeños y darles consejo de vez en cuando también estarán en desacuerdo con ellos, en ocasiones, acerca de cómo educar a los niños.

En 2003, en Estados Unidos había 79 millones de "unidades familiares" en los que una o más subfamilias viven en una misma casa.[1]

1. ¿Cuánto tiempo lleva casado/a? ¿Qué familiares tiene cerca? ¿Le ayudan, interfieren, son demasiado distantes?
2. ¿Alguna vez tiene problemas con su familia de origen? ¿Qué papel juega su familia de origen y la familia de su cónyuge en su matrimonio y en su vida familiar? ¿Ha establecido límites saludables con ellos? Si lo hiciera, ¿cuáles serían esos límites?
3. ¿Cuál es el máximo beneficio de tener a mano a miembros de la familia extendida? ¿Y el mayor reto de tenerlos cerca?
4. ¿Cómo le gustaría que fuera la relación?

4 CONSEJOS SABIOS

Es normal que una persona quiera que la familia de su cónyuge la acepte, pero el sentimiento es solo eso, un deseo y una preferencia, no una necesidad. Algunas personas creen que estas relaciones son necesarias para disfrutar de un matrimonio saludable. Aunque pueden constituir una gran bendición, no son obligatorias en modo alguno.

Cuando una pareja se casa, forma una familia totalmente nueva. Para que existan interacciones positivas con la familia extendida, la pareja debería:

- manifestar el respeto debido a los padres

- participar en las reuniones de la familia hasta el punto que estas lo exijan
- establecer límites consensuados con el cónyuge sobre las relaciones con las dos familias

Cuando no es posible tener una buena relación con la familia extendida, hay que fomentar y conservar siempre la prioridad de edificar un matrimonio sano. La paciencia puede ser una auténtica virtud, dado que una crisis futura en la familia puede abrir la puerta para la ayuda y la reconciliación. Es importante enfocar estas situaciones a largo plazo. Las relaciones entre la familia política y el cónyuge tienden a crecer y mejorar con el paso del tiempo, pero puede haber obstáculos en el camino. Por ejemplo, algunos padres son muy protectores con sus hijos o tienen expectativas que el cónyuge de estos quizá no pueda satisfacer. En otras circunstancias, es posible que un cónyuge haya cometido un error y su pareja le haya perdonado, pero que los suegros no lo hagan con tanta facilidad.

La idea es que hace falta tiempo para forjar la confianza y el respeto. Una persona recién casada puede pensar que la familia de su cónyuge le querrá y aceptará de inmediato, pero a menudo no es así. Ser aceptado en una familia nueva puede requerir mucho esfuerzo y tiempo.

PASOS PRÁCTICOS 5

A veces es imposible forjar una relación sana, o es demasiado arriesgado, si la situación incluye a miembros abusivos, impertinentes o perturbados de la familia extendida. El plan de acción también variará dependiendo de los miembros de la familia en los que se ponga énfasis: padres, abuelos, primos. Además, este plan variará en función de la situación, de si el problema tiene que ver con las vacaciones, la vida cotidiana, la distribución del espacio o alguna otra cosa. Existen numerosos casos que requerirán un plan de acción personalizado que tenga en cuenta los puntos fuertes y los recursos de la pareja a la que aconseja.

A continuación se presentan algunas pautas generales que deberían ser útiles en la mayoría de circunstancias.

Respecto a la familia política

Cuando hablan de la familia política, David y Claudia Arp dicen que la prioridad es la buena educación.[2] Su fundamento bíblico es que lo que dice 1 Corintios 13 sobre el amor también se puede aplicar a la educación. Pruebe a leer el pasaje sustituyendo el sustantivo *amor* por *cortesía* o *educación*. Un buen punto de partida sería:

1. Sea proactivo

- Sea proactivo al forjar sus relaciones. No se límite a esperar que las relaciones forjen solas. Aunque a veces la cercanía entre personas parece algo natural, es prudente hacer lo que pueda para expresar a la familia extendida que a usted le interesa y está motivado para forjar relaciones sólidas.

- Céntrese en los puntos fuertes. Este principio no es nuevo, pero para refrescarle la memoria, significa echar una mirada intensa a los recursos que tiene a mano y que puede usar para alcanzar la solución deseada. En lugar de centrarse en los problemas, este enfoque lo hace en el progreso y la mejora. Sí, es cierto que tendrá que esforzarse bastante para llevarse bien con algunos miembros de su familia política, pero intente ser agradecido incluso por los pasos más pequeños hacia delante.
- Sonría, ría, sea agradable. Daniel Goleman, en su libro *Inteligencia social: la nueva ciencia de las relaciones humanas*, habla de las neuronas espejo en el cerebro que nos hacen sonreír como reflejo cuando alguien nos sonríe.[3] Esto forma parte de un concepto mayor: es mucho más fácil ser agradable cuando nos rodean otros que parecen felices y optimistas. Además, las personas reaccionarán más positivamente a quienes sean positivos.

2. Reduzca los conflictos

- A veces, las familias no tienen tacto y sus interacciones pueden ser bruscas. Practique el dominio propio y no grite ni levante la voz. Pregúntese: *Lo que voy a decir, ¿hará enojar a otra persona o contribuirá a calmarnos a los dos? Nota:* A menudo, reducir los conflictos supone otras dos acciones dolorosas: admitir y validar los sentimientos y la experiencia de la otra persona y reconocer cuándo usted se ha equivocado.

3. Acepte los gestos de amabilidad de su familia política

- Puede parecer fácil, pero a muchos les cuesta aceptar la amabilidad ajena, sobre todo si le ha parecido que en el pasado esa persona le ha ofendido o molestado. Además, cuando las relaciones pasan por conflictos, aceptar los gestos de amabilidad supone admitir que la otra persona no es mala del todo... algo que puede ser difícil de hacer.[4]

Cómo resolver los problemas con los parientes políticos

Una preocupación bastante frecuente sobre las familias extendidas es que no aceptarán al nuevo miembro de la familia o le complicarán la vida. Los consejos siguientes le ayudarán a abordar esta situación, difícil y demasiado habitual.

1. Apoye a su cónyuge

- Si su cónyuge tiene problemas, permítale comentar con usted la experiencia y las dificultades.
- Debe aprender a apoyar a su cónyuge. Es posible hacer esto sin tomar partido ni participar en el conflicto. Sin embargo, si una persona está siendo ofensiva con otra, quizá usted sí pueda intervenir para calmar los ánimos o reducir los daños.
- Mantenga las cosas en perspectiva. Tener problemas con el hecho de que sus parientes acepten a su cónyuge es difícil, pero no es el fin del mundo, y tampoco debería serlo de su matrimonio.

Tener que elegir entre su cónyuge y un padre o madre es una situación triste y dura para todo el mundo. Si usted tiene dificultades con sus parientes políticos, intente no forzar a su cónyuge a que elija.

Procure que nadie le imponga la decisión de elegir entre familiares y cónyuge. Esto no es justo para nadie. Sin embargo, todos sabemos que sucede en algunas familias.

- El cónyuge que no tiene problemas de aceptación debería mantenerse más cerca de su pareja que de sus padres. El principio bíblico de "abandonar y unirse" es aplicable en este caso. Cuando usted se casa, su cónyuge debe estar a la cabeza de sus prioridades.

Los gobiernos proveen servicios que han hecho que la familia extendida sea menos importante para el cuidado de los ancianos, pero aun así, si los programas como la seguridad social y la asistencia pública siguen recibiendo cada vez menos fondos, es posible que la familia extendida vuelva a ser importante para compensar la falta de esos servicios.[5]

2. Sea paciente y positivo

- El cónyuge que padece el conflicto debe aprender a no tomarse demasiado personalmente cualquier rechazo por parte de sus parientes políticos. Frecuentemente, el rechazo (o falta de aceptación) no se debe a quién es usted, sino a quiénes son los familiares políticos. A menudo estos someten al cónyuge de su ser querido a expectativas y estándares irrealistas.
- Recuerde que esto no es una guerra o una campaña para salvar a la familia de los malvados parientes políticos (en la mayoría de los casos). El objetivo final es construir una relación educada con los padres u otros familiares de su cónyuge. Por consiguiente, tenga paciencia y perdone y olvide rápidamente.
- El cónyuge que padece el conflicto debe recordar que honrar a los suegros es una actitud noble y cariñosa, incluso cuando sean difíciles de tolerar o de querer.[6]

EJEMPLOS BÍBLICOS 6

Las iglesias de la provincia de Asia les mandan saludos. Aquila y Priscila los saludan cordialmente en el Señor, como también la iglesia que se reúne en la casa de ellos. Todos los hermanos les mandan saludos. Salúdense unos a otros con un beso santo. Yo, Pablo, escribo este saludo de mi puño y letra (1 Co. 16:19-21).

En los tiempos de Pablo, las iglesias de diversas zonas se parecían bastante a una familia extendida. Pablo siempre se preocupó por hacer que las relaciones dentro de estas iglesias y entre ellas fueran sólidas y prósperas.

Ruego a Evodia y también a Síntique que se pongan de acuerdo en el Señor (Fil. 4:2).

Este es uno de los muchos ejemplos del Nuevo Testamento en los que Pablo escribe a personas dentro de una iglesia y las exhorta a actuar con amor las unas con las otras. En el caso de Evodia y Síntique, este es el único caso en que se las menciona en las Escrituras, y Pablo les pide que dejen su disputa y se centren en su relación como seguidoras de Cristo.

Así que el obispo debe ser intachable, esposo de una sola mujer, moderado, sensato, respetable, hospitalario, capaz de enseñar; no debe ser borracho ni pendenciero, ni amigo del dinero, sino amable y apacible. Debe gobernar bien su casa y hacer que sus hijos le obedezcan con el debido respeto (1 Ti. 3:2-4).

En este pasaje, Pablo describe los atributos del carácter de una persona digna de servir en una iglesia. Fijémonos en que algunas de las características tienen que ver con la capacidad que tenga esa persona de forjar y mantener una cohesión familiar saludable. Por ejemplo, Pablo sostiene que semejante persona debe ser capaz de "gobernar bien su casa".

7 ORACIÓN

Señor, ¡gracias por nuestras familias! Nos has bendecido con tías, tíos, abuelos, primos, sobrinos y sobrinas… por mencionar a unos pocos. Señor, gracias de nuevo por la familia y la vida familiar. Ayuda a los miembros de esta familia a que aprendan a vivir juntos con amor y armonía. Que sus vidas te glorifiquen…

Familias ensambladas

RETRATOS 1

- La vida no ha sido fácil para Eliana. Primero, sus padres se divorciaron y ella empezó a pasar una semana con mamá y la siguiente con papá. Luego, se casaron de nuevo con otras personas, y ahora tiene dos nuevos progenitores a los que se supone que debe obedecer, y unos hermanastros consentidos que en realidad no le caen bien.
- Cuando la madre de Daniela se volvió a casar, cambiaron todas las reglas. Ahora debe quitarse los zapatos en el garaje, no en el recibidor. El ventilador del baño, que su "verdadero padre" habría dejado en marcha tras ducharse para eliminar la humedad, ahora se supone que debe estar siempre parado. La casa está a una temperatura determinada (glacial), y si ella tiene frío, le dicen que se ponga más ropa, porque ya no se le permite tocar el termostato a riesgo de que la castiguen. *¡Menudo tonto! ¿Quién es él para decirme que haga o no haga algo?*, piensa.
- "¡Pero si siempre abrimos los regalos en Nochebuena!", protestan los hijos de Carlos. "¡Es una tradición familiar!".

  Los hijos de Julia contestan: "¡No sean tontos! ¡Tienen que abrir los regalos el día de Navidad! Si no, arruinarán la fiesta".

  Julia y Carlos se miran, y se preguntan si hay una buena solución a este problema.

DEFINICIONES E IDEAS CLAVE 2

- Las familias ensambladas son aquellas *en las que un cónyuge se casa con una persona que no es el padre o madre biológico de su hijo o hija (o, según piensan otros, cuando una pareja adopta a un hijo).* A menudo, si el matrimonio tiene lugar cuando el niño aún es muy pequeño, la familia parece idéntica a una familia nuclear tradicional. En muchas familias ensambladas los hijos pertenecen solamente a uno de los progenitores.
- Desde la Segunda Guerra Mundial se ha producido un cambio destacado en la estructura de la familia moderna. Hoy día, *menos de la mitad de todas las familias son familias nucleares tradicionales*, es decir, compuestas por una madre, un padre y sus hijos biológicos.
- Casi *un tercio de todos los matrimonios celebrados este año acabará en divorcio*, y casi *la mitad de todos los matrimonios acabará en divorcio algún día*. Además, en muchos países desarrollados, la mitad de todos los niños nacidos son de madres solteras. Esto quiere decir que la familia ensamblada ya no es la excepción, sino la norma.

Los hijos de familias ensambladas corren más riesgo de vivir en hogares conflictivos, 60 por ciento de los cuales volverá a deshacerse.[1]

- Formar parte de una familia ensamblada puede resultar *muy estresante para las personas involucradas.* Algunos elementos estresantes que a menudo se pasan por alto son: la alteración del hogar, nuevos miembros en la familia, escuelas nuevas, tradiciones nuevas, nuevas normas en casa, la pérdida de amigos, alejarse de otros familiares, una iglesia nueva y un apellido también nuevo, por mencionar solo algunos.
- Raras veces los hijos de las familias ensambladas están tan encantados con la nueva boda como los que se casan. Esto puede dar problemas a menos que se aborde pronto y con sensibilidad. *Forjar relaciones entre padrastros e hijastros requerirá tiempo y esfuerzo.* Además, a menudo los hijos sienten que al amar y aceptar a un padrastro o madrastra rechazan a su progenitor biológico. Esto puede complicar aún más las cosas. Para añadir otra capa de complejidad, es posible que los padres de familias ensambladas luchen con cuestiones de lealtad, sintiendo que deben defender a sus hijos frente a su nuevo cónyuge o los hijos de este.
- En el caso de las familias ensambladas, *las visitas suponen una fuente frecuente de estrés y de angustia*. En muchos casos, los hijos experimentan dos realidades, una con la familia ensamblada y otra con el progenitor biológico. La vida puede complicarse aún más si el progenitor biológico o que no tiene la custodia vuelve a casarse para forjar otra familia ensamblada. El régimen de visitas se vuelve más difícil si los padres que no tienen la custodia viven a cierta distancia.

3 ENTREVISTA DE EVALUACIÓN

A continuación encontrará algunas preguntas que puede hacer a la familia ensamblada para averiguar sus puntos fuertes y sus posibilidades de crecimiento.

1. ¿De quién es cada hijo? ¿Dónde está el padre o madre biológicos? ¿Juega algún papel en la vida de los hijos?
2. ¿Al nuevo cónyuge se le llama papá o mamá? El nuevo cónyuge ¿establece normas? ¿Quién obliga su cumplimiento?
3. ¿Quién encaja bien con los demás, y a quién le cuesta? Si hay hijos de los dos cónyuges, ¿se llevan bien entre ellos? ¿Cómo es su relación?
4. ¿El nuevo cónyuge es más estricto o tolerante que el progenitor biológico? ¿Es usted (el progenitor biológico) más estricto ahora que antes con sus hijos naturales? ¿Qué le dicen sus hijos?
5. ¿En casa de quién viven? ¿Tuvieron que mudarse los hijos? ¿Los sacaron de su escuela? ¿Mantienen algún contacto con sus viejos amigos?
6. ¿Hay otros miembros de la familia con los que mantengan el contacto los hijos? ¿Cómo llaman los hijos a los padres de su padrastro o madrastra? ¿Siguen en contacto con sus abuelos biológicos?
7. ¿Ha creado alguna tradición familiar nueva? ¿Adónde van de vacaciones? ¿Qué hacen para divertirse como familia?

8. ¿Qué es lo mejor de formar parte de una familia ensamblada? ¿Y lo peor? ¿Hay algo que parece que no podrán resolver jamás?
9. En una escala del 1 al 10, en la que 10 es la felicidad máxima, ¿hasta qué punto está contento cada miembro de la familia con la nueva situación? ¿Qué será necesario para elevar esa cifra?

CONSEJOS SABIOS 4

El Dr. David Miller, en *The Soul Care Bible* (titulada ahora *The Bible for Hope*), ofrece una visión inteligente de las familias ensambladas cuando escribe:

> En las Escrituras vemos claramente que Dios considera que los hijos son preciosos, y que le preocupa su bienestar (Mt. 18:6-7; Mr. 10:14-16; Ef. 6:4; Col. 3:21). Sin duda, hay muchos hogares monoparentales en los que se ama mucho a los niños y se les cuida bien, basándose en un gran sacrificio y el trabajo intenso del padre o madre solo. Pero también sabemos que los hijos se benefician de contar con dos personas, un padre y una madre, mientras crecen. Las investigaciones demuestran claramente que los niños que viven en hogares donde hay un padre y una madre, aunque solo uno es el padre o madre biológico, están mucho mejor que los niños que viven con el padre solo o con la madre sola. Pero la mezcla de familias trae consigo un conjunto especial de retos... Quienes trabajamos con las familias ensambladas nos enfrentamos invariablemente con la pregunta de qué es lo mejor para los niños. Dicho en pocas palabras, es mejor que los niños tengan un padre y una madre que estar en una familia monoparental. Sean valientes y comprometidos. ¡Las familias ensambladas pueden funcionar![3]

> Hoy día, al menos un tercio de todos los hijos estadounidenses vivirán en una familia ensamblada antes de cumplir los 18 años.[2]

PASOS PRÁCTICOS 5

A continuación verá una serie de pasos que pueden dar los miembros de una familia para adaptarse y funcionar saludablemente como familia ensamblada.

1. Lamenten las pérdidas y las transiciones familiares

Los miembros de una familia ensamblada, sobre todo los hijos, deben poder compartir sus sentimientos de pérdida y los recuerdos de cómo eran las cosas. Estos temas nunca deben ser tabú, sino ¡fomentados en la conversación! Admita y espere que todos los miembros de la familia ensamblada necesitarán tiempo para volver a sentirse normales. Si a un miembro de la familia le cuesta mucho adaptarse, no quiere decir que no acepte a la persona nueva en su familia.

2. Comprenda el desarrollo infantil y respete la experiencia de pérdida que sienten los hijos

Los miembros de las familias ensambladas no siempre entienden las necesidades de los otros miembros. Esto es así sobre todo cuando hay niños de por medio. Por ejemplo, un padrastro que no haya tenido hijos quizá no sepa qué hacer con un niño de un año, un preadolescente o incluso un adolescente. Incluso si ha criado a sus propios hijos, seguramente eran diferentes y no se enfrentaron a los mismos retos de los niños presentes en la familia ensamblada. Podrá ayudarse a sí mismo y a sus hijos si aprende maneras correctas de criarlos, basándose en su edad y en su grado de madurez, y estudiando modos para forjar mejores relaciones con los hijastros.

3. Establezca nuevas tradiciones familiares

Aunque sin rechazar las tradiciones de la vida previa de la familia o las del padre que no tiene la custodia, está bien que la familia ensamblada cree sus propias tradiciones. Esto es importante para generar cohesión y unidad en la familia. Sin embargo, tenga en cuenta que cada miembro tiene su propia historia, recuerdos y percepciones, y que se le pide que los fusione y adapte a los de otros miembros de la familia. Lo que en otro tiempo fueron las formas adecuadas de celebrar Navidad, Pascua y Halloween, o los cumpleaños, o ir de vacaciones, ahora pueden cambiar, porque la familia ensamblada hace las cosas de otra manera. Aunque pueda parecer un tema de poca importancia, las personas que ya han pasado por muchos otros cambios en sus vidas no renuncian fácilmente a las tradiciones familiares. *Nota final*: Aun cuando su familia desarrolle nuevas tradiciones y rituales, hay que respetar siempre los momentos que los hijos pasan con el padre o la madre biológico, sobre todo durante los acontecimientos importantes y las vacaciones.

En Estados Unidos, cada día se forman 2.100 familias ensambladas. Las estadísticas demuestran que hay más de 20 millones de hogares ensamblados, una cifra que aumenta rápidamente.[4]

4. Mantenga un matrimonio saludable

Los cónyuges deben mantener voluntariosa y firmemente su vínculo matrimonial. Deben tener tiempo a solas para amarse, mostrarse afecto, apoyarse, conversar, estar presentes con su pareja y cuidar el uno del otro. Un matrimonio sólido forma parte esencial del funcionamiento y la estabilidad generales de la familia.

5. Coopere con el padre o madre biológico

Si es posible, haga partícipe de la vidas de los hijos al padre o madre biológico que no tiene la custodia. Los niños, sobre todo los adolescentes, se estabilizan mucho cuando ven a sus padres unidos. Para conseguirlo, deben intentar reducir al máximo las discusiones, sobre todo delante de los hijos. Criar a los hijos de una forma coherente después de un divorcio contribuye a aliviar su inseguridad. *Nota*: A veces las familias ensambladas son fruto de la muerte de uno de los padres. Por supuesto, en este caso este paso no es aplicable.

6 EJEMPLOS BÍBLICOS

Nada me produce más alegría que oír que mis hijos practican la verdad (3 Jn. 1:4).

En este versículo, Juan usa la metáfora de los niños para describir a los creyentes jóvenes de los que ha sido mentor. Es fácil comprender cómo se siente Juan, porque los padres experimentan literalmente la misma alegría con sus hijos.

La familia auténtica no tiene nada que ver con la sangre, sino con el amor y la sensación de pertenencia.

Y, al quedar [Moisés] abandonado, la hija del faraón lo adoptó y lo crió como a su propio hijo (Hch. 7:21).

Probablemente el personaje bíblico adoptado más famoso es Moisés. Nacido israelita, Moisés fue criado en la casa del faraón. Dios usó a Moisés para liberar a los israelitas de la esclavitud, como se cuenta en el libro de Éxodo.

Mardoqueo tenía una prima llamada Jadasá. Esta joven, conocida también como Ester, a quien había criado porque era huérfana de padre y madre, tenía una figura atractiva y era muy hermosa. Al morir sus padres, Mardoqueo la adoptó como su hija (Est. 2:7).

Ester es otro ejemplo notable de persona adoptada en la Biblia. La belleza de Ester era tan grande que fue elegida como consorte del rey Jerjes. (También se le conocía con el nombre de Asuero). Ester fue una mujer de gran piedad, fe y coraje. En su calidad de reina, ayudó a proteger al pueblo de Israel.

Pero cuando él [José] estaba considerando hacerlo, se le apareció en sueños un ángel del Señor y le dijo: «José, hijo de David, no temas recibir a María por esposa, porque ella ha concebido por obra del Espíritu Santo. Dará a luz un hijo, y le pondrás por nombre Jesús, porque él salvará a su pueblo de sus pecados»... Cuando José se despertó, hizo lo que el ángel del Señor le había mandado y recibió a María por esposa. Pero no tuvo relaciones conyugales con ella hasta que dio a luz un hijo, a quien le puso por nombre Jesús (Mt. 1:20-21, 24-25).

La familia ensamblada más importante de todos los tiempos fue aquella en la que Jesús creció y se hizo hombre. José, a quien podemos conocer como el padrastro de Dios "encarnado", aceptó totalmente su papel como padre terrenal del Hijo de Dios.

ORACIÓN 7

Dios nuestro, tú eres bueno, y demuestras de muchas maneras tu benevolencia a las familias. Uno de tus mayores regalos *es* la familia, y hoy nos presentamos ante ti con gratitud, además de para pedirte tu guía, porque esta familia se esfuerza por edificar una dinámica saludable como familia ensamblada. Señor, ayúdales en esta tarea...

Familias monoparentales

1 RETRATOS

- Jazmín se casó con un soldado, de modo que no le sorprendió que, incluso antes del nacimiento de su hijo, su esposo estuviera a miles de kilómetros de distancia. A pesar de que está casada, se enfrenta sola a la tarea inmensa de ser madre durante meses seguidos.
- Después del accidente de tráfico en el que murió su esposa, Daniel dejó de ser un padre y esposo orgulloso para convertirse en una persona sola y asustada. Ahora se enfrenta a la tarea de criar a dos niños muy pequeños, confusos y heridos, mientras al mismo tiempo asimila la pérdida de su esposa.
- Carolina pensó que la relación entre ella y Tadeo era para siempre, pero cuando las cosas se pusieron difíciles, Tadeo desapareció. La abandonó incluso sin despedirse ni intentar salvar su matrimonio. Ahora Carolina se ha unido al club de las madres solteras.

2 DEFINICIONES E IDEAS CLAVE

- Ser padre o madre soltero conlleva *responsabilizarse de criar a los hijos* sin contar con el beneficio (y a veces soportando el sabotaje directo) del otro progenitor, *normalmente como resultado del divorcio o el abandono*, pero en ocasiones porque uno de los dos esté en el ejército u otro servicio oficial.
- *Pocas cosas hay más difíciles que ser padre o madre soltero.* Un problema frecuente al que se enfrentan estas personas es la tremenda cantidad de tareas que deben hacer. Las exigencias de la vida las acosan las 24 horas de cada día. Ganar un sueldo, preparar la comida, cuidar de los niños, ayudarles con la tarea, limpiar la casa, pagar las facturas, reparar el auto, gestionar los seguros y encargarse de la economía familiar, los impuestos, la publicidad y todo lo demás puede exigir hasta doce o más horas diarias.
- A menudo, los progenitores solteros *tienen necesidades sociales y emocionales insatisfechas.* ¿Cómo desarrolla un padre o madre soltero las amistades que tanto necesita?
- *El deterioro de la paternidad* en Estados Unidos se considera nuestro problema social más grave. Casi un 40 por ciento de los niños se van a dormir en hogares donde el padre no está presente.[1]

- La Comisión Nacional para los Niños descubrió que *casi la mitad de todos los niños* pertenecientes a familias rotas no han visto a su padre ni una sola vez durante el año anterior.[2]
- *La ausencia del padre* se asocia con el crimen, el suicidio, el embarazo de adolescentes, el consumo de drogas y de alcohol y el encarcelamiento.[3]
- Los estudios demuestran que los jóvenes procedentes de hogares monoparentales tienen más *problemas físicos y mentales* que los hijos que viven con padres casados, y tienen entre dos y tres veces más posibilidades de desarrollar trastornos emocionales y conductuales.[4]
- Casi el 75 por ciento de niños que viven en hogares sin padre *padecerán pobreza, y tienen diez veces más probabilidades* (comparados con los que viven con sus dos padres) *de padecer una pobreza extrema.*[5]
- Para los *afroamericanos, el hogar monoparental* es *más frecuente* que aquel con unos padres casados (58,1 frente a 41,9).[6]
- Aunque hay más madres solteras, *el número de padres solteros también va en aumento.*

ENTREVISTA DE EVALUACIÓN 3

Puede hacer las preguntas siguientes para tener una idea más clara de cómo afronta el progenitor solo la tarea de criar a un hijo (o hijos).

1. ¿Cuánto tiempo hace que es padre o madre soltero? Descríbame un día o semana típicos.
2. ¿Qué tipo de sistema de apoyo tiene? ¿Están sus padres a mano? ¿Le ayudan en la crianza del niño?
3. ¿Cómo ofrece apoyo emocional a su hijo/a? ¿Cuenta el niño con el apoyo saludable de personas del sexo opuesto?
4. ¿El otro progenitor entra en escena en algún momento? Cuando lo hace, ¿es positivo o negativo para su hijo/a?
5. ¿Cómo cuida usted de sí mismo en su calidad de padre o madre soltero? ¿Cuándo fue la última vez que salió con amigos para divertirse? ¿Quién cuida de su hijo cuando está usted fuera? ¿Hasta qué punto es difícil este proceso para usted actualmente?

CONSEJOS SABIOS 4

La clave para ser padre o madre soltero y tener éxito en su tarea consiste en recurrir a otros "*padres adoptivos*" comprometidos, que puedan formar parte de la familia —abuelos, tíos, amigos, vecinos, el programa en Estados Unidos de Hermano o Hermana Mayor (Big Brother o Big Sister)—; cualquier persona de confianza que se comprometa a ayudar a su hijo a crecer lo más sano posible. Una iglesia saludable, con mentores y pastores, es otra fuente de apoyo para padres y madres solteros.

En términos prácticos, es posible que un padre o madre soltero tenga que *recortar gastos* durante un tiempo en servicios como teléfono celular, televisión por cable, Internet y otros. Establecer un plan económico y un presupuesto razonables y realizables eliminará los gastos excesivos y garantizará que la persona pueda pagar las necesidades básicas.

En Estados Unidos hay aproximadamente 13,6 millones de padres y madres solteros, responsables de educar a 21,2 millones de niños (aproximadamente un 26 por ciento de los niños menores de 21 años que hay hoy en Estados Unidos).[7]

Si el padre o madre soltero se plantea iniciar otra relación sentimental, aconséjele que espere al menos un año desde el divorcio. Y cuando decida empezar esa relación, es importante saber que el hijo o hija puede sentirse abandonado. Es aconsejable controlar el tiempo que pasa el hijo con la nueva pareja de su padre o madre. En las primeras fases de la relación, el tiempo debe ser mínimo o inexistente, para ir aumentando a medida que el padre o madre soltero se siente más cómodo con su nueva pareja y confía más en esta.

El padre o madre soltero, al dedicar su tiempo y atención a la nueva pareja, no debe olvidar que su hijo o hija también le necesita. La relación más importante que tiene el padre o madre soltero es con su hijo o hija.

Criar a hijos del sexo opuesto al propio es una tarea que supone un reto especial. Este trabajo resulta muy difícil a la mayoría de los padres, a quienes les cuesta cepillar el pelo de su hija, comprar prendas para niña y explicarle a una preadolescente qué es la menstruación. Si un padre no está presente, las madres deben procurar encontrar influencias masculinas para su hijo: algunos de los hombres que pueden cumplir ese papel son un abuelo, un tío, un pastor o líder de jóvenes, un monitor de *boy-scouts* o un entrenador deportivo.

La disciplina es importante para el bienestar y la autoestima de los hijos. Muchos padres y madres solteros tienen tendencia a convertir a su hijo o hija en un amigo. En lugar de eso, los niños necesitan la disciplina de un padre o madre que les quiera.

Ayude al padre o madre soltero a usar maneras prácticas de amar a su hijo o hija. Puede poner notas cariñosas en la bolsa del colegio, salir juntos a cenar a menudo, hacer viajes cortos los fines de semana, visitar el zoo e invitar a otras familias monoparentales a que les acompañen. Así no solo es posible dividir entre las familias el costo del viaje, sino que ir juntos proporciona un amigo/a para el padre o madre soltero, así como amigos para sus hijos o hijas. Los padres y madres solteros deben esforzarse por reírse con sus hijos, jugar con ellos, ayudarles con la tarea, ir a verlos cuando participen en una actividad deportiva o extraescolar y animarles a menudo.

Además, los padres y madres solteros deben encontrar una iglesia que les ofrezca un estímulo importante y un apoyo eficaz, un lugar donde no se juzgue ni critique a la persona por no tener pareja.

5 PASOS PRÁCTICOS

Las pautas siguientes son el fundamento de toda buena crianza de los hijos, tanto si se trata de una familia monoparental como si no. Son una guía básica para todos los padres, que les enseña a edificar una relación y a criar a un hijo feliz y sano. (Es evidente que, para muchas de estas tareas, el padre o madre soltero necesitará la ayuda de otros adultos. Nadie puede hacerlo todo solo).

1. Tiempo

- Para los niños, el amor significa tiempo. No hay sustituto para las horas, minutos y segundos de tiempo de calidad que los padres y madres pasan con sus hijos. Los niños necesitan grandes dosis de usted, si es posible cada día.

2. Contacto

- Un abrazo y un beso, dar la mano, cepillar el pelo, pelear en broma, chocar las manos, incluso arrimarse en el sofá... la mayoría de expertos en infancia están de acuerdo en que los niños necesitan al menos once contactos físicos diarios. La psiquiatra infantil cristiana Grace Ketterman afirma que cree que los niños necesitan ¡al menos cien de estos contactos cada día!

3. Conversación

- Encuentre los intereses que comparte con sus hijos, ¡y hable! O pregúnteles por su día. Recuerde que la comunicación es más no verbal que verbal, de modo que tenga cuidado con todas las maneras en que "habla" con su hijo.

4. Verdad

- Deuteronomio 6:6-7 dice: "Grábate en el corazón estas palabras que hoy te mando. Incúlcaselas continuamente a tus hijos. Háblales de ellas cuando estés en tu casa y cuando vayas por el camino, cuando te acuestes y cuando te levantes". La ética de los padres llena las pequeñas manos y corazones de sus hijos. Por lo tanto, afirme a su hijo en la verdad de la Palabra de Dios, de modo que cuando sea adolescente, no tenga duda de qué debe creer o cómo debe actuar.

Aproximadamente en el 84 por ciento de los divorcios, las madres reciben la custodia de los niños y en un 16 por ciento son los padres.[8]

5. Ternura

- La ternura consiste en amar incondicionalmente, y también en tener una mano suave para la disciplina, incluso cuando los hijos nos irritan, discuten con nosotros o nos decepcionan. Es el mismo mensaje que Jesús nos grita: que en cualquier estado, sea pecado o gracia, ¡para Él tenemos un valor incalculable!
- Además, aprenda el estilo con el que su hijo/a da y recibe amor, ¡y ofrézcale grandes dosis! Según el psicólogo infantil cristiano Fran Stott: "Todo niño necesita al menos a una persona que esté loca por él".

6. Enseñanza

- Presentes o ausentes, los padres siempre enseñan algo a sus hijos. Seguro que hoy su hijo/a ha aprendido algo de usted. No pierda un momento para enseñar a su hijo las lecciones importantes de la vida. Y si el padre o la madre está ausente, asegure al niño que se merece tener dos padres, aunque uno no esté allí.

7. Tenacidad

- Hoy día los niños necesitan estructura y estabilidad más que nunca, porque sus vidas son más erráticas y confusas, y cambian más rápidamente, ¡que en cualquier otra generación de la historia! Padres, sean un punto de referencia, un ancla que se mantenga firme frente a las contracorrientes poderosas.
- La parte más difícil de ser padres es mantener la coherencia. Su inversión actual servirá de apoyo para su hijo mientras aprende a ser un adulto compasivo y competente. Lo cierto es que los hijos crecen demasiado rápido. Nunca deje de ser el padre o madre que su hijo necesita.

8. Futuro

- La parte más hermosa del amor de Dios hacia nosotros radica en lo que las Escrituras llaman "la bendita esperanza", una eternidad con Él en el cielo. Padres, llenen de esperanza el corazón de sus hijos. Crean en ellos. Sueñen con ellos. ¡Miren con expectación al futuro! Sean generosos con sus alabanzas, su perdón y su gracia, y pobres en críticas. No hay una herencia (ninguna cantidad de dinero, privilegios o poder terrenal) que se pueda comparar con un legado de esperanza en un futuro santo.

6 EJEMPLOS BÍBLICOS

Grábate en el corazón estas palabras que hoy te mando. Incúlcaselas continuamente a tus hijos. Háblales de ellas cuando estés en tu casa y cuando vayas por el camino, cuando te acuestes y cuando te levantes. Átalas a tus manos como un signo; llévalas en tu frente como una marca; escríbelas en los postes de tu casa y en los portones de tus ciudades (Dt. 6:6-9).

Criar a los hijos es exigente y gratificante. Muchas personas se preparan y estudian años para dedicarse a una profesión, pero normalmente los padres aprenden sobre la marcha y esto exige un esfuerzo intencional.

Ya le dije que por la maldad de sus hijos he condenado a su familia para siempre; él sabía que estaban blasfemando contra Dios y, sin embargo, no los refrenó (1 S. 3:13).

Elí no disciplinó a sus hijos, a pesar de que eran sacerdotes y él era su supervisor. Estos hombres menospreciaban los sacrificios del pueblo (1 S. 2:12-17), y cometían pecados sexuales con las mujeres del tabernáculo.

Sin duda Elí, como padre y sumo sacerdote, tenía autoridad para controlar a sus hijos, pero prefirió no hacer nada. Al final, Dios intervino.

Dios da a los padres autoridad sobre sus hijos. Los padres deben usar esa autoridad sabiamente para apartar a sus hijos del pecado.

Adonías, cuya madre fue Jaguit, ambicionaba ser rey, y por lo tanto se levantó en armas. Consiguió carros de combate, caballos y cincuenta guardias de escolta. Adonías era más joven que Absalón, y muy bien parecido. Como David, su padre, nunca lo había contrariado ni le había pedido cuentas de lo que hacía (1 R. 1:5-6).

Los ingresos familiares medios para las amas de casa estadounidenses en hogares donde no hay padre es de 25.500 dólares. Esto es más o menos la mitad de los ingresos de todas las familias, y menos de la mitad del de las familias donde viven los dos padres. Además, ajustándonos a la inflación, esa cantidad también es inferior a los ingresos medios de las familias con dos padres en 1969 (39.800 dólares).[9]

Parece que una de las debilidades evidentes de David era su incapacidad para disciplinar a sus hijos. Los errores de David como padre condujeron a una serie de fracasos y de pecados en sus hijos.

Los padres siempre influyen en sus hijos, para bien y para mal. No hay nada que sustituya a unos padres que invierten, cuidan y aman a sus hijos, disciplinándolos cuando es necesario.

La religión pura y sin mancha delante de Dios nuestro Padre es esta: atender a los huérfanos y a las viudas en sus aflicciones, y conservarse limpio de la corrupción del mundo (Stg. 1:27).

Pero el amor del Señor es eterno y siempre está con los que le temen; su justicia está con los hijos de sus hijos, con los que cumplen su pacto y se acuerdan de sus preceptos para ponerlos por obra (Sal. 103:17-18).

Una de las grandes promesas de la Biblia es que la misericordia del Señor se prolonga de una generación a la siguiente, incluso hasta los hijos de nuestros hijos. Esto no quiere decir que los hijos de creyentes creerán automáticamente en Dios, sino que el amor divino y su bondad están accesibles a cada generación que siga el buen ejemplo dado por la anterior.

Los padres deben dar un buen ejemplo a sus hijos, incluyendo el servicio a los pobres y a los necesitados, como instruye Santiago. Deben aprender a no vivir solamente para ellos, y ser conscientes de que establecen un precedente que afectará a las generaciones venideras.

Pero tú [Timoteo], permanece firme en lo que has aprendido y de lo cual estás convencido, pues sabes de quiénes lo aprendiste. Desde tu niñez conoces las Sagradas Escrituras, que pueden darte la sabiduría necesaria para la salvación mediante la fe en Cristo Jesús (2 Ti. 3:14-15).

Timoteo llevaba aprendiendo las Sagradas Escrituras desde que era niño. Los niños pequeños pueden aprender las grandes verdades e historias contenidas en la Biblia que manifiestan el amor y el poder de Dios, y los padres cristianos tienen la responsabilidad, dada por Dios, de criar a sus hijos para que conozcan y amen a Dios y su Palabra.

La enseñanza dada a los niños pequeños quedará grabada en sus mentes y les dará un fundamento sólido sobre el que edificar. Esta formación podrá "darles la sabiduría necesaria para la salvación mediante la fe en Cristo Jesús".

7 ORACIÓN

Señor, no creo que haya un trabajo más difícil en el mundo que ser padre o madre soltero. Para hacerlo, __________ necesita una bendición extra de tu parte para ayudarle a recorrer el camino que tiene por delante. Te pido que estés con él/ella y sus hijos en todo momento y en todas las cosas…

Hijos adultos

RETRATOS 1

- Los padres de Roberto lo llaman todos los días. Quieren saber adónde va, con quién está, qué hace durante su tiempo libre, si fue a la iglesia, si ha ido "de fiesta", si tiene novia, y cualquier otro aspecto de su vida personal. La cuestión es que Roberto tiene 25 años. Una tarde acude a consejería diciendo: "No sé qué hacer. Cuando intento distanciarme un poco de mis padres, se ponen como locos, me acusan de ser un hijo desagradecido, actúan como víctimas y me fastidian mucho. Tengo independencia económica, vivo a tres horas de distancia de ellos, tengo una licenciatura y un buen trabajo, pero no hay forma de que entiendan que ya soy adulto".
- Cada mañana, Antonia se despierta, baja al piso inferior a preparar café y pone la televisión para ver el programa matutino. Una rutina típica; el único detalle extraño es que Antonia tiene 27 años y todavía vive con sus padres. Papá piensa que ya es hora de que se busque un lugar propio, pero mamá afirma: "¡Tal como está el precio de la vivienda, eso es tan ridículo como cruel!".

DEFINICIONES E IDEAS CLAVE 2

- Cuando los hijos cumplen los 18 años, se convierten en *adultos legales*, y los padres entran en lo que se llama la "*fase de lanzamiento*".
- La fase de lanzamiento es cuando los padres envían a sus hijos al mundo para que sean adultos *independientes con confianza en sí mismos*. La *incapacidad de lanzar* es cuando el hijo adulto se queda en casa, donde hasta cierto punto depende del apoyo y del cuidado de sus padres.
- Otro nivel de la fase de lanzamiento es lo que se llama *la generación del bumerán*. Esta expresión hace referencia al aumento reciente de adultos jóvenes, nacidos aproximadamente entre 1975 y 1987, que se van de casa y viven su vida, pero luego regresan a vivir con su familia de origen. Normalmente esta situación oscila entre la dependencia en un extremo hasta la independencia absoluta en el otro, incluso hasta el punto de que los padres cobran alquiler a sus hijos cuando estos vuelven a casa.
- Cuando los jóvenes llegan a ser adultos, es importante que los padres *dejen ir a sus hijos y confíen en Dios* aceptando que su hijo/a está bien preparado para tomar decisiones correctas basándose en la moral y en los valores que aprendió mientras crecía.
- Jesús dice: "Por eso dejará el hombre a su padre y a su madre, y se unirá a su esposa, y los dos llegarán a ser un solo cuerpo" (Mt. 19:5).

> En una encuesta, el 32 por ciento de los padres cuyo hijo menor tenía entre 20 y 34 años tenía como mínimo a un hijo viviendo en casa con ellos.[1]

Y aunque no habla de los adultos solteros, es importante observar que no dice que se queden con sus padres y dependan de ellos para satisfacer sus necesidades materiales y emocionales. Tampoco es normativo que los hijos vivan en casa hasta los treinta o cuarenta años, hasta que se casen.

- Por supuesto, cuando los padres empujan a sus hijos a vivir como adultos independientes, *no concluyen la relación con ellos; empiezan una nueva fase.* Es normal que los hijos adultos recurran a sus padres para recibir consejos para la vida cuando los necesiten.
- Aunque para muchos padres este es un momento alegre, un momento en que la satisfacción en su matrimonio y en sus vidas está al máximo, los padres que sobreprotegen a sus hijos lo ven con miedo. *A menudo se aferran con fuerza a sus hijos, temiendo que estos tomen malas decisiones o que dejen de lado a sus padres cuando lleguen a la edad adulta.* Los padres también pueden aferrarse a sus hijos por *miedo al síndrome del nido vacío,* por no querer enfrentarse a problemas matrimoniales no resueltos que han evitado durante muchos años al convertir a sus hijos en el centro de sus vidas.
- Aferrarse a los hijos adultos suele fomentar *el resentimiento y la rebelión*, y aumenta la probabilidad de que se rompa la relación entre padres e hijos.

3 ENTREVISTA DE EVALUACIÓN

Las preguntas siguientes sobre los hijos adultos y sus padres le ayudarán a tener cierta visión sobre la situación:

Preguntas para los padres

1. ¿Cuántos años tiene su hijo/a? ¿Vive en casa? ¿Depende económicamente de usted? ¿Cuánto dinero invierte para mantenerle, tanto mensual como anualmente?
2. ¿Su hijo/a depende emocionalmente de usted? Si es así, ¿cómo ha contribuido usted a esta dependencia? ¿Y él/ella?
3. ¿Depende usted emocionalmente de su hijo/a? ¿Qué teme que pase si su hijo se va de casa? ¿Qué evidencias tiene de que esto podría pasar?
4. ¿Cómo se preparan usted y su cónyuge para el día en que se vaya de casa su hijo/a?
5. ¿Sabe si su hijo/a se siente agobiado? ¿Y satisfecho? ¿Cuáles son los temores de su hijo/a al pensar en abandonar el nido?
6. Si su hijo/a no vive en casa, ¿con qué frecuencia está en contacto con él o ella? ¿De qué tipo de cosas discuten? ¿Cuándo van las cosas bien entre ustedes, y cuándo les estresan?
7. ¿Cree que trata a su hijo/a como a un adulto o como a un niño?
8. ¿Qué rol desempeña usted actualmente en la vida de su hijo adulto?

Preguntas para hijos adultos

1. ¿Vive en la casa de sus padres? Si es así, ¿alguna vez se ha mudado o se ha planteado hacerlo? ¿Depende económicamente de sus

padres? ¿Cuánto dinero le asignan semanalmente? ¿Les paga alquiler? ¿Lo abona puntualmente?

2. Si paga alquiler a sus padres, ¿se ha planteado independizarse económicamente? ¿Qué necesitaría concretamente para dar ese paso?
3. ¿Sus padres respetan su privacidad y su espacio? Si no es así, ¿cómo podría resolver la situación? ¿Siente que sus padres le tratan como a un adulto?
4. ¿Sus padres le piden consejos? ¿Cree que sus padres confían más en usted que el uno en el otro? ¿Cree que sus padres quieren que usted arregle los problemas de sus vidas?

CONSEJOS SABIOS 4

La escritora y experta en cuidado infantil Grace Ketterman dice: "Soltar a los jóvenes en el mundo de hoy es un proceso que da miedo. El proceso puede ser más tranquilizador si los padres recuerdan que transfieren a sus hijos del refugio de sus alas paternales al cuidado perfecto del Padre celestial".[2]

Como padres, tenemos la misión de instruir a nuestros hijos en los caminos del Señor. Esto incluye *infundir a nuestros hijos independencia y la forma de pensar de Cristo*, al darles la capacidad de tener control sobre sus propias vidas y entender cómo entregarlas a Dios. Es un proceso que da miedo y, en ocasiones, produce angustia, pero es la misión última de una buena educación.

Un caso práctico: Carlos y Miguel

Carlos, padre soltero, acudió a nosotros en busca de ayuda con su hijo rebelde de 19 años, Miguel. Carlos había oído que su hijo se emborrachaba en bares locales. "Y no solo es eso", nos dijo, "sino que encima Miguel se ha ido a vivir con sus amigos, en un lugar sin reglas, ¡donde su novia puede quedarse a dormir!".

"Seguramente le resulta muy difícil ver cómo su hijo toma esas decisiones", admitimos, "pero ahora Miguel es adulto. Tiene libre albedrío. Puede que tarde un tiempo en saber cómo usar esa libertad de forma responsable".

"¡No tire la toalla!", nos apresuramos a añadir. "La mejor manera de actuar es permanecer fiel a Jesús. En lugar de preocuparse, intente presentar a su hijo al Señor en oración. Ahí es donde su fe se hace real, cuando confía en Dios para obrar en el corazón y en la vida de Miguel. Lo más probable es que él acuda a usted en busca de ayuda, aunque puede que no lo haga hasta que su mundo empiece a venirse abajo".

También animamos a Carlos a escribir una carta a su hijo. Después de pensar mucho, Carlos escribió:

Querido Miguel:

Quería escribirte esta carta breve para decirte algunas cosas que considero importantes. Primero, quiero que sepas que siempre seré tu padre. Estaré ahí cuando me necesites, para darte guía, apoyo y amor, durante todos los días de mi vida. Sin embargo, también entiendo que eres adulto. Eres un hombre, y no tengo autoridad sobre ti ni sobre nada de lo que hagas. Como adulto, eres responsable de tus propias decisiones, tanto si te llevan al fracaso como al éxito. Espero sinceramente que encuentres la felicidad y el éxito. He hecho lo mejor que he sabido para criarte bien y enseñarte lo que creo que son lecciones importantes para la vida. Como sabes, no apruebo todas tus decisiones recientes, pero son elecciones tuyas, no mías, y las respeto. Aun cuando no apruebe tus decisiones, seguiré queriéndote, y siempre estaré ahí cuando me necesites.

Tu padre que te quiere,
Carlos[3]

Este mensaje es esencial. Tanto si un padre o madre dice esto verbalmente como por escrito, es importante que *deje libre a su hijo*, informándole de que ahora es una persona adulta que, si todo va bien, ha aprendido a aceptar las libertades y las responsabilidades de la vida con integridad y con carácter cristiano.

Cuando su hijo vaya por mal camino, los padres no deben perder la esperanza. Las Escrituras cuentan la famosa historia del hijo pródigo que malgastó su herencia en un estilo de vida que, según se nos invita a pensar, incluyó prostitutas, drogas y otras idolatrías (Lc. 15:11-32).

Las cifras del censo indican que el 56 por ciento de hombres y el 43 por ciento de mujeres entre 18 y 24 años viven con uno de sus padres o con ambos. Algunos nunca se han ido de casa, mientras que un 65 por ciento aproximadamente de recién licenciados universitarios han vuelto a la casa de sus padres.[4]

Aquel padre desesperado supo que su hijo estaba condenado a las malas decisiones, y comprendió que no tenía poder para cambiarlo. Sorprendentemente, el padre se mantuvo vigilante, accesible y amante. Cuando su hijo regresó, pidiendo perdón, el padre le puso un anillo en el dedo, una túnica sobre los hombros y organizó una fiesta en su honor.

Como el hijo pródigo, muchos hijos adultos pueden abandonar los valores de sus padres cuando se marchen de casa. Otros (sobre todo los hijos sobreprotegidos) pueden resistirse a irse de casa. Estos adultos, que a menudo tienen entre veintitantos y treinta y pocos años, prefieren vivir con sus padres sin pagar alquiler. Si un hijo adulto no quiere irse de casa, los padres deben encauzarle con amor por el camino correcto y pedirle que encuentre su propio apartamento y un trabajo para pagar sus gastos. A lo mejor a los padres les da la sensación de estar echando a su hijo a la calle, pero en realidad le ayudan a responsabilizarse de su propia vida.

Cuando usted ha guiado (no sobreprotegido) con éxito a su hijo hacia la edad adulta, su relación con él o ella empezará a cambiar gradualmente. El apóstol Pablo instruía a los hijos: "Pero si una viuda tiene hijos o nietos, que estos aprendan primero a cumplir sus obligaciones con su propia familia y correspondan así a sus padres y abuelos, porque eso agrada a Dios" (1 Ti. 5:4). Como dice la Biblia, nuestra relación con nuestros hijos es cíclica: cuando se hacen adultos, se supone que son ellos quienes deben cuidarnos y protegernos.[5]

PASOS PRÁCTICOS 5

Para los padres

1. Libere a su hijo

- Ahora que su hijo es adulto, debe concederle el mismo respeto que confiere a cualquier otro adulto. Puede que aún tenga que participar en su vida (y debe hacerlo), pero oficialmente ya no es el encargado de su disciplina ni su tutor. Conviértase más bien en su mentor, un consejero o guía de confianza.

2. Proporciónele apoyo y ayuda santos

- No tolere la conducta de su hijo/a que le resulte ofensiva.
- Rechace la conducta con amor. Sea claro al pedirle que cambie de actitud, pero sin condenar a su hijo.
- Respete la autonomía de su hijo y sus derechos. Ahora es adulto.
- Ore por su hijo y por su madurez.
- Si las cosas se descontrolan (si consume drogas, recurre a la violencia, cae en una depresión o una ansiedad debilitante, o corre el riesgo potencial de suicidarse), plantéese pedir ayuda de un profesional. Si tiene que pagar esos gastos, o parte de ellos, hágalo con un corazón de amor y establezca expectativas y límites responsables para todos los involucrados en el proceso.

El 10 por ciento de todos los estadounidenses mayores de 25 años vive con sus padres.[6]

Para el hijo adulto

1. Adquiera independencia económica

- Para salir de debajo de las alas de sus padres, usted tiene que volverse autosuficiente en el terreno económico. Busque a un asesor financiero que le ayude a desarrollar un plan de acción y a fijar metas para su nuevo futuro independiente (metas semestrales, y para un año, cinco años y diez años). Hoy día hay muchas iglesias que empiezan a introducir la formación y la educación financieras en los programas que ofrecen.
- *Proporcione a su aconsejado una lista de iglesias en la zona que ofrezcan formación y educación financiera para el individuo o en grupos pequeños. Un ministerio excelente es Conceptos Financieros Crown en http://www.conceptosfinancieros.org.*

2. Encuentre empleo estable

- Si actualmente no dispone de unos ingresos estables, encontrar trabajo debería ser una prioridad importante. Empiece a analizar las posibles ofertas laborales que aparecen en el periódico o en Internet. Es importante tener un trabajo que le guste; sin embargo, puede que durante un tiempo tenga que trabajar en algo que, simplemente, le dé para vivir.
- *Si en su zona hay alguna agencia de empleo, sugiérale que la visite.*

3. Encuentre un lugar donde vivir

- Una vez se haya asegurado unos ingresos estables, necesitará un lugar donde vivir. Búsquelo en su periódico local o en Internet.

Piense en la posibilidad de compartir un apartamento para reducir el precio del alquiler, los servicios públicos y otros gastos cotidianos.

4. Ore pidiendo sabiduría

- Ore a Dios pidiendo que le dé sabiduría, que dirija sus pasos y que le dé fuerzas mientras avanza hacia la independencia.

6 EJEMPLOS BÍBLICOS

Escucha a tu padre, que te engendró, y no desprecies a tu madre cuando sea anciana (Pr. 23:22).

Incluso de adultos, los hijos deben respetar a sus padres. Los padres son sabios. Sin importar lo mayores que sean los hijos: los padres siempre tendrán más experiencia de la vida.

Honra a tu padre y a tu madre, para que disfrutes de una larga vida en la tierra que te da el SEÑOR tu Dios (Éx. 20:12).

Este pasaje de Éxodo es uno de los versículos bíblicos más conocidos sobre la relación entre un hijo y sus padres. Honrar a los padres, incluso cuando el hijo ya es adulto, es el único mandamiento de Dios que tiene vinculada una promesa: "para que disfrutes de una larga vida en la tierra que te da Jehová tu Dios".

7 ORACIÓN

Oración para el hijo adulto

Dios bueno y misericordioso, tu santa Palabra dice que debemos honrar a nuestros padres. Ayuda a __________ a comprometerse a obedecerte en esto. Señor, ayúdale a superar el reto de ser el hijo/la hija de alguien y, al mismo tiempo, volverse autosuficiente. Te pido que estés con él/ella en medio de las dificultades que puedan darse a medida que la relación con sus padres avanza hacia la siguiente fase…

Oración para los padres de los hijos adultos

Amado Padre celestial, gracias por el don de la paternidad y por el hijo/la hija de __________. Ellos te aman mucho. Sigue guiándoles en la crianza de su hijo que ya es adulto. Quieren lo mejor para él/ella, y si obstaculizan el camino del crecimiento personal de su hijo/a, ayúdales a tener las fuerzas y la sabiduría para apartarse. Te pido que estés con ellos en medio de las dificultades que puedan surgir a medida que la relación con su hijo/a avanza hacia la siguiente fase…

Infidelidad y adulterio

RETRATOS 1

- Carolina quería confiar en Daniel. Recordaba constantemente que Daniel era buen padre y buen marido. Apartaba de su mente los pensamientos de que pudiera haber alguien más. Entonces, una mañana, mientras limpiaba la oficina de Daniel en casa, encontró un estado de cuenta de la tarjeta de crédito que detallaba los gastos en hoteles y restaurantes de Nueva York. Daniel no le había dicho que hubiera estado allí. Ella se sintió muy herida.
- Bárbara disfrutaba trabajando con su jefe Carlos. Mantenían conversaciones estimulantes y ella siempre se sentía respaldada. Estaba agradecida por tener una relación tan estupenda con él hasta que se convirtió en algo más. Se le llenaron los ojos de lágrimas cuando empezaba a relatar su aventura: "No recuerdo exactamente cuándo empezamos a sentir algo más el uno por el otro. ¡Nunca pensé que esto podría pasar!".
- Tomás fue a su reunión de secundaria sin su esposa Elena, que estaba en el hospital, enferma terminal de cáncer. En la reunión conoció a Serena, una antigua novia recién divorciada. Aquella noche saltaron chispas y terminaron pasando todo el fin de semana juntos, hablando de sus planes para casarse cuando falleciera la esposa de Tomás. La semana siguiente, la hija adolescente de Tomás interceptó y leyó una carta que le había enviado Serena. Enfrentándose a su padre, le gritó furiosa: "¿Cómo has podido hacerle esto a mi madre durante sus últimas semanas de vida?".

¿Es común el adulterio? Las estadísticas discrepan. Algunas dicen que dos de cada tres hombres casados y un 50 por ciento de mujeres casadas han engañado a su cónyuge. Otras sostienen que el adulterio afecta solo al 10 por ciento de matrimonios.[1]

DEFINICIONES E IDEAS CLAVE 2

- El adulterio se produce cuando una persona tiene *una relación sexual con alguien que no es su cónyuge*. Esta relación puede incluir o no un vínculo emocional.
- El adulterio también puede ser emocional. Aunque se comprende menos, el *adulterio emocional puede amenazar más* a un matrimonio que el adulterio físico. Se produce cuando el esposo o la esposa acuden a alguien fuera de su matrimonio en busca de apoyo emocional primario. Por ejemplo, cuando una pareja experimenta un conflicto, hostilidad o distanciamiento y el esposo o la esposa acude a un amigo del sexo opuesto en busca de compañerismo, apoyo y comunicación de información personal, es posible que se haya iniciado una aventura emocional.

> Donde hay matrimonio sin amor, habrá amor sin matrimonio.
>
> *Benjamin Franklin*

- Trágicamente, la infidelidad en el matrimonio *es cada vez más frecuente. Los cristianos tienen las mismas posibilidades* de ser tentados que los inconversos. Las mujeres tienen la misma probabilidad que los hombres de tener una aventura.
- *La mala comunicación, los conflictos sin resolver y las expectativas irrealistas* que conducen a la insatisfacción sexual son motivos clave para la infidelidad matrimonial. Cualquier necesidad percibida que no se satisfaga en el matrimonio buscará satisfacción en otra parte. Independientemente del motivo de la infidelidad, el meollo del asunto es la decisión de engañar a un cónyuge y de actuar en consecuencia.
- Los cónyuges pueden ser infieles porque están expuestos a situaciones *para las que no están preparados* o *no han establecido límites sabios.*
- La mayoría de infidelidades empieza gradualmente, *como amistades bienintencionadas.* Las personas involucradas no son conscientes de cómo cambia la relación hasta que se produce una conducta significativa, arriesgada.
- La infidelidad también puede nacer de la privación emocional padecida en la infancia, en la que una persona siente *un anhelo constante de aprobación y de atención.* Por ejemplo, si la esposa no satisface esa necesidad, el marido puede sentirse engañado y decepcionado, y buscará la atención fuera de la relación matrimonial.
- Muchos/as adúlteros/as creen que buscan amor cuando en realidad *pretenden sentirse mejor consigo mismos/as.*
- Una persona también puede ser infiel como *acto de venganza y de ira* contra su cónyuge (conscientemente o no). Se cree justificada para actuar de forma vengativa como respuesta a la traición del cónyuge o a otra herida real o percibida.
- Para algunos, a medida que aumenta su dinero y su posición de poder, se acrecienta también *el derecho que sienten tener a los placeres de la vida.* Por lo tanto, no es de extrañar que esto pueda extenderse también al ámbito sexual.
- En última instancia, el adulterio es *una decisión egocéntrica.* La persona ignora intencionalmente las necesidades de su cónyuge y los mandamientos de Dios, y lo hace para satisfacer sus deseos egoístas.
- En su raíz, el adulterio es *un estilo de vida engañoso.*

> Estudios recientes manifiestan que un 45-55 por ciento de mujeres casadas y un 50-60 por ciento de hombres casados practican el sexo extramatrimonial en algún momento de su relación.[2]

3 ENTREVISTA DE EVALUACIÓN

Para el cónyuge fiel

1. ¿Cómo descubrió la infidelidad? ¿Cuánto hace que lo sabe? ¿La sospechaba antes de confirmarla?
2. ¿Qué sentimientos le ha producido? (No es extraño que la persona sienta una variedad de emociones, desde desolación a resentimiento, pasando por la tristeza). A la luz de esta información, ¿qué siente que necesita ahora mismo?
3. ¿Qué quiere hacer con la relación con su cónyuge? (Subraye

que estos son sentimientos y reacciones normales y que, por el momento, lo mejor que puede hacer respecto al matrimonio es no divorciarse, aunque se busque una separación).

4. ¿Su cónyuge sigue viendo a la otra persona? ¿Cree que está dispuesto/a a romper esa relación y buscar cierta forma de reconciliación con usted? ¿Qué le parece la idea de reconciliarse? (Aunque quizá sea demasiado pronto para intentar reconciliarse, es importante evaluar al principio la actitud de la persona hacia esa posibilidad).

Para el cónyuge infiel

1. ¿Le ha confesado a su cónyuge su aventura? ¿Cómo puedo ayudarle a hacerlo? (Transmita al cliente que usted no le ayudará a seguir manteniendo la infidelidad en secreto).
2. ¿Qué le induce a hablar de esto ahora? ¿Empieza a torcerse su relación? ¿Sospecha su cónyuge?
3. ¿Cómo lo descubrió su cónyuge? ¿Amenaza con abandonarle? Y sus hijos, ¿lo saben?
4. ¿Quiere restaurar su matrimonio? ¿Está dispuesto a concluir su infidelidad? ¿Cree que la separación de su cónyuge es el único camino hacia la reconciliación? (No es infrecuente que el cónyuge infiel se sienta confundido/a respecto a lo que desea hacer, sobre todo si la aventura sentimental ha durado mucho o ha supuesto un fuerte compromiso emocional).
5. ¿Está dispuesto a analizar los motivos que dieron pie a la aventura? ¿Es consciente de qué necesidades intentaba satisfacer con esa relación?
6. ¿Cuáles son los efectos que tiene sobre su cónyuge su infidelidad? ¿Cómo le hace sentir lo que le ha pasado a él/ella? ¿Se siente en parte feliz o cree que está justificado que su pareja sufra? ¿Está dispuesto/a a aceptar la responsabilidad plena por sus actos sin echar la culpa a su cónyuge?
7. ¿Está dispuesto/a a poder dar cuentas de su tiempo y sus relaciones diariamente?
8. ¿Está dispuesto/a a buscar consejería profesional?

Según el cálculo más conservador, en Estados Unidos una de cada 2,7 parejas (unos 20 millones se ve afectada por la infidelidad. Esta cifra supone casi 4 de cada 10 maridos y 2 de cada 10 esposas.[3]

CONSEJOS SABIOS 4

Es posible sanar las heridas después de una infidelidad. Cada vez son más las parejas que recorren el camino para *sanar y restaurar* sus matrimonios. Para iniciar el proceso de sanación, ambos cónyuges tendrán que:

Establecer límites físicos y emocionales seguros para permitir que el tiempo alivie los *sentimientos de traición, rechazo y otras emociones negativas* que acompañan a la infidelidad. Restablecer la confianza exige tiempo y espacio, tanto física como emocionalmente.

Reconstruir cierto grado de confianza el uno en el otro al decirse la verdad y ser honestos y responsables el uno ante el otro. Es esencial que los dos miembros *cumplan su palabra*. Si un cónyuge promete hacer algo, tiene que cumplirlo. Por último, la confianza se puede reconstruir usando gestos de afecto y contacto no sexual para expresar *interés y afirmación*, si ambos cónyuges se dan permiso para participar de esta conducta.

Comprender qué provocó la infidelidad matrimonial. Esto exigirá un examen reflexivo y a menudo dilatado del patrón matrimonial que se ha desarrollado y cómo cada cónyuge ha contribuido en la ruptura del vínculo. Por difícil que sea, los cónyuges deben centrarse *en sus errores en lugar de criticar y culpar* a la otra persona por el problema de la infidelidad (y esto debe suceder después de que el cónyuge infiel se haya sentado a escuchar a su pareja inocente manifestarle su sufrimiento y su tristeza a consecuencia de lo que ha pasado, y haya aceptado responsabilidad hasta cierto punto).

Buscar tiempo para restaurar y enriquecer el matrimonio. El proceso de restauración conlleva identificar y *restablecer lo positivo* del matrimonio antes del adulterio; quizá el consejero tenga que ayudar a la pareja a remontarse a sus primeros años de matrimonio. El proceso de enriquecimiento conlleva aprender a introducir nuevas habilidades y conductas para fortalecer la relación.

Aconsejar al cónyuge fiel

Existe un proceso de duelo normal y a menudo cíclico, que definió por primera vez la Dra. Elisabeth Kübler-Ross, que tiene lugar cuando alguien ha sido herido profundamente.[4]

- *Conmoción y negación*: La fase "no, a mí no" se dice cuando el cónyuge herido no quiere aceptar la realidad de la infidelidad de su pareja. Es posible que niegue rotundamente los hechos sobre las actividades de su cónyuge.
- *Ira*: La fase "¿por qué yo?" es cuando la persona es consciente de que la han herido y puede expresar un profundo resentimiento o rabia contra el cónyuge infiel.
- *Negociación*: En la fase "si yo hago esto, tú harás lo otro", la persona quiere ver los cambios conductuales como una manera de eludir sufrimientos posteriores. Por ejemplo, él o ella dice: "Si te quedas, cambiaré", en lugar de abordar las implicaciones más profundas de la infidelidad.
- *Depresión*: La fase "ha pasado de verdad" es cuando la persona se da cuenta del verdadero impacto que ha tenido la infidelidad sobre el matrimonio, y se duele por la pérdida de lo que en otros tiempos fue la relación. El cónyuge herido se da cuenta de que deberá tomar una decisión respecto al futuro de la relación.
- *Aceptación*: La fase "esto es lo que pasó" es cuando la persona ha aceptado todas las consecuencias de los actos del cónyuge infiel y está preparada para seguir adelante.

Estas fases se pueden experimentar rápidamente, en un plazo de unas horas, o prolongarse durante días o meses, dependiendo del individuo. Usted tiene que *evaluar en qué fase se encuentra hoy la persona*, y mostrarse sensible para animarle cariñosamente a pasar al siguiente. *Nota*: Las fases del duelo se pueden experimentar en otro orden al indicado, varias al mismo tiempo, o es posible que la persona las repita muchas veces.

Exhorte a la persona a que *no tome inmediatamente decisiones a largo plazo*. No es extraño que un cónyuge traicionado desee acabar con su matrimonio porque le parece que el proceso de reconstrucción de la relación le exigiría demasiadas energías.

La *separación*, sobre todo si la infidelidad ha durado mucho tiempo, *puede ofrecer a las dos partes tiempo* y espacio emocional para procesar los sentimientos y aclarar la situación.

El objetivo de la separación es que la pareja *empiece a construir una amistad* y restablezca la confianza mutua. Puede ser necesario ayudar a la pareja a redactar un acuerdo de separación y asegurarse de que ambas partes lo respeten. Parte del acuerdo para salvar el matrimonio puede ser el llamado al ayuno y la oración, que es una justificación para la separación (ver 1 Co. 7:5).

> Aunque a menudo el proceso dure mucho tiempo, la sanación y la recuperación son posibles por medio de la obra del Espíritu Santo en nuestras vidas, porque Él sana, apoya y ayuda a los cónyuges a perdonarse y a reconstruir su matrimonio sobre un fundamento bíblico sólido.[5]

Consejos para el cónyuge infiel

- *Exija que revele los pasos que condujeron a la infidelidad*, y los detalles de la relación, así como cualquier información importante que estuviera oculta.
- *Solicite un examen médico* para descartar una enfermedad de transmisión sexual (ETS) o el sida (VIH).
- Recuerde a la persona que pasará por un *"síndrome de abstinencia"* cuando rompa su relación adúltera con la otra persona.
- Informe a la persona que necesita *vincularse de nuevo emocionalmente con su cónyuge* y pasar juntos todo el tiempo posible.
- La persona tendrá que empezar *un estilo de vida basado en rendir cuentas de lo que hace con todo su tiempo*, a fin de reconstruir la confianza.
- Informe a la persona que *restaurar el matrimonio llevará su tiempo, pero no le prometa que tendrá éxito*. El proceso de sanación exigirá nuevos patrones y el compromiso de aprender sobre uno mismo y sobre el cónyuge en un nivel más profundo.
- Informe a la persona que *pedir perdón conlleva la restauración* y un compromiso más sólido de amar y honrar a su cónyuge.

PASOS PRÁCTICOS 5

1. Orar

Ambos cónyuges: Busquen tiempo para orar a Dios cada día, para leer las Escrituras y pedirle la capacidad de crecer en sus actitudes y actos cristianos.

2. Privarse de contacto

El cónyuge infiel: No tenga ningún contacto con la otra persona involucrada en el adulterio. Como una adicción, la mejor manera es cortar de raíz. *(Concéntrese en esta meta en la consejería si el cónyuge infiel aún duda entre su cónyuge y su amante)*.

3. Comprometerse

El cónyuge infiel: Debe estar dispuesto a comprometerse radicalmente para recuperar la confianza que se ha perdido.

[Dios] restaura a los abatidos y cubre con vendas sus heridas.

Salmo 147:3

4. Inicie un nuevo estilo de vida

El cónyuge infiel: Comprométase con un estilo de vida de transparencia y de honestidad. Recuerde: su cónyuge tiene derecho a recibir respuestas sobre cualquier área de su vida.

5. Arrepentirse y revelar

El cónyuge infiel: Debe trabajar para llegar a un punto de arrepentimiento genuino y estar dispuesto a confesar sus pecados a su cónyuge, y revelar (sin entrar en detalles gráficos) lo que hizo para traicionar su matrimonio. Pida a su cónyuge que le indique el grado de detalle que necesite sobre el acto o actos ofensivos. Debe salir a la luz todo lo que tenga el potencial de perjudicar el matrimonio. Busque la opinión de su consejero sobre los detalles que serán beneficiosos para reconstruir la relación. No puede producirse una reconciliación auténtica sin que el transgresor se arrepienta sinceramente.

6. Perdonar

El cónyuge fiel: Comprométase con el proceso de perdón, que será un viaje con varios niveles. Tendrá que tomar decisiones diarias para seguir perdonando. El perdón puede darse incluso si su cónyuge no se arrepiente; la ausencia de arrepentimiento afecta a la reconciliación, pero no al llamado a perdonar y a seguir adelante.

No cometas adulterio.

Éxodo 20:14

7. Trabajar en la reconciliación

Ambos cónyuges: El perdón es un requisito, pero la reconciliación es condicional. Esta se basa en el remordimiento y el arrepentimiento genuinos. Si bien la Biblia nunca defiende el divorcio y aunque muchas parejas siguen juntas y sanan las heridas, es posible que algunas nunca sean capaces de superar el dolor.

8. Buscar consejos sabios

Ambos cónyuges: Tendrán que comprometerse a trabajar con su pastor o consejero profesional que pueda ayudarles a evaluar los problemas del matrimonio que pudieran contribuir a la infidelidad, y para que les asista en un plan de sanación o de reconciliación.

EJEMPLOS BÍBLICOS 6

Bebe el agua de tu propio pozo, el agua que fluye de tu propio manantial (Pr. 5:15).

Esta hermosa metáfora describe el gozo de la fidelidad matrimonial. "Beber el agua del propio pozo" refleja que las dos partes del matrimonio se pertenecen solo la una a la otra, cautivadas por el amor mutuo. Por el contrario, enamorarse de otra persona, caer en el adulterio, al principio puede parecer emocionante, pero acabará siendo una experiencia "más amarga que la hiel, y más cortante que una espada de dos filos" (Pr. 5:4).

La Palabra de Dios enseña claramente que los cónyuges deben mantener sus votos y el compromiso mutuo. El adulterio consiste en aceptar un amor falso, que perjudicará a todos los involucrados.

¡Bendita sea tu fuente! ¡Goza con la esposa de tu juventud! Es una gacela amorosa, es una cervatilla encantadora. ¡Que sus pechos te satisfagan siempre! ¡Que su amor te cautive todo el tiempo! (Pr. 5:18-19).

Pero al que comete adulterio le faltan sesos; el que actúa así se destruye a sí mismo.

La Biblia no habla en contra de la plenitud sexual; de hecho, en Cantar de los Cantares se exaltan el placer sexual y el amor matrimonial. La plenitud sexual en la Biblia siempre se retrata en los límites del matrimonio.

El adulterio es una gran tragedia, porque tiene consecuencias graves. Las personas que cometen adulterio ponen en peligro lo que han edificado a lo largo de toda una vida (matrimonio, familia, ministerio, respeto, honor).

El pecado sexual puede resultar muy atractivo, casi una tentación insoportable. La forma de vencer esta tentación es alegrarse en el matrimonio y satisfacerse con el amor del cónyuge. Incumplir este compromiso conducirá al sufrimiento, la tristeza y la autodestrucción.

Tiempo después pasé de nuevo junto a ti, y te miré. Estabas en la edad del amor. Extendí entonces mi manto sobre ti, y cubrí tu desnudez. Me comprometí e hice alianza contigo, y fuiste mía. Lo afirma el Señor omnipotente (Ez. 16:8).

Podemos hallar un gran consuelo en el hecho de que nuestro Padre celestial puede identificarse con el dolor de alguien que ha sido traicionado por un ser querido. Saber que Él nos entiende puede ayudarnos a confiar en Él en medio de nuestro dolor.

Ustedes han oído que se dijo: "No cometas adulterio" (Mt. 5:27).

Jesús, con esta cita de Éxodo 20:14, recordó a sus oyentes el mandamiento contra el adulterio. Luego dijo que mirar a otra persona con lascivia supone adulterar en el corazón. Jesús explicó que pensar en un acto es lo mismo que cometerlo, porque los actos empiezan en los pensamientos y en los deseos.

Dado que la lujuria y el adulterio se aceptan primero en la mente y en el corazón, los creyentes deberían evitar situaciones que provocan tentaciones.

7 ORACIÓN

Amado Señor, hoy presenciamos un gran sufrimiento. Las heridas y la traición afectan a este matrimonio. Señor, tú has prometido que estás cercano a los quebrantados de corazón, y que curarás sus heridas. Tú eres el Sanador, el Restaurador. Pedimos tu guía en esta situación dolorosa…

Intimidad espiritual

RETRATOS 1

- Ronaldo y Catalina mantienen una buena relación. Se ríen juntos, comparten sus esperanzas y sus sueños; incluso van a la misma iglesia. Pero no oran juntos ni hablan de Dios. De hecho, los asuntos espirituales en general son el único tema que parece prohibido en su relación.
- Carmen y Antonio tienen algunos problemas en su matrimonio. Discuten demasiado, son muy egocéntricos y saben que no apoyan a su pareja tanto como debieran. Antonio dice: "Sé que Carmen y yo no tenemos intimidad espiritual, pero como tenemos problemas en otras áreas nos parece hipócrita sacar el tema de Dios".
- Tina ha pasado por luchas espirituales, pero pensó que casarse contribuiría a mejorar su vida religiosa. Pensaba que ella y su esposo crecerían en su fe y, de forma natural, estrecharían sus vínculos espirituales. Pero en lugar de eso, se da cuenta de la poca importancia que tiene la espiritualidad en su vida de casada.

DEFINICIONES E IDEAS CLAVE 2

- *La intimidad espiritual en el matrimonio tiene que ver con las creencias esenciales sobre Dios, la fe y el matrimonio.* Aún más importante, la intimidad depende *del grado o profundidad en que los cónyuges (o quienes pretendan casarse) compartan estas creencias esenciales y se respeten.* El desarrollo de la intimidad espiritual es el proceso mediante el cual una pareja se ayuda mutuamente a crecer al forjar una relación más profunda y madura con Cristo y, como resultado de esa madurez, los cónyuges se acercan más mutuamente.
- Las parejas deben *comprometerse con el crecimiento espiritual* y ponerlo en práctica si quieren desarrollar la intimidad espiritual. Este compromiso *no tiene nada que ver con un plan para cambiar al cónyuge* según los proyectos del otro. Ambos cónyuges deben sentirse seguros hablando de temas espirituales personales. Las parejas con intimidad espiritual *se animan mutuamente* a crecer espiritualmente, *pero nunca se condenan por la falta de progreso,* ni intentan controlar el crecimiento de una forma manipuladora.
- Es posible que un esposo y una esposa crezcan espiritualmente pero sin compartir la intimidad espiritual. Muchas parejas tienen una unión económica, emocional y física, pero *están solas*

espiritualmente. El objetivo debe ser compartir con la pareja la vida y las prácticas espirituales propias.

- La intimidad espiritual resulta especialmente difícil para los cónyuges que se sienten indignos espiritualmente. Eluden los temas espirituales porque *se avergüenzan demasiado* de su forma de entenderlos, o *creen que la espiritualidad es una cuestión puramente privada*, que no se comparte ni siquiera con el cónyuge.
- El secreto de la intimidad espiritual para una pareja consiste en *crecer juntos en el camino de la fe.* El matrimonio es un tema cercano al corazón de Dios, hasta el punto de que Pablo lo definió como *un testimonio vivo de la relación entre Cristo y la Iglesia* (Ef. 5:31-32). Una pareja debe hacer planes para orar, adorar y estudiar la Biblia juntos. Cuanto más cerca de Dios esté una pareja, más cerca estarán el uno del otro. El matrimonio, cuando se comparte como Dios quiere, une nuestros corazones, de modo que nos convertimos en auténticas almas gemelas y amantes de por vida.

3 ENTREVISTA DE EVALUACIÓN

Para que una pareja empiece a construir su intimidad espiritual, tendrá que entender los fundamentos del estado y del viaje espirituales de su pareja. Se pueden hacer las preguntas siguientes a cada cónyuge, para comprender mejor este tema.

Las parejas que leen juntas la Biblia cada día tienen un índice de divorcios de solo uno entre 1.100.[1]

1. ¿Era religiosa su familia de origen? ¿Qué creen/creían sobre Dios, Jesús, la Iglesia, la oración y la Biblia? ¿Hablaban libremente de su fe y le animaban a crecer en la suya propia?
2. ¿Cómo, dónde y cuándo aprendió sobre el cristianismo? ¿Lee la Biblia o intenta saber más sobre la naturaleza de Dios?
3. Hábleme de su vida de oración. ¿Ora regularmente o sobre todo cuando está sumido en el estrés o una crisis?
4. Si pudiera hacerle una pregunta a Dios, ¿cuál sería?
5. ¿Su fe le ayuda en los momentos difíciles?
6. ¿Cree que existe diferencia entre la espiritualidad y la religiosidad? ¿Por qué o por qué no?
7. ¿Cuál ha sido la máxima experiencia espiritual de su vida?

Para conocer mejor las necesidades espirituales de cada uno, pide a los cónyuges que se hagan las siguientes preguntas el uno al otro:

1. ¿Cómo puedo ayudarte a crecer en la fe? ¿Qué puedo hacer para animarte a crecer espiritualmente?
2. ¿Te gustaría empezar una sesión regular para orar, estudiar la Biblia o meditar?
3. ¿Te sentirías cómodo/a si oráramos juntos?
4. ¿Cómo podemos adorar juntos a Dios?
5. ¿De qué maneras podemos servir a Dios juntos?

CONSEJOS SABIOS 4

La intimidad espiritual no es una actuación religiosa ni una exigencia conductual. El crecimiento espiritual no consiste en citar los versículos bíblicos correctos; no radica en decir lo que está bien, cantar los cánticos adecuados o incluso hacer lo correcto. Consiste en parecerse más a Jesucristo, algo que primero sucede en el interior y luego puede verse en el exterior.

La intimidad espiritual significa tener una pareja que le ayude a llegar a crecer espiritualmente y que le acompañe en el proceso. Por lo tanto, la intimidad espiritual y el matrimonio deberían ir de la mano. Acerca del matrimonio y de la espiritualidad, Gary Chapman escribió: "Para edificar un matrimonio duradero y satisfactorio, la relación con Dios es esencial. La vida cristiana es un viaje para asemejarnos más a Cristo. Cada uno de nosotros debe ser responsable de su propio crecimiento espiritual, pero el plan de Dios es que el esposo y la esposa se conecten espiritualmente".[2]

PASOS PRÁCTICOS 5

Las parejas pueden aumentar su intimidad espiritual de muchas maneras. Los siguientes pasos prácticos explican algunas.

1. Hablar, escuchar y compartir

- La intimidad espiritual no puede darse en una relación a menos que exista una comunicación sincera sobre los asuntos espirituales. Aparte un tiempo cada semana, aunque sea solo quince minutos, para hablar del crecimiento espiritual y las cosas de Dios.
- Los cónyuges deben poder hablar de:
  - lo que Dios hace y no hace en sus vidas
  - lo que han aprendido recientemente sobre Dios
  - las maneras en que Dios les habla o les guía
  - sus dudas o problemas de fe, incluyendo su sentimiento de desconexión con Dios
  - áreas espirituales en las que necesitan mejorar
- Las claves para escuchar incluyen:
  - Estar atento/a a lo que dice su cónyuge.
  - No condenar ni juzgar las luchas o los errores de su pareja.
  - Mostrarse comprensivo y alentador, subrayando la misericordia y la gracia divinas.
  - Si cree necesario compartir un punto de vista distinto, compártalo como su interpretación, no la de Dios. Y no de la impresión de que su cónyuge lo ha entendido mal.
  - Criticar a su cónyuge, incluyendo señalar sus pecados o sus creencias que le parecen equivocadas, no es una buena manera de edificar la intimidad espiritual.

> Las parejas que oran juntas regularmente tienen un índice de divorcios de uno entre 1.200.[3]

2. Oren, oren y oren un poco más

- Paul Tournier, en su libro *Armonía conyugal*, escribe:

> Felices las parejas que reconocen y entienden que su felicidad es un don de Dios y que pueden arrodillarse con su cónyuge para expresar su gratitud no solo por el amor que Él puso en sus corazones, los hijos que les ha dado o las alegrías de la vida, sino también por el progreso de su matrimonio, que Él lleva a cabo por medio de la dura escuela de la comprensión mutua.[4]

Las estadísticas informales revelan que solo un 4 por ciento de todos los matrimonios cristianos oran juntos.[5]

- Se dice que pocas empresas espirituales tienen un potencial tan grande como la oración conjunta para construir la intimidad espiritual.
- Si orar juntos no es su estilo, o les hace sentir incómodos, usted y su esposa pueden orar el uno por el otro diariamente, y luego comentar sus oraciones. Es probable que, con el tiempo, el mero hecho de hablar de la oración les ayude a orar juntos sin sentirse incómodos.
- Además, los siguientes consejos pueden ayudarle a minimizar cualquier incomodidad que puedan sentir al orar juntos. A menudo las personas parecen creer que para orar bien tienen que usar las palabras precisas, lo cual puede resultar intimidatorio.
  - Prueben a leer el libro de los Salmos juntos. Lean un pasaje y luego oren por el contenido de ese versículo.
  - En lugar de improvisar las oraciones, encuentren un libro de oraciones y órenlas juntos.

3. Estudien la Biblia y temas espirituales juntos

- Muchas parejas descubren que estudiar la Biblia juntos es una manera agradable de edificar su intimidad espiritual.
- La desventaja es que, a menudo, estudiar juntos requiere más tiempo que orar y, si ese estudio es más técnico que eficaz, puede parecer impersonal. Por ejemplo, pocas parejas se sentirán cercanas estudiando el argumento ontológico de la existencia de Dios. Anímeles a encontrar un buen estudio bíblico para parejas en su librería cristiana local.
- La clave para forjar la intimidad espiritual por medio del estudio de temas religiosos y espirituales es hacer una reflexión personal. Pregunte cómo nos convence, anima o desafía este pasaje bíblico concreto. Compartir y escuchar las reflexiones del otro son componentes clave para edificar la intimidad espiritual por medio del estudio.

4. Adoren y sirvan juntos

- La adoración es una parte esencial de la intimidad espiritual y es clave encontrar una iglesia en la que la adoración les lleve directamente a la presencia de Dios. En lugar de que el marido se vaya a un retiro masculino y la mujer a un grupo femenino, vayan juntos a las actividades religiosas.

- Asegúrese de que ambos participan activamente en el ministerio de su iglesia. Esto no solo significa estar juntos durante los cultos, sino ofrecerse voluntarios para los ministerios y hacer que la relación matrimonial sea una parte esencial de su identidad en la iglesia.
- Según Gary Chapman: "Como el servicio a Dios es tan crucial en la vida cristiana, también juega un papel importante en el desarrollo de la intimidad espiritual dentro del matrimonio. La intimidad espiritual aumenta mucho cuando el esposo y la esposa sirven juntos".[6]

EJEMPLOS BÍBLICOS 6

Estoy convencido de esto: el que comenzó tan buena obra en ustedes la irá perfeccionando hasta el día de Cristo Jesús... Esto es lo que pido en oración: que el amor de ustedes abunde cada vez más en conocimiento y en buen juicio, para que disciernan lo que es mejor, y sean puros e irreprochables para el día de Cristo, llenos del fruto de justicia que se produce por medio de Jesucristo, para gloria y alabanza de Dios (Fil. 1:6, 9-11).

Dios empezó una gran obra en cada cónyuge como individuo en el día en que nació. Pablo nos recuerda que Dios será fiel para concluir lo que empezó en cada uno de sus hijos hasta el regreso de Cristo. Cuando los cónyuges procuren conocer a Dios más íntimamente, serán llenos de conocimiento auténtico, amor verdadero y discernimiento, lo cual, a su vez, afectará a la relación matrimonial de una manera que agrade y dé gloria a Dios.

> Las prácticas religiosas fortalecen a los matrimonios. Cuando tienen hijos, las personas tienden a volver a los lugares de adoración que quizá hayan visitado poco desde que eran jóvenes.[7]

Por esta razón me arrodillo delante del Padre, de quien recibe nombre toda familia en el cielo y en la tierra. Le pido que, por medio del Espíritu y con el poder que procede de sus gloriosas riquezas, los fortalezca a ustedes en lo íntimo de su ser, para que por fe Cristo habite en sus corazones. Y pido que, arraigados y cimentados en amor, puedan comprender, junto con todos los santos, cuán ancho y largo, alto y profundo es el amor de Cristo; en fin, que conozcan ese amor que sobrepasa nuestro conocimiento, para que sean llenos de la plenitud de Dios (Ef. 3:14-19).

El amor verdadero se encuentra en conocer a Cristo y tener una relación personal con Él. Los matrimonios florecen cuando ambos cónyuges se centran en forjar la intimidad espiritual con Él, además del uno con el otro.

A los que me aman, les correspondo; a los que me buscan, me doy a conocer (Pr. 8:17).

Dios no está lejos de quienes desean conocerle. Cuando alguien busca a Cristo con diligencia y fervor, lo encontrará y verá su mano en su vida y en sus relaciones.

7 ORACIÓN

Padre, gracias por hacernos criaturas destinadas a la intimidad: física, emocional y espiritual. Señor, ayuda a esta pareja a parecerse más a Cristo y a construir la intimidad espiritual que refleje el corazón del propio Jesús...

Jubilación

RETRATOS 1

- Francisco se acerca ya a los cincuenta años, y se da cuenta de lo mal que ha planificado su jubilación. Solo ha ahorrado unos pocos miles de dólares. Siempre quiso dedicarse a este tema, pero sus buenas intenciones nunca se convirtieron en un plan de acción bien estructurado.
- Marcos tiene grandes planes para su jubilación. Quiere terminar de escribir una novela y viajar con su esposa, algo que todavía no han podido hacer. Pero, ¿cuándo podrá jubilarse? Y cuando lo haga, ¿podrá pagar los viajes que ha planeado? Como la mayoría de jubilados, cuando se sienta con un especialista en planificación, las cifras que tenía en mente se quedan cortas frente a las que necesita.
- Tras el divorcio, Susana se dio cuenta del poco dinero con el que contaba. Inmediatamente empezó a ahorrar y a invertir todo lo posible. En un plazo de diez años quiere pasar de trabajar a jornada completa a hacerlo a tiempo parcial, y al ritmo que lleva debería poder conseguirlo sin ningún problema.

DEFINICIONES E IDEAS CLAVE 2

- La jubilación debería ser *una recompensa de una vida bien vivida*, y por definición es el cese del trabajo o el empleo a tiempo completo. Requiere haber ahorrado el dinero suficiente durante el curso de una vida para cuidar de uno mismo y de su cónyuge, de modo que ambos puedan dejar de trabajar (o hacerlo en lo que realmente les gusta, tanto si eso les proporciona ingresos como si no), viviendo del interés y los beneficios del dinero ahorrado. A finales de la década de 1800, el káiser Guillermo I de Alemania fijó la edad de jubilación a los 65 años. Hoy día, dado que la gente vive más y disfruta de mayor salud, *muchas personas trabajan a tiempo parcial o completo hasta los setenta y tantos años o más.*
- En Estados Unidos, la plena edad de jubilación ha cambiado, y hoy día depende de la fecha de nacimiento. Aunque los individuos pueden comenzar a percibir ciertos beneficios de la jubilación a los 62 años, *la edad para jubilarse del todo ha aumentado.* Por ejemplo, para las personas nacidas en 1941, ahora la edad de jubilación es de 65 años y ocho meses; para los nacidos en 1957, es de 66 años y seis meses; y para los nacidos después de 1960, la edad es de 67 años, ¡y puede aumentar más! Para más detalles sobre las nuevas edades de jubilación en Estados Unidos, puede visitar la página web

del Seguro Social, en http://www.socialsecurity.gov/espanol/jubilacion2/aumentodeedad.htm.

- El 1 de julio de 2005, había en Estados Unidos unos *78,2 millones de personas nacidas durante el Baby Boom.*[1] Son las personas que nacieron entre 1946 y 1964. En 2006, *cada día 7.918 personas cumplían 60 años.* Eso supone 330 personas por hora.[2]
- En los próximos veinte años, los miembros de la generación del Baby Boom pasarán de ser trabajadores a jubilados. Este aumento inminente de jubilados se ha vuelto un motivo de inquietud por dos razones principales:

  Primero, se cree que *la población de jubilados aumentará mucho más rápido que el número de trabajadores que pagan impuestos.* Además, se calcula que los beneficios medios por jubilado seguirán aumentando. Tales circunstancias suponen fuertes presiones económicas para el gobierno federal estadounidense.[3]

  Segundo, algunos investigadores han cuestionado si los Baby Boomers han acumulado suficientes ahorros para pagarse una jubilación adecuada. La carencia de dinero no solo hará que esta generación no esté preparada para afrontar los gastos de la jubilación, también aumentaría los problemas presupuestarios del gobierno al limitar el crecimiento de las inversiones, la productividad y los sueldos (que impulsan los beneficios federales).[5]

La proporción de trabajadores que ahorran para su jubilación no ha variado desde 2001. Cuatro de cada diez personas de 55 años o más cuentan con menos de 100.000 dólares ahorrados para su jubilación.[4]

3 ENTREVISTA DE EVALUACIÓN

A continuación verá una serie de preguntas, separadas por categorías, que es importante que la gente se plantee cuando desarrollen o repasen sus planes para la jubilación.

Objetivos de la jubilación

1. ¿A qué edad desea retirarse del trabajo a tiempo completo?
2. ¿Qué quiere conseguir durante su jubilación? ¿Planea viajar cuando se jubile? ¿Hay algún pasatiempo o alguna afición a los que quiera dedicar tiempo cuando se jubile?
3. ¿Seguirá trabajando hasta que ya no sea capaz? ¿Y si se enferma? ¿Cómo afectará una enfermedad a su plan de jubilación?
4. ¿Planea que su cónyuge se jubile con usted?
5. ¿Dónde vivirá? ¿Vivirá solo/a o con familia?

La economía y los hábitos de gasto

1. ¿Usa tarjetas de crédito? ¿Alguna vez ha gastado demasiado con ellas?
2. ¿Necesita cambiar sus hábitos de compra a fin de ahorrar para el estilo de vida que quiere tener durante la jubilación? ¿Hay algunas áreas en las que podría reducir los gastos (por ejemplo, comer menos en restaurantes, hacer menos compras innecesarias).
3. ¿Ha marcado un presupuesto mensual y se ajusta a él? ¿Tiene

alguna deuda pendiente? (Ver también la sección Dinero y economía).

4. ¿Ha invertido dinero para su jubilación? ¿Qué parte de sus ingresos invierte para este fin? ¿Es más o menos de lo que planeaba ahorrar?
5. ¿Sus inversiones están en un punto, o acercándose a él, en que puedan cubrir los gastos de jubilación ahora o cuando planee hacerlo? ¿Hay otras oportunidades de inversión, o fuentes de ingresos que puede añadir a su fondo de jubilación?
6. ¿Ha puesto la máxima cantidad en un fondo 401(k) o en un Roth IRA o en algún otro fondo que le permite ahorrar en los impuestos que paga al gobierno?
7. ¿Participa en alguna inversión o proyecto de negocio que pone en peligro su plan de jubilación? ¿Están bien repartidas sus inversiones para la edad que tiene usted? ¿Rinden bien sus acciones y sus fondos de inversión?
8. ¿Convendría que consultara con un profesional para revisar sus inversiones?
9. ¿Tiene un seguro de vida a término? ¿Cree que un seguro de vida vitalicio es una buena inversión? (Muchos expertos discuten su valor).
10. ¿Sabe qué cobrará del Seguro Social cuando se jubile? (En Estados Unidos, si la persona no lo sabe, él o ella puede solicitar un documento del Seguro Social).
11. ¿Cuánto dinero anticipa que recibirá de un plan de pensiones? Si tiene un plan de pensiones, ¿sabe qué tipo de plan es y lo bien o lo mal que rinden las inversiones vinculadas a él?

La persona media que supera los 50 años se imagina quince años más joven de lo que es. Las personas no quieren verse como son realmente. Quieren ver lo que quieren ser.

Scott Gilbert

CONSEJOS SABIOS 4

La preparación por medio de la planificación sabia es el método demostrado para conseguir una transición laboral y vital correcta en el momento de la jubilación. Para muchos, marcará la diferencia en la categoría en la que encajará en el reto de desarrollo creado por el psicólogo Eric Erikson: en su vida posterior, una persona puede experimentar la plenitud de la "integridad del ego" o sucumbir al "desespero" porque no tiene dinero y es incapaz de seguir trabajando para mantenerse.

PASOS PRÁCTICOS 5

1. Tenga un plan de jubilación

- Disponer de un plan de jubilación no es solo una buena idea, es imperativo, sobre todo ahora, cuando es probable que el Seguro Social no pueda ofrecer el apoyo económico de años anteriores. Por lo tanto, si usted no aparta los fondos adecuados para la jubilación, puede que se encuentre sumido en problemas financieros en sus últimos años.

- Para evitar esto, no hay mejor momento que el presente para empezar a pensar, debatir y planificar la jubilación, o como quiera llamar a la transición en su vida laboral entre los 65 y los 70 años.

2. Invierta dinero en planes de ahorro para la jubilación

- Muchos miembros de la generación Baby Boom se ven obligados a demorar su jubilación o prescindir de ella porque no han ahorrado lo suficiente. Aunque retrasar la jubilación no figura en lo alto de la lista de cosas que usted desea hacer, existen incentivos importantes para las personas que necesitan incrementar sus ahorros para la jubilación.

> Al final de la Segunda Guerra Mundial, había 42 trabajadores en Estados Unidos que pagaban al Seguro Social por cada persona que recibía sus beneficios. Hoy día apenas tres personas contribuyen para cada receptor. Se calcula que hacia 2030, cuando la mayoría de Baby Boomers se habrá jubilado, solo dos personas contribuirán para cada individuo que reciba beneficios.[6]

3. Considere retrasar la jubilación

- Las personas que se jubilen a los 62 pueden esperar que vivirán otros veinte años. Por lo tanto, cada año que posponga la jubilación reducirá en torno al 5 por ciento la necesidad de ahorrar para ella. Además, un año más de trabajo le ofrece unos ingresos adicionales que puede ahorrar, aumenta sus beneficios del Seguro Social en varios puntos porcentuales, y proporciona un tiempo adicional para que maduren otras inversiones privadas.
- Cuando pensamos en los múltiples beneficios, la demora de la jubilación puede reducir significativamente la cantidad total de dinero que debe ahorrar hoy. Todo esto debe tenerlo en cuenta al planificar su jubilación; es un reto para cualquier persona de casi cuarenta años, y una obligación para cualquiera que los supere.

4. Consulte con un asesor financiero profesional

- Un consultor financiero cualificado y con experiencia podrá ayudarle a diseñar un plan que funcione para usted y su situación concreta. Tiene experiencia en la planificación y sabe qué funciona y qué no dentro de la estructura económica actual de la sociedad.

5. Hable con su pastor/mentor espiritual

- Tras diseñar el plan, hable con su pastor sobre cómo se ve a sí mismo en el ministerio con el paso de los años, de su pasión por servir a Cristo y de cómo ese plan le ayudará a cumplir ese ministerio. Su pastor también podrá pedirle cuentas sobre el cumplimiento del plan y ofrecerle su apoyo.

6 EJEMPLOS BÍBLICOS

A continuación hay unos pasajes del Antiguo y del Nuevo Testamento que son aplicables especialmente a las personas en edad de jubilarse.

Aun en la vejez, cuando ya peinen canas, yo seré el mismo, yo los sostendré (Is. 46:4).

Lo que quiero decir, hermanos, es que nos queda poco tiempo. De aquí en adelante los que tienen esposa deben vivir como si no la tuvieran; los que lloran, como si no lloraran; los que se alegran, como si no se alegraran; los que compran algo, como si no lo poseyeran (1 Co. 7:29-30).

Tanto si estamos en activo o jubilados, la Gran Comisión es hacer discípulos de los hombres y las mujeres de todas las naciones (Mt. 28:19). Tener esta actitud de cumplir la comisión de Cristo en el mundo ofrece esperanza y propósito en cualquier etapa de la vida, en especial a los jubilados.

Tener un propósito y transmitir un legado a las generaciones siguientes ofrecen un sentido de integridad y de esperanza a la persona jubilada. Desde una perspectiva eterna, no hay un llamado más importante que hacer discípulos de Jesucristo.

Él fortalece al cansado y acrecienta las fuerzas del débil. Aun los jóvenes se cansan, se fatigan, y los muchachos tropiezan y caen; pero los que confían en el Señor renovarán sus fuerzas; volarán como las águilas: correrán y no se fatigarán, caminarán y no se cansarán (Is. 40:29-31).

No nos cansemos de hacer el bien, porque a su debido tiempo cosecharemos si no nos damos por vencidos (Gá. 6:9).

El Señor te guiará siempre; te saciará en tierras resecas, y fortalecerá tus huesos. Serás como jardín bien regado, como manantial cuyas aguas no se agotan (Is. 58:11).

> Los trabajadores tienden a pensar que su vida tras la jubilación será mejor que la que tienen ahora, pero los jubilados confirman que su estándar de vida ha empeorado. Por ejemplo, un 26 por ciento de trabajadores dice que "se esfuerzan por llegar a fin de mes", pero solo el 16 por ciento piensa que vivirá así una vez jubilados. De los jubilados, un 20 por ciento "se esfuerza por llegar a fin de mes", mientras que un 16 por ciento describe de esta manera su vida previa a la jubilación.[7]

ORACIÓN 7

La vida está llena de transiciones, Señor, y tú las controlas todas. Ayuda a __________ a prepararse y a enfrentarse a la transición de la jubilación con gracia y con sabiduría. Bendícelo/la ahora que empieza esta nueva y emocionante fase de su vida…

Límites en el matrimonio

1 RETRATOS

- Roberto solo pretendía quedarse unos minutos, pero antes de darse cuenta arrastraba una escalera de mano por la casa de su suegra e instalaba bombillas. *Cada vez que vengo*, piensa, *se las arregla para darme trabajo.*
- "Se pasea por nuestra casa como si fuera la suya", dijo Pamela de su cuñada. "Ni llama antes ni usa el timbre; ¡abre la puerta y entra!". Cuando se le preguntó qué había hecho para impedir esto, Pamela dijo: "¿Qué puedo hacer? No quiero ser maleducada. Además, si le dijera que dejase de hacerlo, seguramente se haría la víctima".
- "¿Adónde vas?", preguntó Sonia, adormilada, a su marido, Tomás. Eran las cinco de la mañana, y por la mirada acongojada que le echó él, supo lo que había pasado: su jefe le había obligado a trabajar doble jornada, otra vez.

2 DEFINICIONES E IDEAS CLAVE

- Los límites son las *marcas relacionales* que indican *una barrera interpersonal o de otro tipo que no se puede cruzar sin el permiso* de la persona o entidad que la levantó. Tanto si se trata de una señal que refleje la ley y diga "Límite de velocidad, 50 km/h" como del conocimiento que hablar durante una obra de teatro es de maleducados, o de la valla de madera que separa su patio trasero del de su vecino, los límites y las normas que los regulan están presentes en todas las facetas de nuestras vidas.
- La Biblia describe los límites usando términos como *verdad*, *justicia*, *honestidad*, *rectitud*, *integridad* y *santidad*. Parece ser que para Dios los límites son los instrumentos que usa para proteger tres valores importantes: el amor, la libertad y la responsabilidad.
- Henry Cloud y John Townsend describen los límites que pone Dios en *The Bible of Hope*:

> Dios levanta barreras con su pueblo para fomentar una relación de amor. Ofrece estructuras que enseñan a las personas a amarle y seguirle. Dios dio los Diez Mandamientos para el bien del pueblo (Éx. 20:1-17). Usa los límites para hacer que la vida sea lo bastante segura como para que le correspondamos su amor.

Dios es la esencia del amor (1 Jn. 4:16). Los límites de Dios están muy claros entre lo que Él ama y lo que detesta. Por ejemplo, Dios ama la rectitud y la justicia (Sal. 33:5), a su pueblo (2 Cr. 2:11) y al mundo (Jn. 3:16). Al mismo tiempo, pone límites a su amor, y de hecho aborrece ciertas cosas (Pr. 6:16-19; Zac. 8:17).[1]

- Las personas podemos usar los límites para *fomentar el amor y la vinculación con otros*. Cuando las personas viven dentro de los *límites que ha impuesto Dios, pueden vivir seguras y confiar unas en otras*. Cuando caminamos en la verdad y la justicia, y pedimos lo mismo a otros, el amor florece.
- *Aprender a poner límites* es un aspecto importante de aprender a cuidarse, respetarse y amarse uno mismo.
- Algunos límites deben ser *firmes, incluso rígidos*, como el de "Nunca está bien que me pegues" o "No está bien que me robes dinero de la cartera" o "No está bien que me insultes o me hables sin mostrarme respeto".
- Hay otros límites más *flexibles*, como "A veces no pasa nada por llegar tarde" o "A veces está bien cancelar los planes" o "No pasa nada si de vez en cuando me piden un favor".

ENTREVISTA DE EVALUACIÓN 3

La persona a la que aconseja, ¿tiene unos límites saludables que contribuyan a crear relaciones respetuosas y amorosas? Estas son algunas de las preguntas que puede hacer:

1. ¿Siente que su cónyuge se aprovecha de usted? ¿Siente que algunas personas de la familia de su cónyuge se aprovechan de usted? ¿Hay personas en su vida, como sus padres, que parece que controlan su vida?
2. ¿De qué maneras se aprovechan de usted? ¿Quiere impedirlo? ¿Qué ha hecho, si es que ha hecho algo, para detener o cambiar esta situación? ¿Ha funcionado algo, aunque sea parcialmente?
3. ¿Descubre que dice que sí a cosas que no quiere hacer? ¿Alguna vez acepta hacer algo y luego lo lamenta? ¿Se siente a menudo incapaz de mantenerse firme?
4. ¿Cree que es importante tener límites personales? ¿Se respeta lo bastante como para fijarlos? ¿Le parece a menudo que el respeto por sí mismo es sinónimo de egoísmo?
5. ¿Su cónyuge sabe poner límites mejor que usted? ¿Le molestan los límites que pone su cónyuge para usted o para otros miembros de su familia?
6. ¿Tiene miedo de poner límites para otros? ¿En qué consiste ese miedo? ¿Cree que poner límites es una falta de amor? ¿De qué manera es esto cierto o falso?
7. ¿Puede identificar a algunas personas sanas y con éxito que tengan límites? ¿En qué difieren de las personas que no los tienen?

Mi esposa es ese tipo de mujer que no va a ninguna parte sin su madre, y su madre es capaz de ir a todas partes.

John Barrymore

8. ¿De qué maneras ha levantado y ha protegido algunos de sus límites personales con otros? ¿Lo ha hecho con sus propios padres? ¿Y con su jefe?

4 CONSEJOS SABIOS

Entienda los límites

A veces la gente no está preparada para poner límites porque no sabe cómo hacerlo. Utilice un enfoque graduado, con consecuencias cada vez más fuertes, empezando por algo relativamente nimio. Por ejemplo, si una persona desea establecer límites en una relación, pero no está dispuesta a abandonarla, no la invite a que diga "*Dejaré* la relación" caso de que la otra persona no respete sus límites. La consecuencia "haré esto o lo otro" debería ser algo que estuviera dispuesto a cumplir, como: "*Me iré* de casa, y te llamaré al día siguiente para hablar del problema".

Fijar límites no es hacer amenazas. Consiste en respetarse y amarse uno mismo, y comprender que Jesús hizo exactamente eso (se iba a menudo a orar a solas) cuando los discípulos y las multitudes reclamaban su atención.

Algunas personas pueden establecer límites demasiado rigurosos o malintencionados. Piense en la persona que puso el límite "*Si dices* algo que no me gusta, *te gritaré* y te insultaré". Es evidente que no todos los límites son positivos. Las personas deben tener en cuenta las maneras en que sus límites pueden herir a otros (y a sí mismas).

Fije límites nuevos

Los límites tienen una estructura sencilla, que ayuda a la persona a entenderlos y fijarlos. Cualquier límite tiene dos partes básicas. La primera es fijar el límite, y se llama la parte "si tú". La segunda es la consecuencia y la defensa del límite. Se llama la parte "yo haré".

Si tú. La parte "si tú" es la descripción de una transgresión inaceptable. Describe el límite concreto y cómo no debe superarse. Por ejemplo, si el límite de una persona dice que otra no debe tomar su auto prestado sin pedirle permiso antes, la estipulación "si tú" podría ser: "Si te llevas mi auto sin que te haya dado permiso… "

Yo haré. La parte "yo haré" de un límite detalla la acción que hará una persona para protegerlo. En ese sentido, usando el ejemplo del auto, la estipulación "yo haré" podría ser: "… te cobraré veinte dólares por cada hora que lo tengas, y tendrás que pagarme antes de volver a tomarlo prestado". Si esto no funciona, las consecuencias deberían agravarse: "… Informaré a la policía de que me han robado el auto y te denunciaré".

¿Le suena exagerado? No lo es, sobre todo si usted ya ha puesto un límite ¡que la otra persona sigue sin respetar! Si una persona se lleva sin permiso el auto de otra, incumple la ley y debe dar cuentas de sus actos.

Robar a la familia y a los amigos sigue siendo robar. Por supuesto, la persona que tiene la costumbre de llevarse el auto de otro tiene que estar bien informada del límite. Imagínese tomar prestado el vehículo de alguien, pensando que no le importaría, ¡y que le detenga la policía! Por lo tanto, es necesario transmitir claramente los límites propios a los demás.

Aquí vemos otros ejemplos de límites:

"*Si llegas* tarde a la cita, *no saldré* contigo".
"*Si me pegas, llamaré* a la policía y *pondré* una orden de alejamiento".
"*Si me gritas, dejaré* de hablar contigo".

No basta con *poner* límites, es necesario *obligar* a que se cumplan. Lo peor que puede hacer una persona es poner un límite y luego no poner en práctica la estrategia para que otros lo respeten. Si una persona no respeta sus propios límites, ¿por qué deberían hacerlo los demás?

PASOS PRÁCTICOS 5

1. Vea la necesidad de los límites

- Identifique áreas de su vida que manifiesten falta de límites.
- Analice los motivos para la falta de límites. Por ejemplo, ¿le da miedo ponerlos por si deja de gustar a los demás o le rechazan?

2. Observe a otros

- Forje relaciones con personas que tienen límites firmes y que le animen a poner los suyos propios.
- Piense que las personas de éxito y afectuosas siempre tienen límites firmes o claros.

> Los límites dentro del matrimonio no van destinados a controlar a otros, sino a ser responsables, de modo que las parejas sepan cómo protegerse y tengan la capacidad de amar a otros.[2]

3. Estudie las Escrituras

- Estudie las Escrituras y vea que incluso Cristo tuvo límites sólidos.

4. Fije sus límites

- Responsabilícese de sus problemas, y no se permita hacerse la víctima o culpar a otros. (*Por ejemplo, no es permisible que la persona diga "Me estoy arruinando porque Juan no deja de subir el termostato". Replantee el problema, de modo que se entienda el verdadero motivo: la persona se está arruinando porque no tiene un límite firme que impida a Juan subir el termostato).*
- Fije límites y establezca consecuencias con personas que son abusivas, manipuladoras, controladoras o que, de alguna otra manera, no respetan sus límites.
- Es bueno dar libremente, e incluso de forma sacrificada (en ocasiones) a las personas que necesitan ayuda genuinamente. Tener límites no significa que no pueda tener gracia, misericordia o compasión.

6 EJEMPLOS BÍBLICOS

No cometas adulterio... No codicies la casa de tu prójimo: No codicies su esposa (Éx. 20:14, 17).

No tendrás trato sexual con la mujer de tu prójimo, para que no te hagas impuro por causa de ella (Lv. 18:20).

Suegra: mujer que acaba con el sosiego mental de su yerno al decirle lo que piensa.

Si alguien comete adulterio con la mujer de su prójimo, tanto el adúltero como la adúltera serán condenados a muerte (Lv. 20:10).

La ley mosaica, incluyendo los Diez Mandamientos y toda la revelación dada en el Pentateuco sobre los límites que no se deben traspasar, la dio Dios para establecer una vida familiar y una sociedad saludables y moralmente eficientes. Por supuesto, esas leyes valoraban el matrimonio y hacían que fuera ilícito buscar y mantener relaciones sexuales con la esposa de otro. La gravedad de esta afirmación se ve claramente por la pena de muerte contra cualquiera que transgrediera esos límites matrimoniales y sexuales.

No desvíes tu corazón hacia sus sendas [las de la prostituta], ni te extravíes por sus caminos, pues muchos han muerto por su causa; sus víctimas han sido innumerables. Su casa lleva derecho al sepulcro; ¡conduce al reino de la muerte! (Pr. 7:25-27).

Resistir la tentación de la prostituta es un tema tan grave que Proverbios aborda cuatro veces el tema en los siete primeros capítulos (incluyendo el consejo de que uno satisfaga su deseo sexual con su propia esposa, en Pr. 5:15-20). Si pensamos en la epidemia moderna de la pornografía por Internet y la adicción sexual que afectan incluso a la Iglesia, es conveniente que todos los hombres (y sobre todo los cristianos) estudien a menudo estos pasajes y los obedezcan.

Goza de la vida con la mujer amada cada día de la fugaz existencia que Dios te ha dado en este mundo (Ec. 9:9).

La hermosura de este versículo radica en su descripción de la vida humana como algo vano (y toda la revelación de Eclesiastés es, en parte, un juicio sobre la vanidad inherente, la vida egocéntrica, de la que todos participamos), y en el desafío de vivir gozosamente con la esposa. Su cónyuge no se le ha dado para hacerle feliz. (Es estupendo si lo hace, pero todo aquel que haya vivido muchos años de matrimonio sabe que hay momentos en que ninguno de los cónyuges hace feliz al otro). En lugar de eso, lo que debe hacer es introducir gozo (que solo procede de Dios que obra en usted) en la relación que mantiene con su esposa. Este marco positivo de los límites ofrece una protección mucho mayor frente a la violación de los votos y los límites matrimoniales que el mero hecho de que Dios nos diga que no lo hagamos, lo cual también es necesario.

Otra cosa que ustedes hacen es inundar de lágrimas el altar del Señor; lloran y se lamentan porque él ya no presta atención a sus ofrendas ni las acepta de sus manos con agrado. Y todavía preguntan por qué. Pues porque el Señor actúa como testigo entre ti y la esposa de tu juventud, a la que traicionaste aunque es tu compañera, la esposa de tu pacto... "Yo aborrezco el divorcio" —dice el Señor, Dios de Israel (Mal. 2:13-16).

Es ya del dominio público que hay entre ustedes un caso de inmoralidad sexual... que uno de ustedes tiene por mujer a la esposa de su padre. ¡Y de esto se sienten orgullosos! ¿No debieran, más bien, haber lamentado lo sucedido... ? (1 Co. 5:1-2).

En la Biblia, la inmoralidad sexual es una transgresión importante e ilícita de los límites. Condujo a que el divorcio fuera fácil en Israel en tiempos de Malaquías, y proliferaba en la iglesia de Corinto, ciudad situada en una encrucijada comercial importante del mundo antiguo. Aquí hay dos verdades que cabe tener en cuenta. Una es con qué facilidad nos ciega semejante pecado, haciéndonos engañosos y arrogantes, y esto incluye el modo en que nos mentimos a nosotros mismos y a otros acerca de las bendiciones constantes que recibimos de Dios, y cómo nos ofendemos cuando Dios no responde a las oraciones o rechaza nuestras ofrendas. La segunda es la revelación de que Dios aborrece el divorcio (debido al modo en que destruye su pacto con nosotros y los votos matrimoniales con nuestro cónyuge), y la forma en que nos comportamos traicioneramente con nuestras esposas participando en un sexo ilícito con otras mujeres, y luego dejándolas a un lado recurriendo al divorcio rápido. En gran medida, esta dinámica revela el estado de nuestra cultura actual, incluso la cultura presente en demasiadas de nuestras iglesias.

Otros pasajes que puede estudiar acerca del tema de los límites son:

Éxodo 18:13-24
Proverbios 10:18
Mateo 5:37; 7:6; 18:15-20
1 Corintios 5:1-12
2 Corintios 9:6-7
Gálatas 5:1-23; 6:1-7
Efesios 4:25

ORACIÓN 7

Amado Señor, eres un Dios generoso y también un Dios de límites. Señor, ayúdanos a vivir con gracia y compasión, pero de tal manera que también mostremos amor por nosotros mismos al mantener unos límites saludables con nuestros seres queridos. Danos la sabiduría para ver cuáles son los límites correctos, y el grado adecuado de interacción a través de ellos...

Maltrato infantil

1 RETRATOS

- Judit nunca le ha contado a nadie lo que le pasó cuando era niña. Tenía la esperanza de que si guardaba silencio, el problema desaparecería. Después de todo, solo había pasado una vez. Nunca se lo dijo a sus padres, porque pensaba que no la creerían. Después de aquello, había evitado en todo lo posible a su tío. Pensaba sinceramente que no tenía sentido explicar cómo él abusó sexualmente de ella.
- Desde que tiene uso de memoria, Eva ha cuidado de sus tres hermanos menores. Aunque su madre nunca le pagaba, recuerda que "hizo de niñera" de los tres, incluyendo al bebé, desde que tenía siete años. Nunca entendió por qué las "trabajadoras sociales" se las llevaron una noche y les buscaron un hogar de acogida, mientras su madre estaba por ahí bebiendo y apostando.
- Cuando Ricardo era pequeño, sus padres casi nunca estaban en casa. Cuando lo estaban, le decían: "¡Ojalá no hubieras nacido!" o "¡Fuiste un accidente!". Ahora, a sus 26 años, Ricardo vive solo y experimenta un estrés extremo cada vez que alguien lo rechaza, aunque sea solo un poco. Por ejemplo, hoy una de las amigas de Ricardo pospuso la cita que tenían para almorzar porque tenía que trabajar. Aunque Ricardo entiende racionalmente que su amiga se interesa por él y no le esquiva, se siente muy rechazado. Pasan por su mente recuerdos de su infancia, que él enseguida intenta disipar.

2 DEFINICIONES E IDEAS CLAVE

Se calcula que hay 906.000 niños que son maltratados cada año. El índice que esto supone es de 12,3 niños por cada 1.000.[1]

- El maltrato infantil abarca *las lesiones físicas infligidas a un niño que no son accidentales* e incluye la crueldad intencionada y el castigo físico ilícito o injustificado que deja lesiones. La definición también incluye *el uso o abuso sexual* de un niño para obtener la gratificación personal, y *la desatención de la seguridad y la nutrición básicas de un menor.* El maltrato puede tener lugar en el hogar del niño o en cualquier circunstancia en la que este crezca.
- Los niños maltratados *se encuentran en todos los niveles socioeconómicos.* El abuso y la desatención *son experiencias profundamente destructivas* para los niños. Los síntomas como la irritabilidad, la actitud desafiante, el mal rendimiento académico, los problemas de salud, la promiscuidad sexual, el consumo de alcohol, tabaco y drogas y la huida del hogar son actos frecuentes de niños que han padecido abuso o desatención.

- *La depresión, los trastornos de pánico, los trastornos disociativos y los intentos de suicidio* (trastornos graves de muchos tipos) pueden ser también el resultado del abuso.
- La Biblia recoge episodios de abuso infantil:
  - Faraón, el rey de Egipto, ordenó a las parteras hebreas que matasen a todos los niños hebreos (Éx. 1:16, 22).
  - Acaz sacrificó a sus hijos en el fuego (2 Cr. 28:3).
  - Ezequiel 16:5 habla de la práctica pagana de abandonar a los niños en el campo, dejándolos expuestos a los elementos.
  - El rey Herodes esperaba matar al Mesías ordenando matar a todos los niños menores de dos años alrededor de Belén (Mt. 2:16).
- El investigador experto John Briere clasifica el trauma infantil como abuso por omisión o por comisión.

  Omisión. Según Briere, la omisión conlleva *la desatención de un niño* por medio de la falta de atención de los padres y la ausencia psicológica o física de estos. La omisión, descrita como "el gran trauma no reconocido", hace que un niño no reciba la estimulación social normal, las palabras de aliento o el apoyo de sus padres. Además, en el caso de la omisión, no existen interacciones entre padres e hijos que fomenten en el hijo la consciencia de sí mismo, la seguridad y la opinión adecuada de otros.[2] Por último, la investigación llevada a cabo por el experto John Bowlby muestra que la desatención es una experiencia traumática grave, que priva al niño de la satisfacción de su necesidad innata de nutrición y de amor.[3]

  Comisión. La comisión es *un acto de abuso que puede ser psicológico, físico o sexual* y que va dirigido al menor. Este abuso constituye el factor de riesgo más prominente para el desarrollo de un trastorno mental de cualquier tipo, porque genera problemas a largo plazo de apego y desapego que distorsionan las percepciones esenciales que tiene la persona de sí misma, de otros y del mundo.[4]
- Otra forma de abuso es *vicaria*, y tiene lugar *cuando los hijos viven en hogares donde existe violencia doméstica.* Puede que el niño no sea la víctima directa del contacto físico, pero queda traumatizado al ver cómo un miembro de su familia, al que ama y que lo cuida, sufre a manos de un abusador. Los niños víctimas de abusos indirectos padecen consecuencias parecidas a las antes mencionadas.
- *El abuso sexual* tiene lugar cuando *una persona explota a otra* para satisfacer sus deseos. Consiste en cualquier actividad sexual, verbal, visual o física. La mayoría de las veces el abuso sexual lo perpetra un adulto que tiene acceso a otros en virtud *de una autoridad* o relación familiar *real o virtual.*
- Dado que *el niño a menudo conoce e incluso quiere al abusador,* la confusión y el perjuicio emocionales pueden ser intensos. Las estadísticas dicen que a los dieciocho años de edad, una de cada tres muchachas y uno de casa seis muchachos habrán padecido abuso

sexual por parte de alguien a quien quieren o en quien deberían poder confiar.[5]

- *Las consecuencias del abuso sexual infantil son muy graves.*

En ocho de cada diez violaciones, la víctima conocía al violador.[6]

Físicas:

- Se ha asociado un gran número de síntomas físicos y enfermedades crónicas con la victimización sexual, incluyendo: el dolor pélvico crónico, el síndrome premenstrual, trastornos gastrointestinales y una variedad de trastornos de dolor crónico, como dolores de cabeza, de espalda y faciales.
- Entre el 4 y el 30 por ciento de las víctimas de abuso sexual y violación contrae enfermedades de transmisión sexual, como el VIH.[7]
- Un estudio longitudinal realizado en Estados Unidos calculó que más de 32.000 embarazos al año son fruto de la violación y del abuso sexual.[8]

Psicológicas:

- Las reacciones inmediatas al abuso sexual incluyen el choque, la incredulidad, la negación, el miedo, la confusión, la angustia y el retraimiento. Las víctimas también pueden experimentar desapego emocional, trastornos del sueño y recuerdos recurrentes del hecho traumático. Más o menos una tercera parte de las víctimas padecen síntomas que se vuelven crónicos.
- A menudo las víctimas sienten ansiedad, culpabilidad, nerviosismo, padecen fobias, abusan de sustancias, tienen trastornos del sueño, depresión, alienación, tendencias suicidas y disfunciones sexuales. A menudo desconfían de otros, reviven mentalmente la agresión y padecen un riesgo elevado de volver a ser víctimas.

Según un análisis de los registros estatales en Estados Unidos, 86.830 niños padecieron abuso sexual en el año 2001.[9]

Sociales:

- El abuso sexual puede crear tensión en las relaciones debido a su efecto negativo sobre la familia, los amigos y la pareja íntima de la víctima.
- Las víctimas de la violencia sexual tienen una mayor probabilidad que las no víctimas de participar de una conducta sexual arriesgada, incluyendo la práctica del sexo sin protección, la práctica del sexo a una edad muy temprana, tener múltiples parejas sexuales y ofrecer sexo a cambio de alimentos, dinero u otros artículos.
- Las víctimas tienen una probabilidad mayor que las no víctimas de participar en otras conductas arriesgadas, como fumar, comer en exceso o consumir alcohol, y es menos probable que usen cinturones de seguridad en los vehículos.

3 ENTREVISTA DE EVALUACIÓN

Cuando usted aconseja a una persona que ha padecido abuso sexual, debe conocer su deber de informar de ello y los límites de su confidencialidad de acuerdo con la ley.

La responsabilidad del consejero

- El abuso sexual *es ilegal y debe informarse de él si la víctima es menor de edad.* Debe *informar de ello a las agencias oportunas*, como la policía local, el departamento de servicios sociales y sanitarios o los servicios de protección al menor.
- Debe informar *dentro de un periodo de tiempo determinado*, normalmente entre 24 y 72 horas desde el momento en que conoció el hecho. Aunque la persona no admita ser víctima de un abuso pero usted tenga una sospecha fundada de que ha sido así, debe *consultarla con el agente adecuado.*
- Descarte todo *riesgo de suicidio, depresión o problemas médicos* (sobre todo si el abuso fue reciente).
- Evalúe el *tipo de abuso* que ha tenido lugar, su grado y su historia. A veces la persona *busca ayuda para otros problemas* que, de hecho, se entroncan en un abuso anterior.
- Tiene que hacer que la víctima hable del meollo del abuso. Sin embargo, tenga cuidado para no traumatizar de nuevo a la persona con sus preguntas. La confianza y la seguridad tienen una importancia vital.

Ser víctima de un abuso supone que nos toque el mal. El abuso crónico en la infancia perjudica el cuerpo, la mente, las emociones y la capacidad de relacionarse con otros.

Diane Langberg

Preguntas para la víctima

Las preguntas siguientes son las más adecuadas para una víctima de maltrato infantil que ahora ya es adolescente o adulta. Por supuesto, estas preguntas variarán en función de a quién entreviste usted y de la edad de la persona.

1. ¿Cuál es el motivo de su visita? ¿Es la primera vez que busca ayuda? ¿Qué quiere conseguir como resultado de esta conversación? ¿Qué espera que suceda?
2. Hábleme de su familia. ¿Cómo van las cosas en su hogar?
3. Hábleme de su pasado. ¿Le han ocurrido cosas dolorosas o inusuales, aunque sea hace mucho tiempo? ¿Durante cuánto tiempo se prolongaron? ¿Se lo contó a alguien o intentó hacerlo?
4. ¿Puede decirme quién le hizo esto? (Si la persona se muestra reticente, explíquele que tiene que saberlo para poder ayudarla, así como ayudar a otros que puedan ser víctimas y al abusador. Además, si la víctma es menor y sigue en contacto con el abusador, hay que dar pasos inmediatos para protegerla).
5. ¿Le ha contado esto a alguien? ¿Cómo reaccionó esa persona? ¿Sabe si otros (hermanos, primos) padecen abuso?
6. ¿Qué problemas tiene hoy día como consecuencia de lo sucedido? (Haga una lista de los efectos del abuso sobre la víctima. Por lo que respecta a la historia o a las consecuencias del abuso, no hay dos personas iguales. Sea consciente de que las víctimas tienden a quitarle importancia al impacto del abuso).

Según una encuesta en Estados Unidos entre alumnos de secundaria, aproximadamente un 9 por ciento informó de haber sido obligado a mantener relaciones sexuales en contra de su voluntad.[10]

7. Dígame cómo se siente respecto a lo que le ha pasado. (La persona necesita tener permiso para sentir sus verdaderas emociones).
8. ¿Se siente responsable del abuso, piensa que es culpa suya? (Asegure a la víctima de que no está sola y de que no es responsable de la agresión).
9. ¿Qué tipos de límites cree que debe fijar para protegerse? ¿Quién puede ayudarle a mantenerlos en su sitio? ¿Quién será su aliado?
10. ¿Alguna vez ha intentado detener el abuso? ¿Qué pasó? ¿Cree que ya ha acabado?
11. ¿Qué opinión tiene de sí mismo/a? (Busque opiniones insanas que sean consecuencias del abuso. Por ejemplo, ¿qué piensa la víctima sobre ella misma dado que permitió que el abuso se repitiera?).
12. ¿Qué piensa de la persona que abusa de usted (o lo hizo en el pasado)? (Busque racionalizaciones, como "No pudo evitarlo, estaba borracho". Estas defensas han ayudado a la persona a afrontar el problema, pero también le han vuelto menos capaz de verse como una auténtica víctima de un abuso).
13. ¿Qué le gustaría que pasara como resultado de nuestra reunión hoy?
14. ¿Qué tiene que pasar para que usted pueda superar esto?

4 CONSEJOS SABIOS

Las personas que han padecido abuso han visto cómo otro individuo violaba sus límites de una forma espantosa. Curarse del abuso *conlleva la restauración de los límites saludables y de la confianza.*

El proceso de consejería debe ser sensible, y no contribuir sin quererlo a producir nuevas heridas o a avergonzar a la persona. Siga la pauta que él o ella le marque, dejándole que cuente su historia. Asegúrele que el abuso *no fue culpa suya.*

A menudo, una de las preguntas que hace la víctima de un abuso es "¿Por qué a mí?". A veces el abuso sexual genera sentimientos de *indignidad, indefensión y desesperanza.* Busque la manera de *presentar a Dios como ayudador y como recurso asistencial* para la víctima.

En su calidad de consejero, tiene que evitar identificarse en exceso con la víctima, *y mantener a raya su propia ira*, de modo que pueda ofrecerle un entorno seguro en el que pueda compartir con libertad sus sentimientos.

5 PASOS PRÁCTICOS

El tratamiento es imprescindible para las víctimas del abuso infantil. La mayoría necesitará cierto tipo de ayuda médica y/o psicológica. Sin embargo, el primer paso consiste en detener el abuso. Esto podría conllevar procesos legales para arrestar al perpetrador.

Nota: Los consejeros que sospechen que se ha abusado de un niño deben transmitir esta información a los servicios de protección del menor. Aunque usted no sea un denunciante autorizado, debería revelar la información a su pastor o a alguien que pueda buscar ayuda profesional para la víctima. Esta debe contar con un abogado externo a la familia para defender sus derechos y sus necesidades. Este es el motivo de que el tribunal nombre a un tutor *ad litem* en beneficio del niño.

Durante el tratamiento, debe tener en cuenta tres cosas:

- El problema es tratable, y la víctima del abuso podrá superarlo.
- La persona no es responsable del abuso; solo lo es de su propia recuperación.
- Para curarse, la persona tiene que expresar, aceptar y estar preparada para gestionar sus sentimientos.

1. Sea paciente

- Curarse del abuso sexual es un proceso; la cantidad de tiempo necesaria para sanar variará de una persona a otra.
- Hace falta valor para buscar ayuda a fin de curarse, hablar de la experiencia y sacar a la luz lo que antes estaba en la oscuridad.

Para los supervivientes de un abuso es muy curativo saber que Jesús también tuvo un cuerpo del que abusaron. Lo golpearon, le escupieron, lo humillaron y lo desnudaron delante de otros. El Sanador, que lleva cicatrices eternas, conoce el sufrimiento del abuso.

Diane Langberg

2. Lamente su pérdida

- Le han quitado mucho, de modo que está justificado que sienta el dolor y lamente la pérdida.
- Permitirse sentir le ayudará a recuperar parte del poder que necesita.

3. Recupere la seguridad o el control

- El hecho de que otros le crean y pueda contar lo sucedido han sido los primeros pasos.
- Tiene permiso para mantenerse firme, decir que no, adquirir poder sobre la persona que lo ha ejercido sobre usted.

4. Encuentre ayuda

- Asistir a un grupo de supervivientes del abuso o la desatención puede ser un paso siguiente excelente.

5. Establezca límites

- Ahora tiene que aprender a cuidar de sí mismo y restablecer unos límites saludables. ¿Cuáles son esas fronteras sanas que necesita establecer?
- Asegúrese de que hay personas de confianza que conocen esos límites. Este es el motivo de que otros tengan que saber lo que está pasando, por muy doloroso que resulte. Puede que usted necesite su ayuda para tratar con el abusador.
- El establecimiento de límites puede adoptar tres formas: (1) decir la verdad al abusador; (2) contar con el apoyo de otros miembros de la comunidad cristiana; y (3) el alejamiento informado del abusador.
- Si el abusador no respeta los límites, habrá que recurrir a otras estrategias, incluyendo los límites impuestos por un juez.

6. Crea que se curará

- Le espera un futuro brillante. Usted no es una víctima, sino un superviviente.
- Puede que haya perdido mucho, pero no está "arruinado" para el futuro.

7. Vuelva a confiar en Dios

- Sepa que Dios no lo ha abandonado, y que no obraba contra usted cuando tuvo lugar ese abuso.
- Planifique algunas otras visitas para hablar del concepto espiritual del amor de Dios, incluso en medio de unas circunstancias dolorosas.
- Crea que Dios puede sanarlo y convertir su tristeza en una paz y una serenidad auténticas.

8. Busque ayuda profesional

- *Aunque usted puede ayudar con la consejería y con la instrucción espiritual, la víctima de la familia puede necesitar ayuda profesional para gestionar adecuadamente la profundidad del dolor que causa el abuso o la desatención.*
- *Remite a la persona a un consejero cristiano que tenga experiencia en este área.*

6 EJEMPLOS BÍBLICOS

Cuando la vio Siquén, que era hijo de Jamor el heveo, jefe del lugar, la agarró por la fuerza, se acostó con ella y la violó (Gn. 34:2).

Siquén primero "se acostó" con Dina y "la violó", y luego afirmó que la amaba y que deseaba casarse con ella.

Un joven puede creer que está enamorado. Sin embargo, obligar a una mujer a acostarse con él, la viola y abusa de ella. Esto no manifiesta ni pizca de amor.

Las consecuencias de ese abuso, por mucho que uno intente justificarlo, llegan lejos y son destructivas.

Es verdad que ustedes pensaron hacerme mal, pero Dios transformó ese mal en bien para lograr lo que hoy estamos viendo: salvar la vida de mucha gente (Gn. 50:20).

Si alguien tenía un buen motivo para vengarse, era José. Los celos de sus hermanos les llevaron a abusar de él de un modo espantoso: lo vendieron como esclavo para que se lo llevaran lejos para siempre (Gn. 37:11-28). Antes de alcanzar el poder en Egipto, José perdió trece años de libertad personal.

José, sabiamente, entendió que Dios tiene el control de todo, aun cuando no veía el plan divino. José entendió que Dios haría que el mal que le habían hecho se volviera en bien.

Y Dios hará lo mismo para las víctimas del abuso. Ojalá esto sea de ánimo para quienes lo han padecido y les ayude a recuperar su voz personal y su poder en el proceso de sanación.

No tomen venganza, hermanos míos, sino dejen el castigo en las manos de Dios, porque está escrito: "Mía es la venganza; yo pagaré", dice el Señor... No te dejes vencer por el mal; al contrario, vence el mal con el bien (Ro. 12:19, 21).

Dios sabe todo lo que ha sucedido en nuestras vidas. Estuvo presente en las tinieblas y sigue caminando con nosotros. Las ofensas que cometieron contra nosotros también lo ofenden a Él.

Dios promete vengarse. Nuestra misión es curarnos. No permita que el maligno lo venza; no conceda al abusador tanto poder en su vida. Venza el mal haciendo bien a otros y a sí mismo.

Así sabrán todas las iglesias que yo soy el que escudriña la mente y el corazón; y a cada uno de ustedes lo trataré de acuerdo con sus obras (Ap. 2:23).

A veces la gente piensa que puede ocultar partes de su vida a todo el mundo. Intentan esconder temperamentos irascibles, celos profundos o pecados sexuales.

En su mensaje a la iglesia de Tiatira en el versículo anterior, Cristo afirmó claramente que ante sus ojos no hay nada oculto.

El abuso que usted padeció no ha escapado a la vista de Dios. Quizá el abusador ha pensado que se ha salido con la suya, pero Dios lo sabe, y promete que juzgará en consecuencia.

ORACIÓN 7

Señor, hoy nos enfrentamos a una situación extremadamente difícil, una situación que tú ya conoces, pero que ahora está saliendo a la luz para las personas a las que conocemos y amamos. Danos sabiduría para manejar correctamente esta situación. Trae sanidad a este/a hijo/a tuyo/a, a quien han tratado tan mal. Acércalo a tu persona, porque de ti abusaron injustamente, y te mataron, y sabes exactamente cómo hace sentir eso...

Matrimonios a prueba de divorcio

1 RETRATOS

- Susana y Samuel quieren un matrimonio que dure toda la vida. Como son muy proactivos, cada año acuden a consejería y preguntan: "¿Qué podemos hacer para asegurarnos de que nuestra relación matrimonial se mantiene sana?".
- Norma quedó devastada cuando le dijo a su marido que dejara de ver pornografía en Internet y de chatear con desconocidas. Durante semanas, con la ayuda de amigos y del grupo de apoyo de la iglesia, estuvo reuniendo el coraje para decírselo. Acude al grupo llorando y desesperada, porque su marido se marchó de la casa al día siguiente de que ella le echara en cara su conducta. En una semana ella y su esposo planean reunirse con el pastor.
- Cuando eran recién casados, Daniel y Sara eran muy optimistas acerca de su relación. Ahora que llevan unos años casados, se dan cuenta de que algunas de las expectativas que tenían de su pareja no se cumplen. Sara ha acudido en busca de ayuda a una pareja de mentores de su iglesia.

2 DEFINICIONES E IDEAS CLAVE

- Hoy día son demasiados los matrimonios que acaban en separación o en divorcio. El matrimonio a prueba de divorcio significa *hacer que esta relación sea saludable y segura*. También exige un compromiso y una inversión para *trabajar correctamente en la relación matrimonial* antes de que surja un problema grave.
- Incluso aunque un matrimonio ya tenga problemas, *los principios para un matrimonio a prueba de divorcio pueden llevar a la pareja de vuelta* a un punto de bienestar.
- Forjar un matrimonio a prueba de divorcio no es algo que se hace una sola vez. Es *un proceso constante*, una forma dedicada de crecer en la relación matrimonial para que cada vez sea más fuerte e íntima.

3 ENTREVISTA DE EVALUACIÓN

Veamos algunas preguntas que puede hacer a la pareja para ver si tienen un matrimonio a prueba de divorcio. A menudo, las parejas ya están haciendo algunas de estas cosas sin darse cuenta.

1. ¿Qué sienten ahora mismo el uno por el otro y por el matrimonio? ¿Qué creen que ha funcionado para mantener su amor vivo y fuerte?
2. ¿Siente que su cónyuge le respeta? ¿Está abierto/a y dispuesto/a a aceptar la influencia de su cónyuge? ¿De qué maneras concretas ha aceptado esa influencia? ¿De qué maneras no ha conseguido aceptarla?
3. ¿Con qué frecuencia discrepan o discuten? ¿Cómo resuelven sus disputas de modo que ambos queden satisfechos? Actualmente, ¿hay algún tema que les haga discrepar mucho?
4. ¿Se la pasan bien juntos, como yendo a tomar un café o al cine? ¿Sus interacciones positivas superan con creces las negativas? (*Nota*: las interacciones positivas deben superar las negativas en una proporción de 4 a 1).
5. ¿Cómo dan y reciben el amor de su cónyuge? (*Nota*: Sus aconsejados deben entender la enseñanza sobre los "lenguajes del amor" antes de comprender estas preguntas; ver pp. 167 y 95-100).
6. ¿Cuáles son el lenguaje de amor primario y secundario de su cónyuge? ¿Tiene en cuenta el lenguaje de amor de su cónyuge cuando intenta demostrarle que usted le quiere? Si lo hace, explique cómo.
7. ¿Conoce a una pareja experimentada que haga de mentores para usted y su cónyuge? Si no es así, ¿estarían dispuestos a buscar una para que les ayude a crecer en su matrimonio?
8. ¿Intenta manifestar rasgos de carácter positivos, como el perdón, la paciencia, la amabilidad y la lealtad, cuando interactúa con su cónyuge? ¿Interactúa con algún rasgo de personalidad negativo, como los celos, el egoísmo, la irritabilidad o la falta de respeto? Si es así, ¿qué puede hacer para limitar esta forma de relacionarse?

La media de edad para el primer matrimonio es de 26,9 años en los hombres y de 25,3 en las mujeres.

Oficina del Censo de los Estados Unidos

La media de edad para el primer divorcio es de 30,5 años en los hombres y de 29 en las mujeres.

Oficina del Censo de los Estados Unidos

CONSEJOS SABIOS 4

El proceso de forjar un matrimonio a prueba de divorcio requiere mucho trabajo. No consiste en eludir simplemente los puntos conflictivos o las malas interacciones. Es necesario inculcar el amor y la fortaleza en un matrimonio para convertirlo en un puerto seguro para los dos. Consiste en luchar activamente para forjar un vínculo fuerte que pueda superar los problemas y las presiones que forman parte inevitable de un matrimonio.

PASOS PRÁCTICOS 5

1. Tenga un sueño para su matrimonio

Toda pareja debe tener un sueño para su matrimonio. Sin un sueño, hay menos motivos para hacer que funcione la relación. "Sin profecía [o visión], el pueblo se extravía" (Pr. 29:18). Cultiva el amor, que se entiende mejor como un triángulo. El amor florece cuando se presta atención a cada faceta.

Pasión. La pasión es una faceta del amor que involucra las necesidades "sensuales" y "físicas" de ambos cónyuges. Este aspecto, que a menudo se pasa por alto, es extremadamente importante para mantener fuerte el vínculo matrimonial.

Intimidad. La intimidad tiene muchas facetas. Abarca los aspectos "emocional" y "relacional" de nuestro ser. A menudo, los miembros de un matrimonio que son fuertes en este aspecto describen a su pareja como "su mejor amigo" o incluso "mi alma gemela".

Compromiso. El compromiso está en el centro de un matrimonio sano. Es la decisión voluntaria de ofrecer amor y apoyo incondicionales sean cuales fueren las circunstancias. ¿Ha hecho este compromiso? Aunque quizá no se acuerde, seguramente en cierta ocasión aceptó "amar y respetar" al otro "en la salud y en la enfermedad". Es buena idea volver a comprometerse con los votos que hicieron en otro tiempo.

La media de edad para el segundo matrimonio es de 34 años en los hombres y de 32 en las mujeres.

Oficina del Censo de los Estados Unidos

2. Haga ingresos en el banco del amor

No puede sacar dinero de una cuenta bancaria en la que no ha hecho depósitos. A menudo el amor es igual. El banco del amor conlleva hacer más ingresos emocionales de los que se sacan de la relación. Los estudios recientes demuestran que las parejas necesitan entre cuatro y veinte interacciones positivas para contrarrestar una negativa.[1] Muchos conflictos matrimoniales se producen cuando un cónyuge se siente "utilizado": siempre da y su cónyuge solo recibe sin dar nada a cambio.

Edificar el amor y el carácter firme

Se conoce 1 Corintios 13 como "el gran capítulo del amor" de la Biblia. A las parejas les irá bien memorizar y vivir las instrucciones divinas que hallamos en este pasaje. Para tener una relación segura y saludable, los cónyuges deben manifestar las siguientes características positivas:

- perdón
- paciencia
- amabilidad
- amor a la verdad
- fidelidad a toda costa
- creer y tener fe en la pareja

Para disfrutar de una relación segura y sana, los cónyuges *no* deben manifestar las siguientes características negativas:

- celos
- envidia
- egoísmo
- irritabilidad

- rencor
- falta de respeto

Los lenguajes del amor

Gary Chapman ha identificado cinco estilos del amor, o "lenguajes del amor". Cada persona tiene una manera primaria y otra secundaria para dar y recibir amor y afecto, por medio de:

- palabras de amor y afirmación
- actos de servicio
- dar tiempo
- hacer regalos
- el contacto físico y la cercanía

Cada uno de los cónyuges debe ser consciente de su propio estilo de amor y el de su pareja. Responda a estas tres preguntas:

1. ¿Cómo manifiesta amor a su pareja?
2. ¿Cómo le manifiesta su pareja su amor?
3. ¿Cómo le gustaría que su pareja le manifestara amor?[2]

(Para más información, consultar la sección Estilos del amor en el matrimonio y la familia).

La media de edad para el segundo divorcio es de 39,3 años en los hombres y de 37 en las mujeres.

Oficina del Censo de los Estados Unidos

3. Haga un esfuerzo

Las relaciones exigen trabajo; no son fáciles de edificar y mantener. Ambos cónyuges deben invertir en la relación tiempo y esfuerzo. Hay cuatro áreas a las que prestar atención:

- sucesos importantes (tradiciones, aniversarios, vacaciones)
- las necesidades de su pareja (pequeñas y grandes)
- los momentos presentes (aprecie el momento presente más que el pasado o el futuro)
- el compañerismo (comunicación, cercanía y colaboración en todo)

4. Ponga a Dios en el centro

- El matrimonio a prueba de divorcio conlleva una relación tripartita. Dentro del triángulo matrimonial, el esposo y la esposa están en los dos ángulos inferiores, y Dios en el superior. El Salmo 127:1 afirma que a menos que Dios edifique la casa, en vano trabajan quienes la construyen.
- Dios debe estar en el centro de la relación. Es la fuerza monolítica, inmovible, a la que aferrarse cuando parece que todo lo demás se escapa de las manos.
- A medida que los dos cónyuges se acercan más a Dios, es inevitable que se acerquen también entre sí.

La duración media de los primeros matrimonios que acaban en divorcio es de 7 años.

Oficina del Censo de los Estados Unidos

5. Acepte las influencias positivas

Ambos cónyuges deben ser capaces de aceptar las influencias positivas en el matrimonio. Las fuentes de influencia para que su matrimonio crezca incluyen las siguientes (no necesariamente en este orden):

- su cónyuge
- los mentores del matrimonio
- su pastor
- los amigos de confianza
- un consejero o mediador profesional

6 EJEMPLOS BÍBLICOS

[El amor] todo lo disculpa, todo lo cree, todo lo espera, todo lo soporta (1 Co. 13:7).

"Todo lo disculpa" significa que el verdadero amor santo puede sobrevivir a las tormentas de la vida. "Todo lo cree" significa que el amor nunca pierde la fe en otros y está dispuesto a pensar lo mejor de ellos. "Todo lo espera" significa que el amor mira al futuro con optimismo, sabiendo que Dios obra en todas las cosas para bien. "Todo lo soporta" significa que el amor resiste. Al final, el amor nunca falla y nunca acaba.

Cuando amamos, participamos de Dios y de sus atributos eternos. Podemos pedir que Dios perfeccione nuestro amor por Él y por otros.

Porcentajes de matrimonios que duran: 5º aniversario, 82 por ciento; 10º aniversario, 65 por ciento; 15º aniversario, 52 por ciento; 25º aniversario, 33 por ciento; 35º aniversario, 20 por ciento; 50º aniversario, 5 por ciento.

Oficina del Censo de los Estados Unidos

Queridos hermanos, amémonos los unos a los otros, porque el amor viene de Dios, y todo el que ama ha nacido de él y lo conoce (1 Jn. 4:7).

Dios es el creador del concepto del amor. Cuando las personas creen en Él, aprenden a "amarse los unos a los otros", porque el Espíritu que llevan dentro les muestra cómo hacerlo cuando se someten a su guía.

Las relaciones cristianas deberían ser las más amorosas del mundo. Los cristianos que se ven por primera vez experimentan un vínculo de amor que trasciende a toda comprensión.

El amor que une a los cristianos forja relaciones sólidas y eternas. El amor de nuestras relaciones revela a Dios en nosotros. No solo lo ven nuestros hijos, sino también el mundo, y lo vemos los unos en los otros.

El más importante es: "Oye, Israel. El Señor nuestro Dios es el único Señor", contestó Jesús. "Ama al Señor tu Dios con todo tu corazón, con toda tu alma, con toda tu mente y con todas tus fuerzas". El segundo es: "Ama a tu prójimo como a ti mismo". No hay otro mandamiento más importante que estos (Mr. 12:29-31).

Para recibir amor, las personas deben darlo. El mayor mandamiento es amar a Dios con todo nuestro corazón, alma, mente y fuerzas. El segundo mandamiento más importante es amar a nuestro prójimo como a nosotros mismos. Esto no es una sugerencia o una buena idea, sino un mandamiento.

Le replicaron: "¿Por qué, entonces, mandó Moisés que un hombre le diera a su esposa un certificado de divorcio y la despidiera?". "Moisés les permitió divorciarse de su esposa por lo obstinados que son", respondió Jesús. "Pero no fue así desde el principio" (Mt. 19:7-8).

Dios siempre quiso que toda pareja casada, un hombre y una mujer, siguieran estándolo durante toda la vida (Gn. 2:24). Es cierto que Moisés permitió el divorcio (Dt. 24:1), pero solo debido a la "dureza" del corazón humano.

En este pasaje, el divorcio es permisible, pero no hay que tomarse a la ligera los votos matrimoniales. Dios quiere que las parejas hagan todo lo posible, con su ayuda, para mantener intacto su matrimonio. Si se produce un divorcio, el amor compasivo de Dios puede sanar incluso las heridas más profundas.

ORACIÓN 7

Amado Dios, gracias por __________ y __________, que hoy han venido con el deseo de fortalecer los votos sagrados que se hicieron mutuamente. Hoy te pedimos que les des la resistencia y la energía necesarias para crecer emocional y espiritualmente. Te rogamos que te entregues a ellos y que les hagas parecerse a ti, porque el matrimonio fue dado para demostrarnos tu amor por tu esposa, la Iglesia. Y te ruego que les bendigas en esta noble misión…

Niños con necesidades especiales

1 RETRATOS

- Las calificaciones de Sara, que tiene catorce años, han ido empeorando. A lo largo del curso escolar, sus Excelentes se han convertido en Deficientes. Sus maestros se quejan de que no presta atención en clase, sino que se queda con la mirada perdida en la página equivocada de su libro de texto. Además, se ha vuelto una solitaria, y se pasa horas y horas en su cuarto sin hacer nada, evitando a sus amigas. Su madre dice: "Solía ser una persona feliz y sociable. ¡Pensaba que estaba pasando por una fase de la preadolescencia! ¿Qué ha sucedido?".
- Serena, la madre de Julián, un niño de nueve años muy dominante, empieza a llorar en la oficina del consejero cuando describe la conducta de su hijo. "Me da miedo ver cómo se acerca a casa el autobús escolar por la tarde. Tengo que prepararme para las luchas agotadoras que empezarán en cuanto ponga un pie en la casa. Luego me siento culpable por ese resentimiento que me invade. ¿Soy una mala madre? Me siento tan abrumada que ¡se me ha olvidado cómo son los sentimientos normales y los pensamientos racionales!".
- Tomás y Cristina estaban esperando para pagar en la fila del supermercado cuando escucharon cierto revuelo en el pasillo de al lado. Un niño en edad escolar se había tirado al suelo y estaba agarrando con las dos manos la parte inferior de un expositor de caramelos. "¡Quiero caramelos! ¡No pienso soltarme hasta que me los des!".

  Su madre, avergonzada, que llevaba otro bebé en el carrito, se puso roja e intentó sin éxito levantar a su hijo del suelo. "¡Basta ya, Enrique!", siseó su madre, furiosa, mientras intentaba soltar las manos de su hijo. "¡Lo digo en serio!".

  "¡No!".

  La madre echó una mirada de disculpa al cajero y a la fila de personas que se había formado a sus espaldas. Entonces volvió a mirar a su hijo. Él le devolvió la mirada, desafiante. "De acuerdo", dijo ella, resignada. "Solo esta vez".

  Después de que se fuera aquella mujer, Cristina y Tomás (que, por cierto, tenían hijos bien educados), cambiaron una mirada de inteligencia. Tomás susurró: "Nuestros hijos nunca actuarían así, porque saben que no toleraríamos ese tipo de conducta". Cristina asintió y alzó los ojos al cielo.

DEFINICIONES E IDEAS CLAVE

Un niño con necesidades especiales es aquel que, *debido a una discapacidad exigente o un trastorno conductual, emocional o de aprendizaje, requiere tiempo y esfuerzos adicionales* para que armonice con la familia de un modo estable y productivo. Algunos de esos niños controlan la existencia de su familia y son un elemento de estrés constante que desgasta el matrimonio y las relaciones con los otros hijos.

Tal como pensarían muchos padres jóvenes, Tomás y Cristina dieron varias cosas por hecho que, como mínimo, son cuestionables:

- La madre que gestionó aquella rabieta de su hijo no es buena madre.
- El niño tiene una rabieta porque cree que puede salirse con la suya.
- La madre no sabe disciplinar a su hijo y permite que él la domine.

Muchos observadores, abuelos incluso, son como Tomás y Cristina. Ven a unos niños indomables y llegan a la conclusión de que los padres deberían asistir a algunas sesiones de consejería sobre cómo ser padres, sin conocer el trasfondo o los hechos de la situación.

Si ha acudido a verle un padre o madre, es probable que pueda identificarse con la atribulada madre del supermercado. Después de haber probado muchas tácticas distintas para ser un padre o madre bueno y amoroso, esa persona sigue sin conseguir que su hijo o hija se someta a su control.

Es posible que no se trate de un caso de mala crianza de los hijos, sino de la exigencia de un niño "con necesidades especiales". A continuación veremos una lista de los trastornos infantiles más frecuentes cuya gestión eficaz puede exigir atención médica y consejería.

> Si se sospecha que un niño tiene TDAH, un profesional con formación en ese campo debe emitir el diagnóstico. Esto incluye a los psiquiatras y psicólogos infantiles, pediatras especializados en la conducta, neurólogos conductuales y trabajadores sociales hospitalarios.

Trastorno por déficit de atención/hiperactividad (TDAH)

El trastorno por déficit de atención/hiperactividad *es uno de los trastornos infantiles más frecuentes.* La Asociación Estadounidense de Psiquiatría calcula que *entre un 2 y un 7 por ciento de los niños* padecen el TADH, y que existen muchos otros niños que, aunque no se pueden encajar en este diagnóstico, luchan con síntomas importantes propios de este trastorno.[1]

Los niños con TADH presentan *una falta crónica de atención, son hiperactivos o ambas cosas*, hasta el punto de que esto interfiere en sus vidas cotidianas. Les cuesta prestar atención en clase, hacer la tarea escolar, ayudar con el trabajo de la casa y ajustar su conducta para satisfacer las exigencias de una situación. Como resultado, *tienen problemas con sus amistades, relaciones familiares y rendimiento escolar.* Existen tres tipos de TADH: *tipo con predominio de déficit de atención, tipo con predominio de conducta impulsiva e hiperactividad* y *tipo combinado.*[2]

Tipo con predominio de déficit de atención

Los niños con TADH *tienen problemas para prestar atención*, sobre todo en las tareas educativas difíciles, como memorizar las tablas de multiplicar, leer los trabajos asignados o escuchar las reprensiones de sus padres. Otras características de los niños con déficit de atención son:

- falta de organización
- dificultad para acabar las tareas
- falta de atención por los detalles
- tendencia a distraerse
- conducta retraída o tímida
- dificultad con las conversaciones sociales

Tipo con predominio de conducta impulsiva e hiperactividad

Los niños con TADH no son necesariamente más activos que sus compañeros de juego. Pero cuando vuelven del recreo, tienen *dificultades para calmarse*. No logran estarse quietos, e interrumpen a sus compañeros dando voces y con su actividad bulliciosa.

También *les cuesta demorar la gratificación*. El renombrado experto en TADH Russell Barkley describe a esos niños como "criaturas del momento".[3] En lugar de ahorrar para comprar algo que deseen mucho, se gastan cada semana la asignación que les dan sus padres. Los niños hiperactivos-impulsivos también manifiestan:

- movimientos inquietos
- hablar en exceso
- dificultades para estar sentados o quietos
- hiperactividad (correr, saltar, trepar)
- impulsividad
- nerviosismo
- conducta agresiva
- comportamiento social inaceptable (agarrar cosas y hablar interrumpiendo a otros)

Tipo combinado

Los niños con el tipo combinado de TADH pueden mostrar déficit de atención, además de conducta impulsiva e hiperactividad.

Tratamiento

Si no se trata, el TADH puede afectar al crecimiento y al desarrollo del niño. A menudo los niños con TADH no participan de actividades extraescolares o recreativas. Sus padres tienen la mitad de probabilidades que otros de decir que sus hijos tienen muchos y buenos amigos, y el doble de informar que a sus hijos les llaman la atención en clase o tienen problemas para relacionarse con los niños de su edad. Estos problemas sociales hacen que los niños corran el riesgo de padecer ansiedad, trastornos conductuales y anímicos, consumo de drogas y delincuencia adolescente.[4]

Muchos niños con TADH desarrollan *otros problemas conductuales*, como la tendencia a desafiar con rabia a los mayores. Los síntomas de

TADH les pueden crear tantos problemas con los adultos que *generan ira, resentimiento y falta de respeto por la autoridad.*

Afortunadamente, existen *tratamientos médicos y pasos conductuales* que pueden ayudar a los niños afectados por el TADH. Aunque estos pasos (esbozados en los Pasos prácticos de este capítulo) no son una cura para el trastorno, pueden mejorar mucho la relación del padre con su hijo y fomentar un entorno de apoyo donde el niño pueda crecer y alcanzar el potencial que Dios le ha dado.

El niño con el trastorno de oposición desafiante

Los niños que padecen el trastorno de oposición desafiante (TOD) tienen problemas *para comprender sus emociones complejas y por qué su conducta puede ser disruptiva, perjudicial e irritante.* Como muchos niños, se esfuerzan por controlar sus sentimientos, incluso cuando sus padres siguen las pautas correctas para manejar las emociones de sus hijos. Cuando los niños padecen este trastorno, las estrategias típicas para ayudarles a manejar sus retos emocionales no funcionan. Trágicamente, los niños con este trastorno *nunca suelen estar tranquilos, satisfechos o calmados.* Esto hace que quienes les rodeen estén frustrados, preocupados ¡o directamente agobiados!

El trastorno de oposición desafiante gira en torno a tres áreas problemáticas principales: el desafío, la ira y la irritabilidad, y el negativismo.

El desafío

Cuando los niños cumplen los dos años, descubren que lo que quieren y lo que no quieren a veces no encaja con los deseos de sus padres. A esta edad comienzan a expresar a fondo su individualidad al discrepar, tener rabietas y decir que no.

Con los niños que padecen TOD, la *resistencia, tozudez y desafío* son incluso más extremos. Cuando estos niños desafían la autoridad, no es que digan "Quiero algo diferente a lo que quieres tú", sino "¡Estoy muy enojado contigo y quiero que te sientas mal!". Los niños con TOD están rabiosos, y su misión es enojar a los demás. Como dijo una madre exasperada: "Mi hija tiene una habilidad especial para hacer que me hierva la sangre".

Algunos de esos niños quizá vean la frustración que causan en sus padres y ni siquiera les importe. Es posible que otros disfruten de hacer rabiar a los demás y se sientan justificados por hacerlo. Una niña de once años dijo: "¡Mis padres merecen lo que les doy!".

> Se les ha diagnosticado un trastorno por déficit de atención con o sin hiperactividad (TDAH) a unos 1,6 millones de niños en edad de escuela primaria.[5]

La ira y la irritabilidad

Los niños que padecen TOD son irritables; lo más mínimo puede dispararlos. Para intentar que sean felices, algunos padres con niños que padecen TOD procuran darles lo que piden. Pero ni siquiera esto sirve durante mucho tiempo. Si les siguen la corriente, *puede que* estén bien un tiempo, pero ni siquiera los regalos y el dinero bastan para mantenerlos contentos.

A diferencia de los niños ansiosos, que se aíslan de su mundo cuando alguien les molesta, los niños desafiantes *intentan controlar su mundo.* Usan *la violencia y la irritabilidad* para manejar su vida y sus relaciones.

No confían en otros, sobre todo los adultos, para que tomen decisiones por ellos. Como resultado, quieren dirigir a toda la familia. Por supuesto, este enfoque no sale nada bien.

Muchos niños con TOD son también *muy sensibles emocional y físicamente*. Un eminente psicólogo infantil, Stanley Greenspan, destaca que el niño desafiante siente que su protección frente al mundo es muy débil: el oído, la vista, el gusto, el olfato, el tacto o cualquier sentido agradable para otros puede irritarle y agobiarle.[6]

Es frecuente que los padres comenten que su hijo con TOD se queja de la etiqueta que lleva el cuello de su camiseta o su camisa, o que los pantalones no le sientan bien. Hablando de su hija de nueve años, una madre dijo: "Cualquier cosa que se salga de lo cotidiano le provoca una crisis".

El negativismo

Los niños con TOD son famosos por su negativismo. A menudo consideran que incluso esas cosas que entusiasmarían a los demás son irritantes e insatisfactorias. Un padre se lamentaba: "Cuando queremos hacer algo divertido, como ir al cine o a cenar en un restaurante, Isaías organiza un escándalo. Así que nos quedamos en casa. Sus hermanos no se lo perdonan".

También es normal que los padres estén resentidos con sus hijos con TOD cuando estos se niegan a hacer cosas como cenar en su restaurante favorito o jugar al juego de mesa que más les gusta a todos. Por otro lado, si los niños quieren hacer algo y los padres no, deben prepararse a que les insistan, rueguen y supliquen con una intensidad que solo se ve en el corredor de la muerte. Si los padres se niegan, los niños pueden tirarse al suelo y tener una rabieta tremenda, o bien enfurruñarse durante horas.

3 ENTREVISTA DE EVALUACIÓN

¿Qué opinan los padres de la conducta de sus hijos? Los padres tienen diversos grados de tolerancia. Algunos son flexibles y se toman con calma la mala conducta de sus hijos, aunque hayan recibido quejas de los maestros o del jardín de infantes. Algunos padres se muestran críticos en todo momento. Otros consideran que su hijo es simpático. Para ver si realmente existe un problema, use la escala de calificación que aparece a continuación para evaluar objetivamente la conducta del niño o niña.

Conducta	Nunca	A veces	A menudo	Muy a menudo
Pierde los nervios				
Discute con los adultos				
Desafía a los adultos o se niega a hacer lo que le piden				
Molesta deliberadamente a otros				
Culpa a otros de sus errores y su mala conducta				
Se ofende por poca cosa y se irrita fácilmente				
Se enoja y muestra resentimiento				
Es rencoroso y vengativo				

Si usted o los padres han marcado las casillas "a menudo" o "muy a menudo" menos de cuatro veces, la conducta del niño, aunque quizá sea frustrante, cae dentro de los parámetros normales. Pero si han marcado más de cuatro casillas que indican que estos problemas aparecen a menudo o muy a menudo, y esa conducta se ha manifestado durante al menos seis meses, es probable que el niño tenga un problema conductual genuino.

CONSEJOS SABIOS 4

Cambio de actitud

Existe un vínculo fuerte entre nuestras formas de pensar, sentir y comportarnos, y el impacto que tiene nuestro pensamiento sobre los sentimientos y conductas de nuestros hijos. Nuestros patrones negativos de pensamiento pueden generar que se cumpla aquello que profetizamos para nuestros hijos. Por ejemplo, pensar que su hijo "siempre" se mete en problemas le inducirá a buscar sus malas acciones y a ignorar su buena conducta.

El resultado es que el niño piensa: "Nunca podré complacer a mis padres, así que, ¿para qué intentarlo?". Irónicamente, es probable que esta actitud de "no me importa nada" cree más problemas entre el hijo y sus padres, ¡y es precisamente lo que ellos estaban convencidos de que pasaría!

Es complicado cambiar nuestra percepción de una persona. Debemos orar para que Dios nos ayude a ver a nuestros hijos bajo una nueva luz, verlos como Dios los ve.

Un cambio de corazón

Cuando Dios nos da un hijo o hija difícil, también nos ofrece la oportunidad de modelar una actitud semejante a la de Cristo. Como padres, tenemos la capacidad de ser reflejo del respeto, el amor, la misericordia y la gracia de Dios a unos niños que los necesitan de verdad; en cierto sentido, más de lo que podríamos manifestar a otros niños más obedientes.

Mantener una relación con un niño difícil puede ser agotador tanto emocional como físicamente, pero los beneficios merecen la pena. Los padres deberían empezar dividiendo los problemas grandes en otros más pequeños y manejables. Por ejemplo, pasar entre veinte y treinta minutos jugando con un niño desafiante, demostrándole que le aman y se interesan por él o ella, ayuda a los padres y al niño a comunicarse más, y reduce los episodios de desafío. Una vez se haya restaurado la relación, podrán plantearse recurrir a técnicas disciplinarias más estructuradas, como programas de puntos, la eliminación de privilegios y el aislamiento. Pero, en muchos casos, una vez han establecido empatía con sus hijos, los padres se dan cuenta de que este tipo de disciplina no es necesario, incluso con un niño complicado. La calidad de su relación con su hijo o hija determinará la eficacia de sus estrategias disciplinarias.

> El desarrollo emocional en niños con TADH es un 30 por ciento más lento que en los demás. Los niños padecen TADH tres veces más que las niñas.[7]

Las relaciones estrechas pueden salir caras

El apóstol Pablo escribió sobre la intimidad diciendo: "Ámense los unos a los otros con amor fraternal, respetándose y honrándose mutuamente" (Ro. 12:10); "Vivan en armonía los unos con los otros. No sean arrogantes, sino háganse solidarios con los humildes" (v. 16); "No tengan deudas pendientes con nadie, a no ser la de amarse unos a otros" (Ro. 13:8).

Como explicaba Pablo, el amor auténtico tiene un precio. Si queremos experimentar la intimidad, hemos de afrontar los problemas que surjan cuando nos aproximemos a otra persona. Es posible que nuestro hijo tenga un temperamento muy distinto al nuestro, o que sea un niño o niña desafiante. Sin embargo, la esencia de la filosofía cristiana es que tratemos a nuestros hijos con amor, aunque estos no nos traten bien.

Algunos padres creen que si ofrecen amor cuando reciben falta de respeto, reforzarán la mala conducta de su hijo. Sin embargo, ese pensamiento es retrógrado. En el Nuevo Testamento no se enseña este paradigma de devolver golpe por golpe, y sin duda no refleja la naturaleza de Cristo. Dios no nos paga lo que merecen nuestros pecados. En lugar de eso, nos ama a pesar de nuestros pecados, y cuando nos arrepentimos, nos perdona, tratándonos con una gracia incondicional.

5 PASOS PRÁCTICOS

Los pasos siguientes están redactados de tal manera que se pueden leer o resumir para un padre o madre (o ambos) que se enfrenten a un hijo difícil. Algunas de las sugerencias siguientes no son aplicables en todos los casos, pero en general constituyen un buen plan estratégico.

1. Aprenda a aceptar a su hijo/a

- Algunos padres (sobre todo los que son muy controladores) acuden a nosotros para que les ayudemos con sus hijos, pero no quieren aceptar que todos los niños tienen distintos temperamentos, sueños, habilidades y debilidades. Muchos nos piden ayuda para un problema conductual pero, casi sin excepción, en realidad lo que pretenden cambiar es la singularidad y el temperamento de su hijo/a. Estos padres dicen "¡Ayúdeme a acabar con la tozudez de mi hijo!", en lugar de "Ayúdeme a enseñar a mi hijo a expresar su ira de una forma más constructiva".
- Usted debe decidir en determinado momento si aceptará la forma de ser de su hijo, por muy grande que sea el reto que le plantea, y comprometerse con la reconstrucción de la relación.
- ¿Está dispuesto a hacer lo necesario para forjar una relación saludable con su hijo/a? No tiene por qué aceptar una conducta desafiante, pero sí aceptar el temperamento único de su hijo. Esto se subraya y se refuerza participando en el juego "Lo que me gusta de ti". Haga una lista de las cualidades y las características que ve y valora en sus hijos, y poténcielas.

2. Deje de jugar a echar la culpa

La Sra. Hernández contemplaba satisfecha su clase de quinto curso al final de la primera semana de colegio. Todos los niños estaban motivados para aprender, se mostraban felices y agradables, y prestaban atención… excepto Josefina. Ella se pasaba la mitad del tiempo mirando por la ventana. Sacaba una hoja de papel y un lápiz, pero no tomaba apuntes.

A la Sra. Hernández esto le molestaba. *Todos los demás niños en la clase prestan atención, hacen la tarea, toman apuntes y sacan buenas notas en los exámenes,* se decía. *No puedo responsabilizarme de una niña perezosa e irrespetuosa que no presta atención.*

Durante décadas, la mayoría de maestros y sistemas educativos han pensado así. Si uno de sus alumnos tenía un problema conductual, echaban la culpa al niño. Pero hoy día sabemos más sobre las discapacidades cognitivas y los trastornos por déficit de atención, y sabemos que a lo mejor Josefina no es perezosa, sino sencillamente tiene un estilo de aprendizaje distinto.

Lo mismo es aplicable al temperamento. Como la maestra de Josefina, a menudo los padres echan la culpa a sus hijos por ser difíciles o deficientes. Pero una vez que nos comprometemos a forjar una relación con nuestro hijo, es importante dejar de buscar maneras de echarle la culpa por ser difícil, porque si la culpa está por medio, es imposible edificar una relación.

- Algunos padres dicen: "¡Lo que le pasa a mi hijo es que está malcriado!", cuando la verdad es que tiene un temperamento difícil. Es posible que otros padres digan: "Es que nuestra hija no deja de hacer pucheros y poner cara de pena", cuando resulta que ella ha luchado contra una depresión debido a la presencia de muchos cambios en su hogar.
- La culpa hace prácticamente imposible mejorar su relación con sus hijos. Además, como padres, deben ser totalmente responsables de su propia conducta. Y nadie es perfecto. Quizá incitamos a ira a nuestros hijos. el apóstol Pablo dijo: "Por tanto, no tienes excusa tú, quienquiera que seas, cuando juzgas a los demás, pues al juzgar a otros te condenas a ti mismo, ya que practicas las mismas cosas" (Ro. 2:1).
- Usted es responsable de lo que hace, tanto si es criar a un hijo desafiante como a uno dócil. Puede que su hijo sea "una carga", pero esto no quiere decir que usted tenga que serlo para él o ella.

> Los trastornos conductuales, como categoría, son el motivo más frecuente para remitir a niños y adolescentes a profesionales que tratan los trastornos mentales.[8]

3. Solucione los factores que contribuyen al problema

- Los hijos con incapacidades emocionales o temperamentos difíciles luchan con factores básicos que pueden tener poco o ningún efecto sobre otros niños. Por ejemplo, estos niños especiales no toleran las normas poco claras ni los cambios. Incluso los pequeños ajustes, como la modificación temporal de su rutina, pueden molestarles. Si usted tiene que trabajar muchas horas extras o un nuevo amigo de la familia empieza a visitarles con más frecuencia, puede ser difícil para el niño acostumbrarse.

- Hay otros factores, como una monitorización ineficaz (prestar atención a la mala conducta sin ver la buena), el control excesivo o el estrés familiar, que pueden afectar a los niños con problemas conductuales.

4. Pase tiempo con su hijo y deje que él o ella tome la iniciativa

- El banco del tiempo, una técnica que desarrolló Russell Barkley, el famoso experto en TADH y TOD, puede ser extremadamente eficaz con niños que presentan trastornos conductuales. El mero hecho de reservar entre quince y veinte minutos diarios para dedicarlos a su hijo y dejar que él tome la iniciativa en el juego puede devolver los sentimientos positivos a la relación.
- Este mismo principio es aplicable a las conversaciones con su hijo. Cree oportunidades para hablar con él o ella, siguiendo su iniciativa en la conversación. Esto ayuda al niño con un trastorno conductual a aprender a interactuar con los adultos y a sentirse cómodo para compartir las cosas con sus padres.
- Recuerde siempre que nunca podrá querer demasiado a su hijo/a.

El TOD afecta al 20 por ciento, como mínimo, de los niños en edad escolar.[9]

5. Muestre empatía y resuelva problemas

- La empatía tiene dos partes: primero, comprender cómo se siente su hijo, y luego transmitirle que lo ha entendido. El objetivo es comprender antes de ser comprendido. Es importante que los padres muestren empatía, sobre todo hacia los niños con problemas conductuales, y sobre todo cuando estos están disgustados.
- La empatía puede alcanzar dos metas: fortalecer la relación y ayudar a los niños a entender cómo y por qué se sienten así. Cuando los niños son empáticos, desarrollan el dominio propio y aumentan su conducta social. Muchos padres tienden a saltar directamente a la resolución de problemas y pasan por alto la empatía. Pero no podrán resolver un problema si el niño no se siente comprendido. Mantenga conversaciones diarias con su hijo destinadas a resolver los problemas y manifieste el amor y la compasión que quizá él no merezca... pero necesita desesperadamente (ver Ro. 5:8).

6. Use los fármacos según sea necesario

- Hoy día muchos padres cometen dos errores graves a la hora de usar las medicinas para controlar las conductas disruptivas. Algunos padres se apresuran demasiado en medicar, e intentan medicar en exceso para controlar a sus hijos. Otros hacen lo contrario: se niegan a plantearse el uso de fármacos porque esto va en contra de sus valores y creencias.
- Hay demasiados padres cristianos que se niegan a usar medicinas necesarias, pero no cabe duda de que la combinación de disciplina conductual, un amor firme y el uso juicioso de medicación es necesaria

para ayudar a algunos niños a obtener el control. Las medicinas para el TAHD, por ejemplo, pueden ser esenciales para ayudar a que un niño se concentre en la tarea escolar... cuando no funcione nada más.

- Los fármacos pueden ser necesarios para dar a los niños el afianzamiento que necesitan para aprender esas tareas que les ayudarán a ser jóvenes sanos y productivos. No se apresure a usar las medicinas, pero no se niegue a hacerlo si están realmente indicadas.

Padres, sabemos que tanto si crían a un hijo difícil como a uno que no lo es, no reciben mucha afirmación a cambio de todos los esfuerzos invertidos. Por lo tanto, queremos darles las gracias. Y, como decimos a todos los padres a los que aconsejamos, no creemos que haya una prueba o una situación que esté fuera del alcance, el amor y el cuidado de Dios (ver Ro. 8:39). Hemos visto cómo Dios hacía maravillas en muchos padres e hijos. Por lo tanto, alcemos los ojos a Él con un espíritu expectante. ¡Él abrirá camino para ustedes!

EJEMPLOS BÍBLICOS

6

Un hombre tenía dos hijos... El menor de ellos le dijo a su padre: "Papá, dame lo que me toca de la herencia". Así que el padre repartió sus bienes entre los dos. Poco después el hijo menor juntó todo lo que tenía y se fue a un país lejano; allí vivió desenfrenadamente y derrochó su herencia (Lc. 15:11-13).

"Este es el niño que yo le pedí al Señor, y él me lo concedió. Ahora yo, por mi parte, se lo entrego al Señor. Mientras el niño viva, estará dedicado a él". Entonces Elí se postró allí ante el Señor (1 S. 1:27-28).

La paternidad exige y recompensa. Muchas personas se preparan durante años para dedicarse a una profesión, pero normalmente los padres aprendemos mientras trabajamos.

El objetivo de la paternidad es que, al final, nuestros hijos sean autónomos.

Pero el amor del Señor es eterno y siempre está con los que le temen; su justicia está con los hijos de sus hijos, con los que cumplen su pacto y se acuerdan de sus preceptos para ponerlos por obra (Sal. 103:17-18).

Una de las grandes promesas de la Biblia es que la misericordia del Señor se prolonga de una generación a la siguiente, incluso hasta los hijos de nuestros hijos. Esto no quiere decir que los hijos de creyentes creerán automáticamente en Dios, sino que el amor divino y su bondad están accesibles a cada generación que siga el buen ejemplo dado por la anterior.

Los padres deben dar un buen ejemplo a sus hijos. No viven solamente para ellos, sino que establecen un precedente que afectará a las generaciones venideras.

Pero tú, permanece firme en lo que has aprendido y de lo cual estás convencido, pues sabes de quiénes lo aprendiste. Desde tu niñez conoces las Sagradas Escrituras, que pueden darte la sabiduría necesaria para la salvación mediante la fe en Cristo Jesús (2 Ti. 3:14-15).

Timoteo había estudiado las Sagradas Escrituras desde que era niño. Los padres cristianos tienen la responsabilidad dada por Dios de criar a sus hijos para que conozcan a Dios y su Palabra y los amen (ver también Dt. 6:6-9).

Los niños pequeños pueden aprender las grandes verdades e historias contenidas en la Biblia que manifiestan el amor y el poder de Dios.

La enseñanza dada a los niños pequeños quedará grabada en sus mentes y les dará un fundamento sólido sobre el cual edificar. Esta formación podrá "darles la sabiduría necesaria para la salvación mediante la fe en Cristo Jesús".

7 ORACIÓN

La Biblia nos dice que los hijos son una herencia que nos das, Señor, un regalo especial. Son un préstamo de Dios, que se nos concede solo durante un tiempo. Nuestra responsabilidad primaria es ayudarles a parecerse más a ti y podemos hacerlo cuando damos a nuestros hijos un amor saludable y santo. Padre, ayuda a esta pareja a acostar a sus hijos por las noches o mirar con cariño a ese hombrecito sentado con ellos a la mesa. Ayúdales a acariciar el rostro de sus hijos cuando duerman, darles un beso en la frente, apretar su manita.

Padre, llegará un día en que nuestros hijos serán mayores y se irán. Te ruego que nos des la sabiduría y la fortaleza para amarles como tú nos amas. Gracias por amarnos con un amor eterno y perfecto…

Padres ancianos

RETRATOS 1

- Guillermo y Marta se casaron ya mayores, y cuando tuvieron hijos, lo eran incluso más. Sus hijos están llegando a la adolescencia, y se enfrentan a la posibilidad de tener que cuidar a la madre viuda de Marta, la cual se cayó y se fracturó la cadera. Han tenido muchas discusiones en familia sobre la idea de que la abuela venga a vivir con ellos para ocupar una habitación a la que uno de los dos hijos tendrá que renunciar.
- Sara ha sido voluntaria frecuente durante años, desde que se jubiló como maestra. Pero hace poco que la salud le falla, y no está segura de cuánto tiempo más podrá vivir sola. No quiere vivir en una residencia para ancianos ni en un domicilio con asistencia parcial, pero tampoco quiere ser un problema para sus hijos.
- Eduardo es viudo, y tiene un cáncer que ha hecho metástasis en su hígado. Tras la muerte de su esposa retomó la costumbre de su juventud de consumir alcohol, algo que creía haber superado tiempo atrás. Esta vez se ha convencido de que lo tiene todo controlado. Hace poco sus hijos le manifestaron su preocupación por las condiciones en las que vive. Creen que su padre no se ha estado cuidando bien.

DEFINICIONES E IDEAS CLAVE 2

- El envejecimiento es un proceso natural que no debemos pensar que conduce inevitablemente a una pérdida o una disminución de las facultades. *El ritmo al que envejecen las personas y pierden progresivamente sus facultades varía mucho* en función de muchos factores, como los antecedentes familiares, la actitud emocional, los trastornos médicos crónicos y el estilo de vida. Cada día más, "la ancianidad" se divide entre "primera ancianidad" (65-80 años) y "segunda ancianidad" (80 años hasta el momento de la muerte).
- Las personas que entran en sus últimos años de vida *experimentan muchas transiciones y soportan muchas pérdidas,* como la jubilación; pasar de ser padres a ser abuelos; una disminución de sus facultades físicas, fortaleza y energías; la muerte de amigos y compañeros; una reducción del estatus social; presiones económicas y un presupuesto financiero más limitado; y la pérdida del cónyuge.
- Aunque el riesgo de padecer discapacidades y enfermedades aumenta con la edad, *la mala salud no es una consecuencia inevitable*

del envejecimiento. Las personas con estilos de vida saludables que incluyen un ejercicio regular, una dieta equilibrada y la ausencia de tabaco tienen la mitad de riesgo de padecer una discapacidad que aquellas otras que llevan un estilo de vida menos saludable.

- El periodo en que las personas maduras siguen criando a los hijos y, al mismo tiempo, cuidan de sus propios padres tiende a ser *un tiempo en el que pueden sentirse atrapados o estresados* por organizar al detalle su vida personal teniendo en cuenta el cuidado de sus padres.
- Cuidar de unos padres ancianos puede ser gratificante, pero esto depende de muchas cuestiones complejas, como la propia salud de los hijos, si estos aún están criando a sus propios hijos, los recursos económicos y la resistencia emocional. *A pesar de que ser cuidador es loable, no es necesariamente la decisión más prudente si existen otras opciones.*
- A medida que las personas envejecen, *sus hábitos se cimentan y sus idiosincrasias suelen volverse más pronunciadas.* Una persona tranquila seguirá siéndolo, pero quienes de jóvenes eran nerviosos pueden volverse más angustiados o paranoides a medida que pasan los años.

3 ENTREVISTA DE EVALUACIÓN

Cuando hable con la persona mayor o con un miembro de su familia, recuerde que *el envejecimiento y la terapia adoptan muchas formas.* Intente no proyectar sus propios valores, sino proteja los de la persona que recibe el consejo. Es posible que la persona anciana valore la independencia mucho más de lo que creería que es posible o saludable; o quizá el familiar esté convencido de que cualquier persona que supere la edad de 65 años no puede ser independiente. *Primero escuche*, y luego, amablemente, responda según sea necesario.

> Aunque por fuera nos vamos desgastando, por dentro nos vamos renovando día tras día.
> *2 Corintios 4:16*

Preguntas clarificadoras

Médicas

1. Si la persona mayor está confundida, ¿ha estado enferma? ¿Existe alguna posibilidad de que haya una depresión, deshidratación, otros trastornos médicos o malnutrición? (Algunos trastornos médicos y la depresión pueden imitar los síntomas de la demencia senil, de modo que asegúrese siempre de que los profesionales médicos y los consejeros han descartado las disfunciones médicas y la depresión, antes de dar por hecho la capacidad que tiene una persona para vivir con independencia).

Emocionales

2. La persona anciana, ¿se siente sola o está deprimida? (La soledad puede inducir a una persona a buscar ayuda y, en ocasiones, a exagerar la necesidad que realmente tiene).

Preguntas generales

1. ¿Qué grado de asistencia cree que usted [o su ser querido] necesita? ¿Qué cambiaría concretamente para poder vivir mejor [o contribuir a que su ser querido viva mejor]? (La asistencia en el hogar debería ser siempre una de las primeras opciones, mientras que trasladar a la persona a un entorno más estructurado debería ser la última).
2. ¿Con qué recursos económicos cuenta usted [o su ser querido]? ¿Es candidato para recibir ayudas del gobierno o del Seguro Social que aún no ha aprovechado?
3. ¿Qué problemas médicos influyen? ¿Son terminales, crónicos, permanentes pero no debilitadores, degenerativos y progresivos? (Es evidente que, si un problema médico es temporal, los planes futuros serán muy distintos a si es terminal, progresivo o crónico).
4. ¿Cómo le hace sentir la posibilidad de necesitar más ayuda [o de ofrecerla a su ser querido]? ¿Qué miembros de la familia están disponibles?
5. ¿Corre peligro usted [o su ser querido]? Los trastornos peligrosos incluyen, entre otros:
   - la pérdida de memoria que puede generar incendios accidentales, o que el afectado se pierda o manifieste una conducta destructiva
   - problemas de salud que requieran una supervisión constante o que contribuyan a la pérdida repentina del equilibrio o de la consciencia
   - un hogar deteriorado, insalubre o demasiado exigente desde el punto de vista estructural (por ejemplo, con demasiadas escaleras)
   - un estado emocional que pudiera conducir al desespero extremo o a la psicosis (pensamiento distorsionado, como la demencia o la paranoia)

Las personas que cumplen 65 años tienen una esperanza de vida de otros 18, 2 años adicionales (19,5 para las mujeres y 16,6 para los hombres).[1]

CONSEJOS SABIOS 4

Cuando se aconseje a un cuidador, deje claro a esa persona la complejidad de los factores relacionados con el envejecimiento y la gran cantidad de recursos disponibles para los cuidadores y los ancianos. Anime al cuidador a *reunir toda la información* (de médicos, otros miembros de la familia y los vecinos). Siempre es necesario proteger el derecho a la intimidad de los ancianos, y contar con su consentimiento (basado en su capacidad mental) antes de consultar con otros. Luego, cuando tiene toda la información, comente los temas con la otra persona y su familia e intente llegar a un acuerdo.

El objetivo es descubrir cómo está la persona mayor, cuáles son sus necesidades y si hay algún problema grave. Procure siempre informar a la persona anciana y hacerla partícipe del proceso. Las transiciones por los cambios de desarrollo que acompañan a la ancianidad son más asimilables cuando la persona mayor participa en las decisiones primarias que afectan a su vida.

> **Bajo el punto de vista de Dios, el envejecimiento no es más que la última etapa de la escalera entre la tierra y el cielo.**
> *David Seamands*

Antes que nada, evalúe si existe alguna posibilidad de que exista *un abuso físico, sexual o económico o un abandono del anciano.*

El *abuso económico* tiene lugar cuando los amigos o los familiares utilizan los recursos económicos de un anciano en beneficio propio. Esto constituye un riesgo especial cuando la persona anciana está confusa y ya no controla su propia economía. No espere que la víctima denuncie la situación (es posible que incluso la niegue a pesar de las evidencias claras) por miedo a perder el contacto y la asistencia del cuidador. Es importantísimo manifestar empatía y comprender toda la situación desde el punto de vista del anciano o anciana, incluso cuando la decisión de usted pueda entrar en conflicto con los deseos de la persona.

La *desatención o abandono de un anciano* tiene lugar cuando su cónyuge o un miembro de la familia ignora deliberadamente las necesidades que tiene el anciano de alimento, ropa, refugio, un entorno limpio y protección frente a las temperaturas extremas. A veces esto sucede involuntariamente, cuando un cónyuge que hasta entonces estaba sano pierde el control de su vida o se pone enfermo y ya no puede ofrecer un entorno seguro para su pareja vulnerable.

El *abuso de ancianos* es la violencia física o emocional contra una persona mayor. Podría tratarse de un tipo de violencia doméstica que dure años. También podría suceder que abuse del anciano o anciana un cuidador que sea de la familia o no. Esta conducta debe denunciarse ante las autoridades pertinentes.

5 PASOS PRÁCTICOS

Para el anciano o anciana

La mala salud y la pérdida de la independencia no son consecuencias inevitables del proceso de envejecimiento. Para conservar la salud y la independencia, los ancianos deberían plantearse las estrategias siguientes:

1. Vacunarse e intentar detectar cuanto antes las enfermedades

Hacerse un chequeo médico para detectar cuanto antes una enfermedad, cuando es más tratable, salva muchas vidas. Además, dependiendo de la edad y de la salud, las vacunas contra la gripe, la neumonía y otras enfermedades importantes reducen el riesgo que padece la persona de ingresar en un hospital, y de morir a consecuencia de la enfermedad. En el grado que sea posible, participe para recomendar chequeos y tratamientos médicos.

2. Llevar un estilo de vida saludable

Un estilo de vida sano influye más que su genética para ayudarle a evitar la decadencia que se asocia tradicionalmente con el envejecimiento.

3. Conservar las relaciones

El número y la calidad de las relaciones personales son esenciales para su salud física y mental. Quizá sienta que vive sumido en una pérdida constante porque fallecen muchos de sus amigos o familiares. Estar solo y sentirse solo son circunstancias letales para muchas personas mayores, que renuncian a la lucha por la vida si no hay nadie (familia o amigos) por quien vivir. Protéjase de esto haciendo nuevas amistades. (*Para algunas personas ancianas, el riesgo de suicidio o de muerte lenta por negarse a cuidar de sí mismas aumenta sustancialmente cuando tengan que vivir solas*).

4. Evitar y curar las lesiones adecuadamente

Entre los ancianos, las caídas son la causa de lesión más frecuente. Más de un tercio de adultos de más de 65 años se cae cada año, y de estos, un 20-30 por ciento padece lesiones entre moderadas y graves que reducen su movilidad e independencia.[2] Elimine los obstáculos del hogar e instale barras de sujeción en áreas clave como los baños. Estas medidas sencillas reducirán mucho sus posibilidades de caerse.

Los estadounidenses cada vez viven más años, y aumenta sin cesar el promedio de personas de más 65 años. Según el Centro Nacional de Estadísticas Sanitarias (NCHS, por sus siglas en inglés), en 2000 había 35 millones de estadounidenses de 65 años o más. En 2030 ese número se duplicará hasta los 70 millones, ¡uno de cada cinco estadounidenses![3]

5. Aprender técnicas de autogestión

Piense en la posibilidad de encontrar programas que enseñen técnicas de autogestión a las personas ancianas. Estos programas le ayudarán a superar y gestionar las transiciones de sus últimos años. Para localizar estos programas, empiece preguntando a su médico si existen grupos u organizaciones en su área que se reúnan regularmente para obtener apoyo y/o realizar actividades sociales. Además, su agencia de servicios comunitarios local puede ofrecer diversos servicios dentro de sus programas de asistencia a los ancianos.

Para el cuidador

1. Evalúe la necesidad

Consultándolo con su ser querido anciano, clasifique las necesidades en orden de importancia. Dos valores clave que hay que mantener son la necesidad de sentirse valorado y la capacidad de vivir con el grado más alto posible de independencia. Debatan cómo pueden satisfacerse estos valores y estas necesidades y provocar las menores molestias posibles. La mayoría de las veces, la elección no está entre vivir solo o mudarse a una residencia de ancianos; hay muchas otras alternativas, incluyendo:

Opciones asistenciales en el hogar

- *asistencia no médica en el hogar* para la limpieza, la preparación de comidas o el mantenimiento del hogar
- programas de *comidas* a domicilio
- *ayuda en el hogar* en horas clave, para actividades como bañarse o vestirse
- *asistencia de día* para quienes tienen familiares que están con ellos en otros momentos

- *asistencia sanitaria doméstica intensiva*, como último paso antes de pasar a una nueva situación

Opciones asistenciales fuera del hogar

- *complejos de apartamentos para ancianos* (bloques de apartamentos que se ofrecen a precio reducido para personas ancianas, y donde proporcionan ciertos servicios asistenciales)
- *compartir piso* con una persona más joven (que no sea de la familia)
- *residencia de ancianos* (que a menudo alivia la soledad de la persona o la necesidad de prepararse las comidas, mantener el hogar, etc.)
- *asistencia para las comidas y la vida en general* (se proporciona comidas preparadas, recordatorios para tomar la medicación, desplazamiento a las tiendas y otros servicios de apoyo)
- *grupo doméstico privado* (donde entre dos y seis personas reciben el cuidado de una pareja que se dedica profesionalmente a ello)

2. Piense en los efectos

Considere el efecto de cualquier cambio en el estilo de vida de todos los miembros de la familia, no solo de la persona anciana. Por ejemplo, un cambio de barrio no solo afectará a la persona mayor, sino a todos los miembros de la familia que se vean involucrados. La relación entre usted y sus padres ancianos tiene una importancia crucial, pero también debe tener en cuenta el impacto que tengan los cambios en las relaciones abuelos/nietos (incluya los aspectos positivos y negativos).

Esfuércese para que los trastornos sean mínimos, sobre todo si su familia ya vive una situación tensa o exigente. (Añadir un miembro de la familia que exige una asistencia durante 24 horas diarias en un hogar donde hay adolescentes o un niño con necesidades especiales, por ejemplo, no sería una buena idea, sin embargo, puede serlo pedir a un adolescente aburrido y descarriado que ayude con las tareas de asistencia).

3. Piense en todas las opciones

Enumere todas las opciones y sométalas a una intensa reflexión en oración. Descanse siempre en la opción menos restrictiva y menos costosa, que pueda hacerse en casa, antes de pensar en otras. Pida ayuda a varias personas (tanto dentro como fuera de la familia) para encontrar soluciones y orar por las posibilidades.

4. Proporcione a su familiar anciano algo por lo que vivir

Las actividades que dan valor a la vida incluyen pasatiempos, artesanía, momentos de oración, voluntariado y dar y recibir amor. Anime siempre a la persona a conservar e incluso aumentar sus vínculos con una iglesia local y ayude a su ser querido a encontrar una iglesia donde exista un programa y un ministerio de asistencia a los ancianos. Por usar una frase hecha aplicable en este caso: o lo usa o lo pierde. Que su familiar anciano no pierda los vínculos y la participación en actividades.

5. Desarrolle programas y rutinas familiares

La sensación de estabilidad y de estructura aporta confianza a la vida cotidiana, sobre todo si el anciano se ha mudado recientemente de una casa y un vecindario grandes. Asegúrese de que esa persona coma, haga ejercicio, cuide de sí misma y se preocupe de su aseo. Ayúdela a desarrollar nuevas rutinas en una iglesia o un entorno relacional a las que pueda esperar con ilusión de forma regular.

EJEMPLOS BÍBLICOS 6

Ponte en pie en presencia de los mayores. Respeta a los ancianos. Teme a tu Dios. Yo soy el Señor (Lv. 19:32).

Las leyes de Dios incluyen prohibiciones contra la falta de respeto hacia los ancianos. Hay que tratar con honor y respeto a los "mayores" y "ancianos".

La Biblia ordena el respeto hacia los ancianos, que tienen mucho que enseñar dada su amplia experiencia.

Moisés tenía ciento veinte años de edad cuando murió. Con todo, no se había debilitado su vista ni había perdido su vigor (Dt. 34:7).

Nuestra generación tiende a subrayar la importancia de la juventud, pero Dios usa a siervos de cualquier edad. La edad no limita la capacidad que tiene Dios para trabajar por medio de las personas. Mientras tengamos aliento debemos servir a Dios.

Ya han pasado cuarenta y cinco años desde que el Señor hizo la promesa por medio de Moisés, mientras Israel peregrinaba por el desierto; aquí estoy este día con mis ochenta y cinco años: ¡el Señor me ha mantenido con vida! (Jos. 14:10).

La Biblia identifica la clave de la salud, la vitalidad y el favor especial con Dios que disfrutó Caleb toda su vida. "Yo me mantuve fiel al Señor mi Dios" (Jos. 14:8).

Caleb es un modelo maravilloso para la idea de que una vida fiel (que persevera en medio de las pruebas y tribulaciones) se ve recompensada con bendiciones en la ancianidad.

Hazme saber, Señor, el límite de mis días, y el tiempo que me queda por vivir; hazme saber lo efímero que soy. Muy breve es la vida que me has dado; ante ti, mis años no son nada. Un soplo nada más es el mortal (Sal. 39:4-5).

Las vidas de las personas no son más que una pequeña medida en la mano de Dios; para Él son "nada", como una gota en el océano. Es importante equilibrar nuestro vigor con una apreciación clara de nuestra fragilidad.

Uno de los grandes retos del envejecimiento es comprender que, mientras pasa el tiempo, Dios obra por medio de nosotros para marcar una diferencia en el mundo.

Entre 1994 y 1996, un 72,2 por ciento de ciudadanos estadounidenses de 65 años o más informaron que su salud era buena, muy buena o excelente. Un 74 por ciento de blancos no hispanos dijeron que su salud era buena o muy buena, comparados con el 64, 9 por ciento de hispanos/latinos y el 58,4 por ciento de negros no hispanos.[4]

Sea cual fuere nuestra edad, debemos usar nuestro tiempo sabia, plena y activamente y ser altruistas. Debemos dar gracias por cada día nuevo y pedir a Dios que nos muestre cómo servirle.

No me rechaces cuando llegue a viejo; no me abandones cuando me falten las fuerzas (Sal. 71:9).

A menudo los ancianos se sienten traicionados por su ancianidad y creen que, como carecen del vigor de su juventud, ya no pueden servir eficazmente a Dios. Sin embargo, Él nos dice que su pueblo "aun en su vejez, darán fruto" (Sal. 92:14).

Los creyentes ancianos tienen toda una vida de sabiduría y de experiencia, que son cosas valiosas para los jóvenes. Los creyentes pueden y deben seguir creciendo espiritualmente incluso durante el crepúsculo de sus vidas. Pueden seguir marcando una diferencia para Dios y contribuir a la edificación de su reino.

Los jóvenes no deben tener en menos a los mayores; en lugar de eso, deben buscar en ellos la sabiduría santa que han acumulado durante sus años de conocimiento de Cristo.

7 ORACIÓN

Amado Señor, gracias por la vida de _________. Da a sus seres queridos la gracia para que mantengan la dignidad de tu siervo/a y satisfagan sus deseos todo lo que puedan. Por favor, revela por medio de tu Espíritu Santo lo que deben hacer a continuación. Dales sabiduría y amor. Ayúdales a ver las opciones y condúcelos en la dirección en que deben avanzar y que será lo mejor para todos los involucrados…

Participación en la iglesia

RETRATOS 1

- Carlos, Julia y Catalina asisten al culto cada domingo por la mañana y cada miércoles por la tarde. "Pero, ¿dónde está su hijo David?", pregunta alguien. "Pues… es que no se encuentra bien", responde su madre, demasiado avergonzada como para admitir la verdad.
- Ronaldo tiene dieciséis años y sus padres le exigen que participe en todas las actividades eclesiales durante la semana. Ronaldo está resentido con la iglesia y con sus padres, de modo que, cuando va a la iglesia, o crea problemas o ignora todo excepto su iPod.
- Carla y sus hijos se van al culto cada domingo por la mañana. "¿Papá no viene?", pregunta Guillermo. Carla lo mira y le dice: "No, hoy tu padre tiene que trabajar". Más tarde se siente doblemente culpable: por mentir sobre el desinterés de su esposo y por reforzar la idea de que está bien trabajar el día que Dios eligió como de reposo.

DEFINICIONES E IDEAS CLAVE 2

- En este capítulo, la participación en la iglesia es una medida *de la participación activa y constante de toda la familia*, dirigida por los padres, en la vida de la iglesia local.
- *Las familias que asisten a la iglesia y tienen una fe activa suelen estar más cohesionadas.* Los niños que participan en su iglesia local rinden mejor en el colegio y tienen menos probabilidades de caer en conductas delincuentes, como los delitos, el sexo prematrimonial o el consumo de drogas.
- *La participación de los padres* en las actividades de la iglesia aumenta la probabilidad de que sus hijos jóvenes y adultos sigan yendo a la iglesia.
- En concreto, *los padres influyen mucho en la espiritualidad de sus hijos.* Cuando unos investigadores hicieron la pregunta: "¿Qué determina si un niño irá a la iglesia cuando sea adulto?", descubrieron que *algunos* niños que van a la iglesia seguirán en ella de mayores; que la madre lleve a los hijos a la iglesia cuando son pequeños *aumenta la probabilidad* de su asistencia cuando sean adultos; y los niños que van con su padre a la iglesia son *los que tienen la máxima probabilidad* de asistir a la iglesia en un momento posterior de sus vidas.[1]

- La Biblia exhorta a todos los creyentes a formar parte de una iglesia y a participar activamente en ella. Sin embargo, no hay que sobrepasarse. Los padres deberían obligar a los niños a ir a la iglesia, pero quizá no a todas sus actividades. Hable con sus hijos sobre lo que les gusta o no les gusta de la iglesia.
- Si a nadie le gusta ir a la iglesia, no es el momento de dejar de ir, sino quizá de buscar y encontrar una iglesia diferente.

3 ENTREVISTA DE EVALUACIÓN

> La asistencia a una iglesia es vital para un discípulo, tanto como una transfusión de sangre abundante y saludable lo es para un enfermo.
> *Dwight L. Moody*

1. ¿Con qué frecuencia asiste su familia a la iglesia? ¿Están de acuerdo todos los miembros de la familia? Si no es así, ¿cuáles son las diversas opiniones?
2. ¿A todos les gusta esta iglesia? ¿Hay alguna otra iglesia a la que preferirían asistir?
3. ¿Participan en algún programa de la iglesia, como células de estudio, escuela dominical o ministerios destinados a diversas edades?
4. ¿Sirve en la iglesia de alguna manera? ¿Da el diezmo? ¿Pertenece a la junta o al equipo de liderazgo de la iglesia?
5. ¿Discipula a otros en su iglesia? ¿Le discipula alguna persona en concreto?
6. Si la iglesia no es lo que usted quisiera, ¿qué espera? ¿Cuál es su modelo ideal de iglesia? Si pudiera elegir un aspecto de su ideal que no es negociable, ¿cuál sería?
7. Defina una iglesia local que cree en la Biblia.

4 CONSEJOS SABIOS

Según el grupo de investigación Barna, *las diferencias de género son importantes al plantearse la participación en una iglesia.* Aunque los hombres son pastores de más de nueve de cada diez iglesias protestantes (y del cien por cien de las católicas), las mujeres son más responsables de la salud y de la vitalidad de la fe cristiana.

Además, Barna informa que el 60 por ciento de los asistentes a las iglesias son mujeres y que un 46 por ciento de las mujeres estadounidenses tiene creencias que las clasifican como cristianas nacidas de nuevo (frente a solo un tercio de hombres). Nueve de cada diez mujeres estadounidenses se consideran cristianas (comparadas con un 83 por ciento de hombres).

Es más probable que las mujeres se comprometan con su fe; un 75 por ciento informa que su fe es muy importante en su vida (comparado con un 60 por ciento de hombres). En función de la etnia, la edad y la región, por lo general las mujeres están más comprometidas con la fe cristiana y tienen un 36 por ciento más de probabilidades que los hombres de participar regularmente en la iglesia.[2]

Además, la participación de las mujeres en su iglesia y su fe sobrepasa a la de los hombres en las doce áreas siguientes. Las mujeres:

- Asisten a la iglesia un 29 por ciento más
- Son voluntarias en la iglesia un 33 por ciento más
- Participan en el discipulado un 100 por ciento más
- Participan en la escuela dominical un 57 por ciento más
- Forman parte de grupos reducidos un 54 por ciento más
- Ocupan un puesto de liderazgo en la iglesia un 56 por ciento más
- Donan dinero a la iglesia un 23 por ciento más
- Comparten su fe con otros un 29 por ciento más
- Discipulan a otros un 46 por ciento más
- Tienen un momento devocional un 39 por ciento más
- Leen la Biblia un 29 por ciento más
- Oran un 16 por ciento más[3]

A pesar de esto, recordemos el estudio que demuestra que el padre es quien, con mayor probabilidad, influye en las decisiones de sus hijos sobre la vida eclesial y la fe; si el padre va (o no) a la iglesia, eso harán los hijos.

PASOS PRÁCTICOS 5

1. Identifique cualquier resistencia

- ¿Algún miembro de la familia se muestra reacio a participar en la iglesia? ¿Qué provoca esa renuencia?
  - ¿Es un problema espiritual?
  - ¿El miembro de la familia está demasiado cansado para ir a la iglesia?
  - ¿El miembro de la familia no recibe alimento espiritual en la iglesia?
  - ¿Al miembro de la familia no le gusta la familia eclesial?
  - ¿Al miembro de la familia no le gustan los programas o los cultos de la iglesia?
- El primer paso importante para abordar el tema es comprender el motivo de la renuencia.

El porcentaje de adultos estadounidenses que se identifican como cristianos ha bajado del 86 por ciento en 1990 al 77 por ciento en 2001.[4]

2. Encuentre la iglesia idónea

- Si decide que es el momento de encontrar una nueva iglesia, deje de hacer lo que no funciona y empiece la búsqueda de una iglesia que crea en la Biblia y que exalte a Cristo, y lo antes posible.
- Haga algunas llamadas, solicite información a otras iglesias en la zona, y vaya a visitarlas para ver qué congregación o familia eclesial es la más adecuada para usted.
- Asegúrese de elegir una iglesia en la que pueda crecer espiritualmente y donde la familia quiera pasar tiempo. Ir a la iglesia no debe ser una carga, sino el punto culminante de la semana.

3. Asista y participe

- Tendrá que decidir qué grado de participación en la iglesia será el obligatorio para todos los miembros de la familia, y cuál será voluntario. Por ejemplo, tal vez pedirá a sus hijos que asistan a la escuela dominical y al culto completo del domingo, pero no a las demás actividades semanales. O quizá permitirá que los niños vayan a la iglesia el domingo por la mañana o por la tarde y asistan al grupo de jóvenes.
- Si la familia está estresada por el trabajo, las tareas del hogar, los deportes de los niños, la escuela y otros compromisos, participar demasiado en la iglesia puede generar resentimiento, no crecimiento espiritual. Lo mejor es tener una agenda saludable, equilibrada. Busque contactos de calidad en la iglesia, no el mero hecho de estar allí siempre; sobre todo para los niños.

6 EJEMPLOS BÍBLICOS

Yo te digo que tú eres Pedro, y sobre esta piedra edificaré mi iglesia, y las puertas del reino de la muerte no prevalecerán contra ella (Mt. 16:18).

La idea de la iglesia la diseñó Dios intencionalmente. En Mateo 16, Cristo dice a Pedro que ni siquiera las puertas de la muerte prevalecerán contra la Iglesia de Dios.

Cuando llegaron, reunieron a la iglesia e informaron de todo lo que Dios había hecho por medio de ellos, y de cómo había abierto la puerta de la fe a los gentiles (Hch. 14:27).

Al llegar a Jerusalén, fueron muy bien recibidos tanto por la iglesia como por los apóstoles y los ancianos, a quienes informaron de todo lo que Dios había hecho por medio de ellos (Hch. 15:4).

Las Escrituras nunca dejan de subrayar la importancia de la participación en la iglesia. En los pasajes anteriores, la iglesia funciona como un grupo de creyentes que proclaman y celebran el progreso del mensaje de Cristo.

Y así las iglesias se fortalecían en la fe y crecían en número día tras día (Hch. 16:5).

Este versículo breve subraya dos ideas importantes. Tanto el crecimiento de la iglesia en cuanto a su número como el crecimiento de la fe de sus miembros eran temas importantes para los primeros cristianos.

Preocupémonos los unos por los otros, a fin de estimularnos al amor y a las buenas obras. No dejemos de congregarnos, como acostumbran

hacerlo algunos, sino animémonos unos a otros, y con mayor razón ahora que vemos que aquel día se acerca (He. 10:24-25).

La Biblia dice que incluso antes de la caída de la humanidad, lo único que *no* era bueno es que el hombre estuviera solo (Gn. 2:18). Fuimos creados para tener relaciones y comunión los unos con los otros.

La Biblia también nos dice que amemos a nuestro prójimo como a nosotros mismos (Mt. 22:39). Necesitamos sentirnos amados y animados, y también lo necesitan nuestros hermanos y hermanas en la iglesia.

ORACIÓN 7

Formar parte de un grupo de creyentes es extremadamente importante para el caminar espiritual. Sabemos esto, Señor, porque tu Palabra nos lo dice. Pero las cosas se complican más cuando vemos todas las diversas maneras en que nuestras familias pueden participar en la iglesia. Guíanos, Señor, para que participemos de las maneras que más te agraden, y muéstranos el grado de participación idóneo...

Pérdida de un cónyuge o hijo

1 RETRATOS

- Marcos no sabía qué pasaba: hacía casi dos años que había muerto su esposa, Susana, y se sentía como si no hubiera cambiado nada. No podía convencerse de que ella no estuviera. Después del accidente de Susana, los amigos de Marcos le apoyaron y los miembros de su iglesia le llevaron comidas preparadas y oraron por él, pero nada pareció ayudarle. Había días, más de los que le apetecía admitir, que pensaba que hubiera sido mejor que él hubiera estado en el vehículo con Susana para morir con ella.
- Fiona y Jacob llevaban diecinueve años casados. Acudieron a consejería porque seis meses antes su hija de dieciséis años falleció en un accidente de tráfico. El conductor que la embistió estaba borracho. Los otros tres amigos que iban en el auto con ella solo padecieron algunas contusiones. "¿Por qué Sheila?", preguntan, temblorosos. "No podemos dejar esto atrás, no podemos seguir adelante".
- Roberto no podía pasar por delante del hospital sin sentir aquel puño que le apretaba el estómago. Había pasado horas viendo a su esposa luchar contra el cáncer. Parecía que a Roberto ya le daba todo igual; sus días, y en ocasiones sus noches, habían girado en torno a hacer todo lo posible para asegurarse de que su esposa sobreviviera, y ahora había fallecido.

2 DEFINICIONES E IDEAS CLAVE

La muerte de un hijo o hija es *una de las peores experiencias que puede tener un padre o una madre.*

- Perder a un hijo puede vivirse como la pérdida del propio yo de los padres.
- Un hijo *encarna las esperanzas y los sueños del padre o la madre.*
- El dolor de los padres se puede agravar al sentir que *han fracasado en su responsabilidad* de proteger a su hijo.
- La muerte de un hijo viola el orden natural de la vida, dado que no estamos diseñados para vivir más que nuestros descendientes; son ellos quienes deben enterrarnos, no al revés.

La muerte de un cónyuge es una de las peores experiencias que puede soportar una persona casada.

- Perder a un cónyuge puede vivirse como *la pérdida del propio yo del superviviente.* Como mínimo, el viudo o la viuda *pierde su identidad como persona casada.*
- La persona fallecida encarnaba *las esperanzas y los sueños del cónyuge superviviente.*
- El cónyuge que sigue vivo *pierde a su alma gemela*, a la persona que lo conocía mejor que cualquier otra persona en este mundo.

Acerca del duelo

- El duelo es el *sufrimiento emocional intenso* provocado por una pérdida.
- El duelo es como entrar en un valle sombrío y es un proceso difícil *y doloroso* que puede ser *duradero.* Es un viaje sanador que puede durar entre uno y tres años, y que para algunas personas dura toda una vida; nunca superan el proceso del duelo.
- Una *muerte repentina* puede ser más difícil de soportar, porque no se han dado advertencias previas ni la posibilidad de despedirse y empezar a prepararse para la pérdida.
- El duelo no siempre tiene que ver con la muerte. También puede suceder después de otros tipos de pérdida como *un divorcio, una transición de la vida, una catástrofe natural o una desgracia,* como una enfermedad incapacitante o una pérdida financiera.
- En realidad, el duelo representa una *mezcla compleja de emociones*, todas las cuales, cuando se entienden, son "normales". Las personas pueden experimentar la pérdida psicológicamente por medio de sentimientos, pensamientos y actitudes; socialmente, cuando interactúan con otros; y físicamente, dado que afecta a su salud.
- A menudo los amigos no saben cómo ayudar a la persona que pasa por un duelo, y pueden intentar "*animarla*" o "*apartar su pensamiento de la pérdida*". En realidad, esto puede contribuir a la carga, dado que la persona tiene que evitar a sus amigos o "fingir", en lugar de tener la ocasión de compartir sus verdaderos sentimientos.
- A veces, la pérdida es acumulativa, y *despierta recuerdos de pérdidas anteriores* por las que nunca se pasó por un duelo.
- Alguien sumido en el duelo puede experimentar *un sentimiento intenso de culpabilidad* por aspectos de la relación con la persona que ha fallecido, o el superviviente puede sentir que está recibiendo un castigo.
- A veces, la ira y la tristeza *se proyectan contra Dios*, y la persona doliente siente que Dios está lejano y se muestra indiferente.
- Con frecuencia la tristeza y la pérdida pueden *intensificarse durante ciertas épocas del año,* como el mes en que murió la persona, las vacaciones familiares y el cumpleaños o aniversario de quien falleció.

Las lesiones son una causa principal de muerte entre niños y jóvenes, y suponen más de un tercio de todas las muertes entre los niños de edades comprendidas entre uno y cuatro años, y la mitad de todas las muertes de adolescentes, entre los quince y los diecinueve años.[1]

- *El luto* es *la manifestación pública de la tristeza*, y puede incluir rituales como ceremonias fúnebres o de otro tipo dedicadas al difunto.
- El duelo se entiende mejor como la sensación de vaciedad y de anhelo que acompañan a una pérdida.
- *El duelo complicado* es una tristeza con *una intensidad, una gravedad y una duración muy superiores a las de la tristeza normal.* La pérdida de un hijo o cónyuge puede conducir a un duelo complicado.

Factores que complican el duelo

Aunque experimentar la pérdida de un ser querido nunca es una experiencia bienvenida, hay algunos factores que hacen que una muerte se sobrelleve mejor o peor. En cada pareja mencionada a continuación, el factor más difícil es el segundo; el primero suele considerarse más "fácil" de sobrellevar:

- muerte natural frente a muerte no natural
- persona anciana frente a persona joven
- muerte apacible frente a muerte traumática
- muerte esperada frente a muerte inesperada
- muerte por enfermedad terminal frente a muerte por enfermedad crónica o muerte de una persona sana
- una muerte frente a múltiples muertes al mismo tiempo

Fases del duelo

El duelo puede sentirse de muchas maneras. Incluye varias etapas que identificó por primera vez la Dra. Elisabeth Kübler-Ross:

1. Negación o conmoción: Intelectualmente, el doliente puede comprender lo sucedido, pero sus emociones aún no experimentan el dolor; pueden sentirse adormecidas.
2. Liberación de emociones: A menudo se traduce en la ira contra otros. El doliente puede que incluso se enoje con Dios. Las personas sumidas en el duelo se centran en los recuerdos de lo que han perdido, y pueden encerrarse en sí mismas durante un tiempo.
3. Culpabilidad e ira: Los dolientes se maltratan emocionalmente cuando se culpan por no haber evitado la pérdida. Se sienten desorganizados y no saben cómo seguir con su vida. Pueden caer en una depresión.
4. Aceptación de la pérdida: Reorganizar su vida, asumir nuevos roles y reconectarse con quienes les rodean son facetas saludables e importantes del proceso de curación. Una parte esencial de este proceso es la capacidad de aprender a sentir y a expresar el dolor con más sinceridad, sin negaciones ni evitación.[2]

Ningún grado de teología ni de experiencia puede facilitar el proceso de duelo. La mala noticia es que el único camino hacia la sanidad auténtica pasa por el proceso de duelo. La buena noticia es que Dios lo recorre a nuestro lado.

H. Norman Wright

Por útil que pueda resultar conocer estas etapas, no son fases ordenadas y definidas que la persona experimenta secuencialmente; más bien suelen ser cíclicas, y el doliente puede experimentar más de una emoción a la vez y en un orden distinto.

El objetivo del duelo *no es hacer que todo vuelva a la normalidad.* Después de una pérdida, la vida entera de la persona puede cambiar. La meta es descubrir y aceptar una nueva "normalidad", dado que la pérdida de un ser querido cercano cambia las cosas sustancial y permanentemente.

Un experto en apego, el Dr. John Bowlby, también ha identificado varias etapas del proceso de duelo:

1. adormecimiento
2. anhelo y búsqueda de la figura perdida
3. desorganización y desespero
4. reorganización[3]

ENTREVISTA DE EVALUACIÓN 3

Preguntas clarificadoras

1. Para determinar si el proceso de duelo se ha degradado y se ha convertido en una depresión incapacitante, pregunte: en una escala del 1 al 10, siendo 1 el buen ánimo y 10 una depresión, ¿dónde se encuentra usted hoy? (Si la depresión es evidente, remita a la persona a un profesional).
2. ¿Le ha venido a la mente la idea de hacerse daño? (Si son evidentes las tendencias suicidas, busque de inmediato la ayuda de otro profesional).

Preguntas generales

Nota: Estas van dirigidas a alguien que experimenta el duelo por una muerte, pero podrían reformularse para la persona que lo experimenta por otros motivos.

> El principal motivo para el aumento reciente de la mortalidad infantil es el aumento en el número de bebés que nacen con muy poco peso.[4]

1. ¿Quién ha fallecido? Comparta sus recuerdos favoritos de esa persona.
2. ¿Fue una muerte especialmente traumática? (Por ejemplo, ¿fue un accidente súbito o una muerte en el hogar?). ¿Dónde estaba usted cuando sucedió? (Detecte los modos en que la persona puede culparse a sí misma o sentirse mal por lo sucedido. Por ejemplo, ¿conducía el automóvil accidentado? ¿Era el pasajero que sobrevivió a un accidente de tráfico mientras que la otra persona murió? Procese esos sentimientos con la persona doliente).
3. ¿Cómo se sintió tras esa muerte? ¿Qué emociones ha tenido desde que se produjo? ¿Qué emociones son las que siente más a menudo? Esta pérdida, ¿le recuerda a otra pérdida grave que haya padecido?
4. ¿Quién más sabe por lo que ha pasado? ¿Quién le respalda emocional y espiritualmente?
5. ¿En qué nivel funciona usted ahora? Hábleme de un día típico.

¿Cuál es la tarea más ardua que tiene que hacer solo/a? ¿Qué tipo de ayuda podemos encontrarle para que la haga bien?

6. ¿Cuándo son sus mejores momentos? ¿Y los peores?

4 CONSEJOS SABIOS

Aborde cualquier *deseo de morir* de la persona o su *falta de motivos para vivir*, y remítalo a un tratamiento médico o a un consejero profesional, si es necesario.

Evalúe cómo *funciona la persona en su vida cotidiana* y qué ayuda puede necesitar.

Tranquilice a la persona diciéndole que es un *proceso largo*, y que la gama e intensidad de las emociones que siente son normales.

Recuerde a la persona que el proceso de duelo de cada persona es único. Al mismo tiempo, *normaliza el proceso* identificándolo con aquel que ha visto en todas las personas que han padecido una pérdida importante.

Una pareja o familia que se enfrente a la pérdida de un hijo, o un cónyuge que padezca la pérdida de su esposo/a, pueden padecer estrés traumático. Un primer paso importante para la recuperación es hacer que la persona cuente su historia y su experiencia. El proceso de contar la experiencia ayudará al doliente a encontrar sentido a sus circunstancias y a avanzar por su viaje hacia la sanidad.

5 PASOS PRÁCTICOS

1. Sea paciente

- Concédase el tiempo que necesite para curarse emocionalmente.
- Siga una rutina, descanse mucho y no intente hacer demasiado. Dirija sus energías hacia la sanación.

2. Mantenga sus amistades

- Permita que otros le consuelen y compartan su viaje hacia la sanidad.
- No se aísle de las personas; busque contactos sinceros con ellas.
- Haga una lista de amigos a los que llamar.
- Busque un grupo de apoyo para la tristeza.

> Cuando sientes que todo se ha perdido, a veces la máxima recompensa avanza ya hacia ti.
>
> *Thomas à Kempis*

3. Sienta el dolor sinceramente

- La intensidad de su dolor es normal, y al final irá disminuyendo. Seguramente nunca desaparecerá del todo, pero se volverá soportable.
- Intentar eludir el "terrible dolor" solo prolonga la tristeza. Intentar eludir una pérdida escondiendo sus sentimientos solo causará problemas en otras áreas: emocionales, espirituales o físicas.
- Abordar la pérdida de una manera saludable puede ser un buen camino para crecer e introducir cambios que transformen su vida.

Siga adelante al experimentar el dolor y, al mismo tiempo, reconectarse con la vida por medio de actos de dar y recibir.

4. Sea consciente de que el dolor es normal

- El proceso de duelo conlleva cierto número de cambios. Tiene diversos aspectos dependiendo del momento, y entra y sale de las vidas de las personas. Es una reacción normal, predecible, esperada y saludable ante la pérdida.
- *El duelo es el viaje individual de cada persona. Es necesario respetar la manera que tenga la persona de enfrentarse a cada tipo de pérdida (por pequeña o grande que pueda parecer a otros). Solo debe cuestionarlo cuando se prolonga de una manera perjudicial para la persona y sus relaciones con otros.*

5. Sane

- *Ayude al doliente a procesar la culpa y la ira que siente.*
- *Ayude a la persona a redirigir sus energías al apartarlas de los "ojalá" excesivos y del deseo de que las cosas fueran distintas, a fin de centrarlas en sanarse al concentrarse en pensamientos saludables de la persona desaparecida. Ayude al doliente a recordar imágenes y recuerdos positivos y a llenar su corazón con pasajes bíblicos maravillosos que transmitan la esperanza bendita de volver a ver a un ser querido junto a Cristo.*

EJEMPLOS BÍBLICOS 6

David compuso este lamento en honor de Saúl y de su hijo Jonatán (2 S. 1:17).

Manifestar la tristeza es una reacción saludable a la pérdida. David plasmó su tristeza en unas palabras que honraron al rey ungido y a su hijo.

Traducir el dolor en palabras es una buena manera de manejarlo y de honrar a los que ya se fueron.

Despreciado y rechazado por los hombres, varón de dolores, hecho para el sufrimiento. Todos evitaban mirarlo; fue despreciado, y no lo estimamos. Ciertamente él cargó con nuestras enfermedades y soportó nuestros dolores, pero nosotros lo consideramos herido, golpeado por Dios, y humillado (Is. 53:3-4).

Las palabras de Isaías transmiten el sufrimiento de Aquel que nos amó y murió por nosotros. En nuestros momentos más profundos de dolor y de pérdida, solo tenemos que mirar a Aquel que estuvo en la cruz, y darnos cuenta de que Él nos entiende. Solo Él puede curar el corazón herido.

> Casi 700.000 mujeres pierden anualmente a sus maridos y serán viudas durante una media de catorce años.[5]

Entonces Jesús le dijo: "Yo soy la resurrección y la vida. El que cree en mí vivirá, aunque muera; y todo el que vive y cree en mí no morirá jamás. ¿Crees esto?" (Jn. 11:25-26).

Debido al pecado, todos morimos (Ro. 5:12-14). Muchos intentan ignorar la muerte al no pensar o hablar de ella. Pero, temida o aceptada, esperada o no, la muerte está ahí.

Jesús sintió tristeza por la muerte de su buen amigo Lázaro. Jesús conoce el dolor de la pérdida y la tristeza profunda. Conoce el poder increíble de la muerte.

Es natural sentirse triste por la muerte de un ser querido. Pero, en esos momentos, podemos permitir a Jesús tomarnos en sus brazos compasivos y podemos saber que Él nos entiende.

Hermanos, no queremos que ignoren lo que va a pasar con los que ya han muerto, para que no se entristezcan como esos otros que no tienen esperanza. ¿Acaso no creemos que Jesús murió y resucitó? Así también Dios resucitará con Jesús a los que han muerto en unión con él (1 Ts. 4:13-14).

Aun si voy por valles tenebrosos, no temo peligro alguno porque tú estás a mi lado; tu vara de pastor me reconforta.

Los creyentes tesalonicenses se preguntaban qué les sucedía a sus hermanos en la fe que morían.

Los creyentes cuentan con la seguridad última. Creemos que Jesús murió, resucitó, ascendió y volverá; también creemos que traerá consigo a los creyentes que murieron. Un día, ¡todos los seguidores de Cristo se congregarán en la mayor reunión de todos los tiempos!

Él les enjugará toda lágrima de los ojos. Ya no habrá muerte, ni llanto, ni lamento ni dolor, porque las primeras cosas han dejado de existir (Ap. 21:4).

Apocalipsis describe un tiempo y un lugar mejores, donde no existirán la tristeza y la pérdida: el cielo. Sin importar lo que experimentemos en el mundo; Dios promete un futuro mejor con Él. En medio de los momentos difíciles del hoy, podemos confiar en esta esperanza para el futuro.

7 ORACIÓN

Señor, nos gustaría entender tus pensamientos, tus planes y tus caminos, pero a veces admitimos que no es así. No entendemos por qué nos arrebatas a un ser querido. No entendemos por qué permites que suceda esto sabiendo las consecuencias que tendrá. Sin embargo, Señor, queremos confiar en ti… y necesitamos que nos sostengas en medio de esta tormenta terrible. Sé misericordioso con nosotros, oh Dios, porque conoces ese dolor y lo llevaste en la cruz…

Perdón y reconciliación

RETRATOS 1

- Zacarías no puede convencerse para asistir al cincuenta aniversario de boda de sus padres. La falta de interés que ellos han mostrado por él y por su familia le ha hecho tanto daño que no quiere saber nada de ellos, y mucho menos felicitarles por sus cincuenta años de matrimonio.
- Rebeca no logra dormir por las noches. Sigue teniendo pesadillas en las que aparece su madre, que la maltrató cuando era pequeña. A pesar de que su madre lleva muerta diez años, Rebeca no le perdona el dolor que le causó.
- Juana y Jacob llevan un mes separados. Los dos acudieron a consejería llenos de ira y de resentimiento, pero con el deseo sincero de superar lo malo y reconstruir su matrimonio roto. Jacob sostiene firmemente que este es el último recurso antes del divorcio.

DEFINICIONES E IDEAS CLAVE 2

Qué es y qué no es el perdón

El "perdón" tiene lugar cuando los sentimientos fríos de la "falta de perdón" se transforman en emociones cálidas, amorosas, compasivas, afectuosas y altruistas gracias a una transformación sentida que conlleva abandonar ese deseo (a veces profundo) de vengarse de una ofensa recibida.

La "falta de perdón" consiste en un *estado de resentimiento, amargura, odio, hostilidad, ira y estrés hacia una persona* que ha ofendido, perjudicado o herido a otra de alguna manera. *La falta de perdón es un cáncer que roe el alma de la persona.*[1]

En Lucas 7:40-47, Jesús nos dice una verdad: que a quienes se les ha perdonado mucho, aman mucho.

Definiciones y parámetros del perdón

- El perdón no significa que sean aceptables las heridas que otros le hicieron.
- No reduce la maldad de que usted fue objeto, ni es una negación de lo sucedido.
- Es necesario para evitar que esas heridas le sigan doliendo.
- No elimina las consecuencias a las que se enfrentará la otra persona debido a su pecado.

> ¿Cuándo le perdonó Jesús sus pecados? Hace dos mil años en la cruz. Dos mil años antes de que acudiera a pedirle perdón, este ya estaba ahí: listo, rico, pleno y gratuito.
>
> *Joseph M. Stowell*

- Consiste en abandonar su deseo de herir a la otra persona. En pocas palabras, el perdón significa que usted "cancela una deuda".
- Es un proceso difícil e incómodo. Cuando usted toma la decisión de perdonar, Dios le ofrece la gracia y las fuerzas necesarias para ello, y para mantener un corazón de perdón.
- No es una debilidad. Es lo más poderoso que puede hacer en una relación. Negarse a perdonar permite que Satanás siga hiriéndole; el perdón acaba con el poder destructivo de Satanás que obra en su vida.
- No conlleva necesariamente una reconciliación. Para reconciliarse hacen falta dos, pero solo uno para perdonar.
- No depende de los actos de la otra persona, y no es condicional (por ejemplo, decir: "Te perdonaré siempre y cuando no vuelvas a beber").
- No significa que usted permite que otros se aprovechen de usted, ni tampoco que permita al ofensor herirle de nuevo.
- Es un regalo que le hace al ofensor. La confianza, en cambio, debe ganársela.
- No espera a que el ofensor se arrepienta. A diferencia de Dios, que nos concede el perdón cuando nos arrepentimos, los humanos no podemos exigir el arrepentimiento antes de conceder el perdón.
- Depende de hasta qué punto confíe usted en Dios para que le cuide.
- Significa sentir empatía por el ofensor, humildad por su propia pecaminosidad y gratitud por verse perdonado por Dios y por otros.

Motivos para perdonar

- El perdón le libera para que siga con su vida.
- Se niega a dejar que la persona que le hirió siga teniendo poder sobre su vida.
- Abre el camino a su relación con Dios (Mt. 5:43-48).
- Le impide amargarse y, por tanto, protege a quienes le rodean.
- Evita que usted acabe siendo como la persona que le hizo daño.
- La falta de perdón hiere menos al perpetrador que a *usted* mismo.
- Dios nos ordena que perdonemos (Mt. 18:21-35).

Qué es la reconciliación

- La reconciliación viene después del perdón, y es *el proceso de restauración de una relación rota.*
- No todo el que perdona necesita reconciliarse. De hecho, *en algunas relaciones la reconciliación es imposible.* Hay muchos casos en los que la persona que perdona estará mejor si no mantiene una relación con aquella otra que le hirió (y a veces las personas heridas nunca han tenido una relación con el ofensor. En tales casos no hay motivos para reconciliarse, porque no hay nada que restaurar por lo que respecta a una relación).
- La reconciliación es un *proceso* cuya consecución exige al menos dos personas. Una persona tiene que arrepentirse y buscar el perdón, y la otra necesita perdonar y aceptar la reconstrucción de la

relación. Entonces el proceso de reconstrucción exige un esfuerzo intencionado y mantenido por parte de las dos personas.

- Entre los ejemplos de relaciones hirientes o rotas que se pueden reconciliar se cuentan:
  - un esposo y una esposa que se reconcilian tras descubrirse que uno tuvo una aventura.
  - un esposo y una esposa que se reconcilian después de que los dos hayan tenido una aventura.
  - un matrimonio que se perdona y se reconcilia después de años de albergar ira y heridas acumuladas.
  - un hijo adulto que se reconcilia con un padre que no estuvo a su lado o no le atendió durante su infancia.
  - dos hermanos que se reconcilian tras una pelea o un desacuerdo.

Se ha demostrado que el perdón y la salud mental están claramente relacionados, lo cual sugiere que los individuos que guardan rencor corren un riesgo más alto de padecer problemas de salud, sobre todo cardiopatías.[2]

ENTREVISTA DE EVALUACIÓN 3

Normalmente, cuando una persona busca ayuda para perdonar, se debe a que la incapacidad de hacerlo ha empezado a *obstaculizar su vida personal, emocional o espiritual.* También es posible que la incapacidad de perdonar haya vuelto problemática la relación del aconsejado con la persona que le ofendió.

La incapacidad de perdonar (debido al estrés que genera) puede ser la causa de problemas físicos y psicológicos, como la falta de fuerzas, el insomnio, las migrañas, los dolores articulares o dorsales. Además, puede ser la causa raíz de *la depresión o la ansiedad.*

En ocasiones, la persona *no es consciente* de que el origen de su problema está en la falta de perdón. Por consiguiente, el consejero tiene que conducirla con amor hacia ese descubrimiento.

Haga las siguientes preguntas de evaluación:

1. ¿Qué pasó entre los dos? Si las cosas pudieran arreglarse y ser perfectas, ¿cómo sería su relación?
2. Hábleme del incidente o incidentes que le cuesta perdonar. ¿Cómo le hizo (o hicieron) sentirse?
3. Hábleme de la persona que le hirió. ¿Qué hay en esa persona que le dificulte perdonarla? ¿Entiende la distinción entre el perdón y la reconciliación?
4. ¿Cómo puede saber que no ha perdonado a esa persona? ¿Qué ha intentado ya para ayudarse a perdonarla?
5. ¿Qué medidas ha tomado para impedir que esa persona vuelva a herirle? ¿Tiene sentido a largo plazo evitar a la otra persona?
6. Mientras crecía, ¿vio algún ejemplo de perdón en su entorno familiar? ¿Cuál es la primera vez que recuerda que alguien le ofendió? ¿Cómo lo superó?
7. ¿Detecta algún patrón en su modo de reaccionar cuando la gente le ofende? ¿Esas respuestas le ayudan o le hieren?

> El perdón intelectual y espiritual es importante, pero usted debe pasar por todas las etapas para conseguir el perdón emocional. Debe sentir el dolor, la ira, llorar por las pérdidas; entonces podrá perdonar con su mente, su espíritu y su corazón.
>
> *Sharon Sneed*

8. ¿Qué dice Dios sobre el perdón? ¿Está perdonado/a en Cristo? ¿Ha tenido problemas para aceptar el perdón de sus pecados que le ofrece Dios?
9. ¿Qué cree que es el perdón? ¿Es un síntoma de debilidad o de fuerza?

Después del perdón, la persona puede querer reconciliarse o no con la persona que le ofendió. Veamos algunas preguntas de evaluación sobre la reconciliación:

1. Ahora que ha perdonado a quien le hizo daño, ¿cómo se siente al pensar en reconstruir la relación con él o ella?
2. ¿La persona que le ofendió le ha pedido perdón y ha manifestado evidencias de que no seguirá hiriéndole (recuerde que la reconciliación exige el esfuerzo comprometido de al menos dos personas)?
3. Si ha optado por no reconciliarse ahora, ¿existe alguna posibilidad de que quiera hacerlo en el futuro?
4. Si está dispuesto a reconciliarse, ¿la otra persona está dispuesta y es lo bastante madura como para reconstruir una relación saludable?

4 CONSEJOS SABIOS

Comparta con la persona alguna *información sobre el perdón real* tal como hemos descrito antes. A menudo una persona no ha perdonado porque no entiende lo que es el perdón, o lo confunde con la reconciliación.

El perdón es algo único para cada individuo, e incluso para algunas circunstancias individuales. No existen fórmulas absolutas. Recuerde que es tanto un acto como un proceso constante. Cuando un individuo perdona, su corazón empezará a sanar. Cuando el corazón sana, la persona tendrá más amor que repartir.

Si la persona no quiere "liberar" al ofensor, explíquele que el perdón *libera a la persona herida*, y le protege del poder destructivo de la falta de perdón, al darle libertad para seguir adelante con su vida. Comenten cómo la falta de perdón puede envenenar las relaciones con los seres queridos y perjudicar unas relaciones que no deberían verse afectadas.

Identifique emociones

Muestre empatía hacia la persona y admita que le ha sucedido algo malo. Anime a la persona a lamentar la ofensa y las pérdidas resultantes de cualquier maldad cometida contra ella.

Explique que el dolor y la ira no son pecado; son respuestas normales a una ofensa. Se convierten en pecado cuando continúan por demasiado tiempo y crean una "raíz de amargura" y el impulso de vengarse. Es importante identificar y expresar sentimientos sobre lo que sucedió. La persona tiene que hablar de sus sentimientos, tanto los que experimentó cuando tuvo lugar la ofensa como los que tiene ahora.

Ponga límites

Trabaje con la persona para descubrir qué hay que hacer para evitar que el ofensor vuelva a hacerle daño. Esto tiene que ver con la manera en que el aconsejado mantenga una relación permanente con el ofensor. Por ejemplo, puede mostrarse educado (límite seguro) sin ser su mejor amigo (límite peligroso). De igual manera, puede escuchar sin aceptar consejos.

El tiempo que pase con las personas peligrosas debería ser mínimo. Las personas peligrosas son aquellas que hieren sin preocuparse por el daño que provocan en las vidas de otros. Debemos tener cuidado de no buscar la aprobación de una persona que, probablemente, nos hará daño. Ayude a la persona a darse cuenta de que no necesita la aprobación de otros para tener una vida libre y plena. La única aprobación que necesita es la de Dios.

Perdonar es poner en libertad a un prisionero, y descubrir que ese prisionero era usted.

Lewis B. Smedes

Reconozca la mano de Dios

Dios puede usar la ofensa para fomentar el crecimiento personal y espiritual, y la dependencia de Él para su plan y su gloria. Pida la intervención del Espíritu Santo para que cure las heridas emocionales de la persona.

Pida a Dios que ayude al ofendido a perdonar al ofensor y a reforzar toda muestra de perdón que el primero extienda al segundo. Se dice que todo acto que no está motivado por la compasión es pecado. Dado que a menudo los transgresores están perdidos, quebrantados o heridos, incluso el ofendido puede sentir compasión por quien le ofendió.

Orar por el ofensor ayudará a que los sentimientos del aconsejado pasen de desear vengarse a no querer que el ofensor sufra daños, y al final, a desearle lo mejor. Cuando el ofendido alcance esta última fase, conocerá la verdadera libertad.

PASOS PRÁCTICOS 5

El psicólogo y experto en perdón Everett Worthington Jr. ha desarrollado cinco pasos para manejar el proceso del perdón.[3]

Recordar el sufrimiento

- Es difícil pero necesario recordar la ofensa, y es importante no minimizar o negar el sufrimiento.
- No excuse la conducta del ofensor.
- No recuerde la ofensa a fin de "señalar con el dedo", sino como forma de analizar objetivamente lo sucedido.
- Llevar un diario es una buena manera de superar la ira y el dolor. Le ayuda a organizar sus pensamientos y a admitir la verdad tal como es.
- A veces, escribir una carta al ofensor resulta útil, pero *no se la envíe.*

> Las fuerzas humanas por sí solas no bastan para alcanzar el perdón pleno. Existe un elemento del perdón que es divino. No se puede alcanzar sin Dios.
>
> *Frank Minirth*

Sentir empatía hacia la otra persona

- Escriba una carta como si usted fuera el ofensor. Debe escribir sobre sus pensamientos, sentimientos, punto de vista y presiones. Escriba como si fuera una carta de disculpa. ¿Hasta qué punto le resulta difícil hacerlo?
- Al meterse en la piel de la persona que le ofendió, puede empezar a entender por qué hizo lo que hizo.
- Esto no elimina la culpa del individuo, pero sirve para demostrar que quienes hieren a otros a menudo tienen heridas muy profundas.

Ofrezca el regalo del perdón

- Piense en el "regalo" del perdón. Piense en un momento en que usted hiciera algo mal y fuera perdonado. Reflexione sobre lo que hizo mal y sobre la culpabilidad que sintió. ¿Cómo se sintió al ser perdonado? ¿Le gustaría conceder el don del perdón a la persona que le ofendió?
- Escriba un cheque en blanco de perdón. Anote en su diario que en este día ha liberado al ofensor de la deuda que tenía con usted.
- Puede anotar las ofensas que ha cometido esa persona y luego estampe un "Cancelada" o "Pagada" encima de ellas. Por medio de este paso recordará también la gran misericordia y la gracia de Dios hacia usted.

Afirme públicamente su intención de perdonar

- Redacte un certificado o carta de perdón afirmando que ya no seguirá dando vueltas en la cabeza a las ofensas recibidas, pero no la envíe.
- Al participar en una expresión externa de perdón, como la que mencionamos antes, tendrá más facilidad para recordar que usted ha sido perdonado, y por tanto está libre de la plaga de la falta de perdón.
- Además, al revelar su perdón hacia otros, usted será responsable ante otros de su decisión de perdonar al transgresor.

Aférrese al perdón

- Cuando surjan las dudas, aférrese al perdón. Existe una diferencia entre recordar una transgresión y no estar dispuesto a perdonar, y recordarla sabiendo que ha perdonado a la persona.
- Erija "piedras de memorial". Después de dividir el río Jordán para que los israelitas pudieran cruzarlo por tierra seca, Dios dijo a Josué que cada tribu eligiera una piedra para apilarlas y crear un memorial de las grandes cosas que Dios había hecho aquel día. Las piedras eran un recordatorio para el pueblo y para sus hijos en los tiempos venideros (Jos. 4). Está bien disponer de algo "tangible" que le ayude a recordar el día que liberó a su ofensor. Quizá podría ser una nota, una imagen o algún otro objeto físico que le traiga a la mente su decisión de perdonar.
- Suéltelo, déjelo a sus espaldas. Cuando a Corrie ten Boom (superviviente de un campo de concentración nazi) le recordaban una

ofensa que alguien había cometido contra ella, esta respondía: "Recuerdo claramente que eso ya lo olvidé". Aunque quizá nunca lo olvide del todo, podrá recordar que perdonó.

Otro modelo útil es el que crearon Earl y Sandy Wilson, y que se basa en Juan 21:15-19:

> Es una experiencia maravillosa ser restaurado a una relación que se había roto debido al pecado. Pedro experimentó esto. La historia en Juan 21:15-19 describe cómo Jesús restauró la relación de Pedro consigo mismo, después de que Pedro pecara negando a su Salvador. Cristo preguntó tres veces a Pedro si le amaba, y tres veces Pedro respondió que sí; las tres veces Cristo respondió dando a Pedro la responsabilidad de apacentar su rebaño, los creyentes. Cuando Jesús dijo a Pedro las palabras "Sígueme", lo devolvió a la comunión y lo reinstauró como discípulo. ¡Qué momento más glorioso debió ser para Pedro![4]

Quien no tiene el poder para perdonar no tiene el poder para amar.
Martin Luther King Jr.

David también experimentó la bendición de ser perdonado. Después de haber cometido los pecados de adulterio y de asesinato (2 S. 11), se arrepintió y se enfrentó a las consecuencias de su pecado (Sal. 51). Concluyó su arrepentimiento con la oración: "Crea en mí, oh Dios, un corazón limpio, y renueva la firmeza de mi espíritu" (Sal. 51:10). David anhelaba recuperar la comunión con Dios.

Restauración

La restauración se produce cuando los creyentes:

- admiten su pecado (confesión)
- se apartan de su pecado (arrepentimiento)
- aceptan la responsabilidad por las consecuencias de su pecado (restitución)
- afrontan la verdad de lo que han hecho y aprenden a vivir con ella como foco de su vida
- permiten que Dios sustituya la impotencia de ellos por su poder divino (humildad)
- caminan en la luz de su relación renovada con Dios, su familia y sus hermanos y hermanas en Cristo

Pero, ¿cómo llegan a este punto los creyentes que han caído en el pecado? A menudo es gracias a la intercesión de hermanos o hermanas en Cristo que les aman, y a quienes Dios llama para ser "restauradores".

Un patrón de restauración

Gálatas 6:1-6 subraya la responsabilidad que tienen los cristianos de involucrarse en la restauración de otros que son "sorprendidos en un pecado". La restauración es la obra de Dios que realizan hermanos o hermanas que son maduros en la fe, están alerta y aman a los demás.

1. Manifestar el fruto del amor

Cuando llega el momento de participar en la restauración de un hermano o hermana que ha caído, los creyentes deben "restaurarlo con una actitud humilde" (Gá. 6:1). El equilibrio bíblico es el amor hacia el pecador y la firmeza contra el pecado. Fijémonos en la advertencia cuidadosa que hace el mismo versículo: "porque también puede ser tentado". Los creyentes deben ser precavidos, porque quizá se sientan tentados a sentir que son mejores que la persona que necesita restauración. El pecado del orgullo podía hacerles candidatos a la restauración.

2. Llevar los unos las cargas de los otros

El versículo siguiente dice a los creyentes: "Ayúdense unos a otros a llevar sus cargas, y así cumplirán la ley de Cristo" (Gá. 6:2). Llevar las cargas de otros significa participar activamente ayudándoles. Lucas 5:17-19 da un ejemplo de los amigos de un hombre que, literalmente, llevaron su carga (al hombre mismo que estaba paralítico) poniéndole delante de Jesús para que lo curase. Ellos actuaron, Jesús respondió, y el hombre fue sanado. Aquel que fuera paralítico experimentó el gozo de la restauración, tanto física como espiritual, y sus amigos tuvieron el gozo de ver cómo obraba Dios.

Restaurar a los pecadores no es una opción, sino una responsabilidad. Cuando los creyentes participan como restauradores, cumplen la ley de Cristo. Por lo tanto, ser indiferente a un hermano o hermana atrapado en el pecado supone desobedecer la ley de Cristo.

Cuando usted no perdona a alguien, de alguna manera esa persona está en la cárcel y usted es el carcelero. Sin embargo, usted también es prisionero, porque tiene que asegurarse de que el reo no se escape.
Kerney Franston

3. Seguir siendo humildes

Dios conoce a todas las personas, hasta lo más hondo. Sabe lo fácil que es que alguien se enorgullezca, sobre todo cuando lo usa para ayudar a otras personas. Ayudar en la restauración de otros nunca debe constituir una fuente de orgullo. "Si alguien cree ser algo, cuando en realidad no es nada, se engaña a sí mismo" (Gá. 6:3). La obra de la restauración se les da a algunas personas como una bendición del propio Dios y deben entenderla como un don. Les permite que Dios les bendiga cuando desempeñan un ministerio especial. Llegan a ver el amor, la gracia y la misericordia de Dios en acción y esto puede ser una experiencia que transforme sus vidas. Aun así, Pablo advirtió severamente contra el orgullo y recordó a sus lectores que es Dios quien transforma. Las personas no son más que sus instrumentos.

4. Examinarse

Gálatas 6:4-5 llama a todo restaurador a "examinar su propia conducta; y si tiene algo de qué presumir, que no se compare con nadie. Que cada uno cargue con su propia responsabilidad". Estos versículos nos ofrecen una enseñanza importante sobre dos preguntas muy confusas. La primera es: ¿tengo que restarle importancia a mi capacidad o negar lo que Dios ha hecho por medio de mí a fin de eludir el pecado del orgullo? Está claro que la respuesta es no. El texto dice que debemos examinar nuestras propias obras, y entonces nos regocijaremos en privado. Mirar atentamente nuestro interior puede ayudarnos a comprender nuestras debilidades y nuestra vulnerabilidad, mientras también vemos las capacidades que Dios nos ha dado para hacer lo que nos pide.

La segunda pregunta es: ¿cómo puedo evitar el orgullo si reconozco el bien que he hecho? También tiene una respuesta clara. Los creyentes no deben compararse con otros. No deben preocuparse por si son mejores o no que otras personas. Deben centrarse en seguir las directrices del Espíritu (Gá. 5:25), de modo que Dios pueda seguir mostrando su poder en ellos.

Gálatas 6:6 dice: "El que recibe instrucción en la palabra de Dios, comparta todo lo bueno con quien le enseña". Este versículo indica una colaboración entre el creyente y el Espíritu Santo. El Espíritu instruye a las personas; también produce la bendición resultante de nuestro esfuerzo obediente y amoroso.

Para meditar más

Otros pasajes que podemos estudiar sobre el tema de la restauración incluyen Levítico 19:18; Mateo 18:15-17; Romanos 12:17-21; 2 Corintios 7:10; 2 Timoteo 2:24-26; Filemón 10-19.

EJEMPLOS BÍBLICOS 6

Así que deberá restituirlo íntegramente y añadir la quinta parte de su valor. Todo esto lo entregará a su dueño el día que presente su sacrificio por la culpa. Le llevará al SEÑOR un carnero sin defecto, cuyo precio será fijado como sacrificio por la culpa. Lo presentará al sacerdote (Lv. 6:5-6).

Las ofrendas del Antiguo Testamento iban destinadas a que el ofensor recibiera el perdón de Dios. Pero el transgresor también debía responsabilizarse de su conducta haciendo restitución a la persona perjudicada.

Nosotros también debemos responsabilizarnos de los efectos de nuestros pecados sobre otros. Hemos de reconciliarnos no solo con Dios, sino también con aquellos a los que ofendimos. Las leyes bíblicas nos hacen responsables de nuestra conducta.

Éste [David], por su parte, mandó llamar a Absalón, el cual se presentó ante el rey y, postrándose rostro en tierra, le hizo una reverencia. A su vez, el rey recibió a Absalón con un beso (2 S. 14:33).

A pesar de todo lo que había hecho Absalón, David tuvo en cuenta la posibilidad de la reconciliación al perdonar a su hijo. Sin embargo, Absalón no vertió lágrimas, no se arrepintió, no cambió su corazón. De hecho, al final Absalón intentó derrocar a su padre (2 S. 15:10).

Una persona puede perdonar, pero para reconciliarse hacen falta dos. El perdón no garantiza la reconciliación. Sin embargo, el perdón consuela a quienes están dispuestos a dejar atrás la herida y las ofensas que les causaron otros.

> Existe una diferencia entre el perdón mental y el perdón emocional. Por ejemplo, cuando alguien ha tenido una aventura extramatrimonial, es frecuente que el cónyuge ofendido opte por perdonarle de inmediato intelectualmente, pero pasarán meses antes de que las emociones hagan lo mismo.
>
> *Charles Stanley*

Yo soy el que por amor a mí mismo borra tus transgresiones y no se acuerda más de tus pecados (Is. 43:25).

Cuando la culpabilidad por los pecados pasados nos agobie, debemos recordar que, cuando buscamos el perdón, Dios "borra" nuestras transgresiones y perdona nuestros pecados.

La idea de borrar los pecados es la imagen de alguien que borra lo escrito en una pizarra. Sean cuales fueren los pecados que hemos cometido, Dios promete borrarlos. Sabe qué hemos hecho, pero nos trata como si nunca hubiéramos pecado. Como Dios ha perdonado nuestros pecados, debemos perdonarnos a nosotros mismos.

Pedro se acercó a Jesús y le preguntó: "Señor, ¿cuántas veces tengo que perdonar a mi hermano que peca contra mí? ¿Hasta siete veces?". "No te digo que hasta siete veces, sino hasta setenta y siete veces", le contestó Jesús (Mt. 18:21-22).

Lo que Jesús estaba diciendo es: ni siquiera lleve usted la cuenta; siga perdonando. Entonces Jesús contó una parábola sobre un hombre que, después de ver cómo cancelaban una deuda muy importante que tenía con otro, se negó a perdonar la deuda pequeña que alguien tenía con él. Jesús ilustraba así que nosotros, como pecadores, hemos sido perdonados por la gracia de Dios, y somos perdonados diariamente, una y otra vez. Deberíamos manifestar la misma gracia al perdonar a otros.

Negarnos a perdonar manifiesta que no hemos entendido cuánto nos ha perdonado Dios, o que no hemos permitido que el don salvador de Dios nos transforme profundamente.

Porque si vosotros no perdonáis, tampoco vuestro Padre que está en los cielos os perdonará vuestras ofensas (Mr. 11:26, RVR-1960).

Jesús afirmó que el perdón que Dios nos da está relacionado en cierta manera con el modo en que perdonamos a otros.

Cuando aceptamos el perdón de Dios por todas las ofensas contra Él, debemos estar tan agradecidos que ofrezcamos voluntariamente el mismo tipo de perdón a quienes nos han ofendido.

Negarse a perdonar a otros manifiesta que no apreciamos el perdón que Dios nos extiende.

7 ORACIÓN

Señor, tu siervo/a ha recibido una herida profunda. Quiere dejarla atrás, librarse del dolor, pero le cuesta mucho. Siente la carga de todas sus emociones, y no quiere que ese sufrimiento afecte siquiera un minuto más de su vida. ¿Puedes ayudarle a librarse de ese dolor? Del mismo modo que tú le has perdonado, ¿puedes ayudarle a perdonar a quien le ofendió? ¿Puedes darle otra vez tu vida nueva?...

Pornografía

RETRATOS 1

- Silvia no podía ignorar la sensación tan molesta que tenía. Al final preguntó a Pablo si alguna vez había recurrido a la pornografía. Él contestó, a la defensiva: "Pues sí, pero ya está bajo control. No tienes de qué preocuparte".

  Silvia lloraba mientras describía el horror que sintió al encontrar en la computadora de Pablo imágenes obscenas que había descargado de Internet. "Yo confiaba en él", dijo.
- Amy sabía que estaba mal, pero le encantaba la emoción de volver a la sala de chats para "conectar" con los hombres que conocía allí. ¡Eso sí que era sexo seguro! Amy y su marido llevaban años sin tener relaciones sexuales, desde que él tuvo el ataque cardiaco y tuvieron que hacerle un cuádruple *bypass* coronario. Sin embargo, ella tenía sus dudas sobre Felipe, quien insistía en compartir fotos con ella y reunirse en un motel. La idea la consumía con una mezcla de temor y placer, y no estaba segura de qué iba a hacer.
- Andrés, de doce años, recuerda la primera vez que vio material sexualmente estimulante. Estaba en casa de un amigo consultando su correo electrónico. Recibió un mensaje de alguien a quien no conocía con un archivo adjunto. Abrió el archivo y vio una foto de un hombre y una mujer en una relación sexual. Andrés sintió que se ruborizaba de excitación y de culpabilidad. Pronto navegaba por Internet cuando estaba solo en casa, porque le gustaba la sensación que le proporcionaban aquellas páginas web.

DEFINICIONES E IDEAS CLAVE 2

- La pornografía es un material sexualmente explícito que se ve. Deshumaniza, convierte en objetos y degrada a hombres y mujeres con el propósito de inducir una excitación sexual. A menudo se trata de fotos o vídeos, o adopta la forma de relatos o conversaciones en las salas de chat eróticas en Internet; esta última constituye el principal distribuidor de pornografía.
- La pornografía *fomenta "el sexo sin consecuencias"*, y es una ayuda para la autogratificación. Normalmente la pornografía se asocia con la estimulación sexual y la masturbación, mientras la persona fantasea sobre mantener relaciones sexuales con las personas que aparecen en las imágenes. Este sexo fantasioso pronto empieza a imponerse o incluso a sustituir al sexo real con la pareja.
- Las mujeres también recurren a la pornografía como la definimos antes, o pueden leer *novelas románticas eróticas* y otros relatos; son

las mujeres atrapadas por la fantasía de "ser llevadas por un galán a lomos de un caballo blanco". *La interacción en las salas de chat* también llama a muchas mujeres que no están satisfechas con su matrimonio o su vida sexual con su esposo.

- Por lo general, *un hombre* acudirá a consejería porque *le ha descubierto alguien* en su hogar o en su lugar de trabajo. En ocasiones, un hombre buscará ayuda porque está cansado de sus sentimientos de culpa y de vergüenza.
- *Una mujer puede acudir* a consejería porque *sospecha o ha hallado evidencias* de que su esposo ha participado de la pornografía, y ella no sabe qué hacer.
- *Un/a adolescente* puede acudir a un consejero *por insistencia de sus padres.*
- Muchos *racionalizan su conducta diciendo que es "inocua"*, porque creen que en realidad no cometen pecado sexual alguno.
- Al final, el uso de la pornografía *pierde su capacidad de estímulo cuando se impone el efecto tolerancia* del adicto. El usuario siente la tentación de "aumentar" su conducta sexual añadiendo formas de placer más aberrantes, y haciendo partícipes a otros (normalmente prostitutas o menores).
- El modelo de adicción sexual indica que muchos usan la pornografía como *un alivio del estrés*, que les permite *huir* de las dificultades que perciben en sus vidas, reales o no.
- El uso de la pornografía puede ser *sintomática de algo más profundo* (por ejemplo, baja autoestima, soledad, abusos sexuales pasados). Muchos emplean la pornografía para *eludir la intimidad emocional o sexual con su cónyuge*, o porque este sexo fantasioso les resulta más satisfactorio emocionalmente.
- El uso continuado de la pornografía fomenta el concepto de que *los hombres y las mujeres deben considerarse objetos*, y que *el sexo no está relacionado con el amor, el compromiso y el matrimonio.*
- Ver pornografía *aumenta la probabilidad de caer en una adicción sexual* y en una patología sexual. El uso de la pornografía también puede crear *expectativas sexuales irrealistas* de su cónyuge. El usuario de pornografía *luchará constantemente* con la ira, la culpa, la vergüenza, la ansiedad creciente y los recuerdos opresivos.
- No es infrecuente que muchas personas se hayan *expuesto por vez primera* al material pornográfico durante *la enseñanza secundaria.* Muchos adolescentes empiezan a ver pornografía por *curiosidad* y como una forma de aliviar su tensión hormonal.

> **Todo lo contrario, cada uno es tentado cuando sus propios malos deseos le arrastran y seducen. Luego, cuando el deseo ha concebido, engendra el pecado; y el pecado, una vez que ha sido consumado, da a luz la muerte.**
> *Santiago 1:14-15*

3 ENTREVISTA DE EVALUACIÓN

Entrevista con la persona que usa la pornografía

Reconozca que la persona que lucha con este problema *sentirá mucha vergüenza*, y se mostrará reacia a hablar del tema. Es importante *transmitir* aceptación y la disposición a comprender la lucha que tiene lugar.

Aborde a la persona con *gracia y compasión*. Cite Romanos 3:23: "por cuanto todos pecaron y están destituidos de la gracia de Dios". *Tenga paciencia* al animar a la persona a relatar cómo empezó esa lucha, cómo progresó y qué sucede actualmente.

Durante el proceso de evaluación necesita *averiguar cuánto tiempo* ha participado la persona de esta actividad *y en qué grado.* (¿Es diario o esporádico? ¿Se está convirtiendo en una adicción? ¿Afecta su vida laboral u hogareña?) Además, es importante evaluar hasta qué punto la persona *siente pesar y remordimiento,* y analizar *su disposición a cambiar.*

1. ¿Durante cuánto tiempo ha funcionado este patrón? ¿Con qué frecuencia participa en conductas relacionadas con la pornografía? ¿Qué le indujo a empezar?
2. ¿En qué momentos detecta que recurre más a la pornografía (por la noche; cuando está estresado; cuando está sentado ante la computadora sin nadie cerca)? ¿Cuándo siente la mayor tentación?
3. ¿Cómo se siente al confesar esto? ¿Cómo cree que esto afecta su relación con su cónyuge/amigos/familia?
4. ¿Ha intentado parar alguna vez? Si es así, ¿cómo? ¿Cuánto tiempo estuvo sin pornografía? ¿Qué le indujo a empezar de nuevo?
5. ¿Qué está dispuesto a hacer al respecto? ¿Tiene esperanzas de poder dejarlo? ¿Qué cree que sucederá si no lo hace?
6. ¿Cómo ve a Dios en su vida ahora mismo? ¿Cree que Él le ayudará o que le ha dado la espalda?

- Páginas web pornográficas: 4,2 millones (12 por ciento del total de páginas).
- Peticiones de búsqueda de pornografía diarias: 68 millones (25 por ciento de todas las consultas en los buscadores).
- Adultos estadounidenses que visitan regularmente páginas web pornográficas: 40 millones.
- Hombres de *Promise Keepers* que vieron pornografía la semana pasada: 53 por ciento.[1]

Entrevista al cónyuge que busca consejo

Si la aconsejada es la esposa de alguien sospechoso de usar pornografía, seguramente expresará *diversas emociones,* desde la ira a la vergüenza, pasando por la culpa (porque siente que la tiene ella). En la entrevista inicial usted tendrá que manifestar su disposición a *escuchar y ofrecer esperanza* de que Dios mostrará un camino para salir de esa experiencia difícil. Será importante evaluar *qué quiere hacer ella concretamente.* Puede que tenga miedo de enfrentarse a su marido. Quizá le cueste pensar con claridad en esta situación, y tenga que hablarlo con usted.

1. ¿Cuándo descubrió este asunto? ¿Cómo obtuvo esta información? ¿Cómo se siente al respecto?
2. ¿Ha intentado hablar con su esposo sobre esto? Si no lo ha hecho, ¿por qué no? ¿Teme su reacción?
3. Si lo ha hecho, ¿cómo abordó usted el tema y qué dijo? ¿Cómo reaccionó él?
4. ¿Ha detectado algún cambio a mejor en la conducta de su esposo?
5. ¿Cómo puedo ayudarla específicamente? ¿Quiere usted que hable con su esposo? ¿Cree que estaría dispuesto a hablar conmigo? ¿Qué tal si actuara yo de moderador en una sesión donde estén presentes los dos?

4 CONSEJOS SABIOS

Para la persona que ve pornografía

Evalúe la *sinceridad* de la persona consigo misma y con usted. *La confesión y el arrepentimiento son componentes esenciales* para la sanación del pecado sexual. Puede que opte por analizar junto a esa persona la confesión de David en el Salmo 51. Decida cuál es *la disposición de la persona para dar pasos para cambiar.*

Es importante *identificar los activadores* involucrados en la tentación de la persona. Los estados anímicos más asociados con los activadores son: hambre, ira, soledad y cansancio.

Ofrezca al aconsejado la esperanza de que podrá obtener la victoria sobre este problema. Explique a la persona que habrá momentos de tentación y posibles fracasos, pero Dios es fiel para perdonar y restaurar.

Asegure a la persona *su apoyo constante* a lo largo de todo el proceso. Instruya a la persona para que estructure un sistema por el que deba dar cuentas a un amigo de confianza.

5 PASOS PRÁCTICOS

Para la persona que ve pornografía

1. Huya de la tentación

- Identifique todos los lugares y actividades que le tientan. Evite las librerías donde se venden revistas pornográficas. Use la computadora solamente cuando haya alguien más en la habitación. Compre un software que bloquee el acceso a sitios web indeseables.

2. Identifique los activadores emocionales

- ¿Hay compañeros de trabajo, momentos del día o situaciones especialmente estresantes que activen la tentación? Identifique qué componente (hambre, ira, soledad, cansancio) es el activador más potente en su caso.
- Dé pasos concretos para minimizar los activadores. Puede usar esos activadores para participar en una conducta competitiva, como telefonear a un amigo o un miembro de un grupo de apoyo, orar, llamar a su esposa, hacer algo de trabajo u otra tarea, etc.

3. Entiéndalo como un pecado

- Es importante que la conducta se vea como un pecado, y dejar de justificarla. Junto a su consejero, piense cómo ve Dios este pecado, la naturaleza del perdón y el amor incondicional de Dios. ¿Cómo se ve a sí mismo/a en relación a cómo le ve Dios?

4. Vuelva a centrarse en Cristo

- Desarrolle un plan para fortalecer y profundizar su relación con Jesucristo.
- Dé cuentas a alguien por la lectura diaria de las Escrituras y la oración.

- Memorice versículos, de modo que pueda "[llevar] cautivo todo pensamiento para que se someta a Cristo" (2 Co. 10:5).

5. Busque apoyo y alguien a quien rendir cuentas

- Participe en un ministerio cristiano local que ayude a los hombres [mujeres] que se enfrentan a esta lucha. Encuentre un grupo de adicción masculino [femenino], sobre todo uno que se centre en las adicciones sexuales, si es posible.

6. Examine el matrimonio

- *Evalúe la relación del aconsejado con su cónyuge (si está casado) e invítelo a reunirse con ambos para analizar los efectos de esta conducta sobre su relación, y encontrar sanación para las heridas. Enséñeles los conceptos de la verdadera y de la falsa intimidad.*

7. Busque más ayuda

- El uso de la pornografía puede causar problemas a largo plazo. Si se trata de un patrón de larga duración, con un alto grado de participación, es importante contar con la ayuda de un profesional formado en el terreno de la adicción sexual y/o un grupo local de 12 pasos.

- Cristianos que dicen que la pornografía es un problema grave en su hogar: 47 por ciento.
- Media de edad del primer contacto con la pornografía en Internet: 11 años.
- Niños de 8-16 años que han visto pornografía en línea: 90 por ciento (la mayoría mientras hacía la tarea escolar).[2]

Para el cónyuge que busca consejo

Si el esposo no quiere venir a hablar con usted, o si la esposa no quiere que él se entere de su conversación con usted, tendrá que limitarse a ofrecer apoyo a la esposa.

1. Busque los activadores

- Identifique los lugares y actividades que inducen a la tentación a su marido. Ayúdele a evitar las librerías que venden revistas pornográficas (por ejemplo, no le mande por la noche a hacer un recado al supermercado local).
- Traslade la computadora a un lugar compartido. Si su esposo está dispuesto a que le ayuden, debería aceptar esto. Si no es así, puede explicarle que no quiere que sus hijos vean pornografía en Internet. Compre un software que bloquee el acceso a sitios web indeseables.
- Sea prudente, porque es fácil pasarse y que su esposo la vea como "el policía del hogar", lo cual solo conseguirá ampliar la distancia entre los dos. Si existe un riesgo considerable de que suceda esto, es mejor que deje los cambios y la responsabilidad a hombres que puedan ayudar.

2. Identifique los activadores emocionales

- ¿Le parece que hay compañeros de trabajo, momentos del día o situaciones especialmente estresantes que activan la tentación? ¿Qué puede hacer para ayudar, si es que puede hacer algo?
- ¿Cuál es el activador más fuerte para su esposo (hambre, ira, soledad, cansancio?

> **Vivamos decentemente, como a la luz del día, no en orgías y borracheras, ni en inmoralidad sexual y libertinaje, ni en disensiones y envidias.**
> *Romanos 13:13*

- ¿Qué puede hacer para reducirlo?
- Si su esposo está dispuesto a que le ayuden, puede hablar con él de estos activadores y cómo puede ser su aliada para minimizarlos.

3. Siga amando a su esposo

- La crítica, la ira o la humillación no funcionarán. Siga amando a su esposo. Será difícil, porque se sentirá "engañada", pero pida a Dios que le ayude a optar por amarle en medio de este proceso.
- Dígale que quiere que salga de las tinieblas, y que su matrimonio no se vea obstaculizado por "esas otras mujeres". Dígale cómo se siente usted cuando él ve pornografía, y enfatiza el dolor y miedo que siente.
- Pregúntele si quiere que sus hijos estén igual de esclavizados cuando crezcan.
- Explíquele que, a la larga, la pornografía no le satisfará, y necesitará más y más, y otros tipos, o acabará teniendo una aventura.

4. Ore

- Ore pidiendo que a su esposo le desagrade lo que vea, de modo que decida dejar de verlo.
- Pida a Dios que obre en la vida de su esposo.

5. Fomente el apoyo

- Anime a su esposo a unirse a un grupo de apoyo o a un grupo de estudio bíblico masculino, donde pueda rendir cuentas a otros. Haga lo que sea necesario para que él pueda asistir a un grupo así.

6 EJEMPLOS BÍBLICOS

Mientras los israelitas acampaban en Sitín, comenzaron a prostituirse con las mujeres moabitas (Nm. 25:1).

El pecado sexual siempre va a más, alejando a las personas de Dios progresivamente. Lo que puede empezar como un flirteo "inocente" con el pecado, puede conducir a consecuencias letales. Juguetear en las fronteras del pecado sexual puede dominar y consumir a la persona, y conducir al sufrimiento y al quebranto.

La voluntad de Dios es que sean santificados; que se aparten de la inmoralidad sexual; que cada uno aprenda a controlar su propio cuerpo de una manera santa y honrosa, sin dejarse llevar por los malos deseos como hacen los paganos, que no conocen a Dios (1 Ts. 4:3-5).

La Biblia es muy clara en cuanto al pecado sexual. Dios creó el sexo como una expresión hermosa del amor dentro del matrimonio. Satanás tomó esa belleza y la distorsionó.

El pecado sexual abarca una amplia gama de actividades prohibidas por Dios. Sin importar lo que permita la sociedad, los creyentes deben acudir a Dios para instruirse sobre este asunto grave.

Los cristianos deben eludir actividades o pensamientos que distorsionen lo que Dios quiso para edificar la unidad en el matrimonio. Los creyentes no deben participar del pecado sexual. Dios conoce su poder para destruir a las personas. Sus mandamientos son para nuestro bien.

Así sabrán todas las iglesias que yo soy el que escudriña la mente y el corazón; y a cada uno de ustedes lo trataré de acuerdo con sus obras (Ap. 2:23).

A veces la gente piensa que puede esconder porciones de su vida de la vista de todos. Cristo escudriña las mentes y los corazones. No hay nada oculto para Él. No hay pecado sexual que escape a su conocimiento. Algunos pueden pensar que se están saliendo con la suya, pero Dios lo sabe.

Vayamos donde vayamos, digamos lo que digamos, pensemos o hagamos, Dios lo ve. El mero hecho de saber esto debería ayudarnos a alejarnos del pecado sexual.

Queridos hermanos, les ruego como a extranjeros y peregrinos en este mundo, que se aparten de los deseos pecaminosos que combaten contra la vida.

1 Pedro 2:11

De los labios de la adúltera fluye miel; su lengua es más suave que el aceite. Pero al fin resulta más amarga que la hiel y más cortante que una espada de dos filos (Pr. 5:3-4).

Aunque a la mayoría le resulte repulsiva la mera idea de meter a alguien más en el dormitorio, la Biblia dice que los labios de una mujer prohibida (incluso imaginaria) o de un hombre "destilan miel". En otras palabras, parece algo dulce y "su forma de hablar [es] más suave que el aceite".

[Los pies de la adúltera] descienden hasta la muerte; sus pasos van derechos al sepulcro. No toma ella en cuenta el camino de la vida; sus sendas son torcidas, y ella no lo reconoce (Pr. 5:5-6).

En otras palabras, lo "dulce" se vuelve realmente "arriesgado", y destruye y consume con rapidez a todos los que juegan con ello. El proceso de enamoramiento, el juego previo y el desarrollo de la relación han desaparecido, sacrificados en el altar de "solo un poco de diversión".

ORACIÓN 7

Oh, Señor, esta familia se ve devastada por la abominación que Satanás ha hecho de algo que tú creaste para que fuese bueno y saludable. Ayuda a esta familia a superar el dolor que causa la pornografía. Te pedimos que fortalezcas a tu hijo/a para que se mantenga firme en su compromiso de librarse del poder adictivo de la pornografía...

Reubicación y mudanza

1 RETRATOS

- A David le han concedido un gran ascenso en el trabajo… ¡en California! "¡Pero siempre hemos sido una familia de la Costa Este!", le dice su mujer. "Será un cambio difícil para nosotros".
- Rebeca está en el primer curso de universidad. Tiene un grupo de amigos muy unido, y un puesto fijo en el equipo de *lacrosse* de la universidad. Ahora sus padres quieren trasladarla a Missouri, donde no tiene amigos y donde está segura de que ni siquiera han *oído* hablar del *lacrosse*.
- A los García les ha ido bien, tan bien que se van a mudar a una casa más grande. Como esperan su tercer hijo, no cabe duda de que la necesitan, pero ¡hay tantos recuerdos en el viejo hogar! ¿Les parecerá una buena noticia a sus hijos? ¿Cómo se lo podrán decir sus padres?
- Tina no podía dejar de llorar. Estaba furiosa consigo misma por haber aceptado mudarse, y con su esposo, Guillermo, por obligarla a irse a 1600 km de distancia. Extrañaba a todo el mundo: su iglesia, los amigos con los que había crecido y, sobre todo, a su familia. No quería estar allí, y sin duda no quería hacer amigos. La factura telefónica era considerable, pero a ella no le importaba. Solo quería volver a casa.

2 DEFINICIONES E IDEAS CLAVE

- Mudarse puede ser una manera de obtener "*un nuevo comienzo*". Puede ser una oportunidad para una familia de dejar atrás un pasado difícil y empezar de cero. Sin embargo, incluso una mudanza poco importante o estratégica puede ser *una experiencia estresante para toda la familia*. Mudarse no suele ser fácil para los adultos, y puede resultar especialmente problemático para los niños.
- Una mudanza puede reflejar *un paso adelante en sociedad*. La familia se traslada porque papá o mamá han progresado en su trabajo. También pueden mudarse porque el éxito económico les permite comprar una casa más grande en un vecindario mejor. El padre o la madre se siente orgulloso porque, al final, puede ofrecer a su familia una calidad de vida mejor.
- Para los adultos, la casa que dejan atrás puede ser un mero hogar temporal. "Solo hemos vivido aquí seis años", dicen. Pero los peque-

ños Salma y Daniel, que tienen seis y nueve años, no recuerdan un solo instante en que no hayan vivido en la comodidad de su casa actual. *Para los niños, la casa es perfecta.* Representa *la seguridad, el confort* y la *estabilidad.* Es un lugar especial, que otra casa con habitaciones más grandes y piscina nunca podrá reemplazar.

- A menudo, una mudanza es desagradable y supone *algunas pérdidas importantes para los niños,* sobre todo si tienen amigos o una red social que tendrán que dejar atrás.
- En términos generales, *cuanto mayor sea un niño, más le costará mudarse.* Los preadolescentes y adolescentes construyen redes de apoyo extremadamente importantes con sus amigos (algunos estudios sostienen que la influencia de estas relaciones sociales es mayor que la de los padres en este punto concreto del desarrollo personal). Estas relaciones son tan importantes que algunos padres permiten que sus hijos sigan yendo a la escuela secundaria que asistían, sin trasladarse con la familia.
- Para los niños en edad escolar, *la máxima preocupación suele ser si harán nuevos amigos* en el vecindario nuevo. Esta inquietud aumenta si cambian de distrito escolar.
- Aunque los padres necesitarán apoyo y seguridad, además de ayuda física para mudarse, es incluso más importante que los niños y los adolescentes *reciban ayuda para enfrentarse a los cambios* originados por la mudanza.

Es más probable que se mude un cónyuge divorciado que una familia intacta. Al cabo de cuatro años del divorcio, un 75 por ciento de las madres con custodia de los hijos se mudará al menos una vez, y más de la mitad de ellas volverá a hacerlo.[1]

ENTREVISTA DE EVALUACIÓN 3

¿La familia a la que aconseja está lista para mudarse? Las preguntas siguientes le ayudarán a evaluar su progreso, preparativos y estrategias para reducir el estrés.

1. ¿De verdad se mudan? ¿Quiénes lo harán? ¿Saben a qué casa exacta se trasladarán?
2. ¿Tienen un plan para empacar sus pertenencias y trasladarse? ¿Necesitan vender su hogar actual? Si hay hijos, ¿se les ha informado de la mudanza?
3. ¿Qué será lo mejor de la mudanza? ¿Y lo más difícil?
4. ¿Sus hijos tendrán que cambiar de colegio? ¿Perderán el contacto con sus amigos? ¿Perderá la familia el contacto con sus amigos o familiares?
5. ¿Este traslado representa un nuevo comienzo? ¿Se debe a un éxito económico o laboral, o a que las cosas no les han ido bien donde vivían?

¿La familia a la que aconseja intenta adaptarse a su nuevo hogar tras una mudanza? Las preguntas siguientes le ayudarán a evaluar sus actitudes y sus estrategias para afrontar la nueva situación.

1. ¿Cuánto hace que se mudaron? ¿Cuál fue el motivo de su traslado?
2. ¿Cuál ha sido la faceta más difícil de la mudanza? ¿Sus hijos (si tiene) se han adaptado bien?
3. ¿Cómo ha ido el proceso de hacer nuevos amigos? ¿Han podido vincularse con una buena iglesia?
4. ¿Cómo ha afectado la mudanza a sus relaciones familiares? ¿Cómo han gestionado el estrés?

4 CONSEJOS SABIOS

Incluso el niño mejor adaptado, aquel que anhelaba la mudanza, puede sentirse agobiado de repente y tener problemas para adaptarse cuando el traslado se vuelve inminente, y/o tener problemas para adaptarse a su nuevo hogar tras la mudanza. Además, algunos niños no saben o no quieren hablar de su estrés o sus problemas. Por consiguiente, los padres deben mantener los ojos bien abiertos para detectar las señales de que un niño no está logrando adaptarse bien. Entre ellas figuran:

> Un 18 por ciento de los hijos que se mudaron frecuentemente tienen 4 o más problemas conductuales, frente al 7 por ciento de niños que nunca se han mudado o lo hicieron sin tanta frecuencia.[2]

- sus calificaciones escolares empeoran
- se comporta mal
- se aferra a los padres
- llora o se muestra muy emotivo
- aumenta o disminuye su apetito
- dificultad en hacer nuevos amigos
- irritabilidad
- pesadillas o terrores nocturnos
- otros cambios conductuales o de personalidad
- estallidos de ira
- no muestra reacio a salir de casa
- duerme demasiado o demasiado poco
- retraimiento social

5 PASOS PRÁCTICOS

Hay muchas cosas que pueden hacer las familias para aliviar el proceso de mudanza para los hijos. Los siguientes pasos prácticos constituyen una estrategia que los padres pueden utilizar antes, durante y después de la mudanza.

Antes de la mudanza

1. Informe a los hijos lo antes posible

- Acostumbre a sus hijos a la idea de mudarse. Si prevé un traslado en el futuro próximo, lo mejor es presentar la idea a sus hijos en términos hipotéticos. No debería decirles: "Pronto nos mudaremos", lo cual les provocará ansiedad incluso antes de que sea segura la mudanza. Aborde el tema desde otra perspectiva. Por ejemplo, podría decir: "¿No sería estupendo tener un jardín más grande?" o "¿No estaría bien vivir más cerca de la playa?". Esto ayudará a los hijos a empezar a pensar en las ventajas que tendrían otros lugares respecto a su hogar actual. (Los padres no tienen que preocuparse por si a sus hijos les decepciona su vivienda actual. Por lo general, los niños están muy apegados a su hogar, sean cuales fueren sus desventajas).

- Cuando la mudanza sea un hecho seguro, es hora de comunicarlo a toda la familia. Hay que presentar la mudanza como una bendición grande y emocionante, nunca como algo negativo o triste. Cuente solo los hechos, no mencione lo que todavía no es seguro.
- Los niños pueden absorber solo cierto grado de información, sobre todo cuando se trata de un tema emocional. Por lo tanto, dígales lo básico: dónde, cuándo, por qué será estupendo... y luego permítales preguntar lo que quieran. Cuando los niños estén listos, harán muchas preguntas.

> **Muchos expertos en desarrollo infantil consideran que una mudanza es uno de los sucesos más perturbadores en la vida de un niño.**
>
> *Arlen Fulton*

2. Involucre a sus hijos en los planes

- Si es posible, permita que sus hijos participen en una parte de los planes. Deles la posibilidad de elegir, pero no demasiado. Además, no deben participar en las decisiones más importantes, como qué casa comprar. Los niños pueden querer la casa A, pero usted decide comprar la B. No es una buena manera de hacerles participar.

3. Ayude a los niños a gestionar sus emociones

- Hasta donde sea posible, proteja a sus hijos de las complicaciones y las presiones de la mudanza. Si le dice a su hijo lo estupendo que será el traslado pero luego usted está estresado o molesto por la mudanza, él no entenderá qué pasa.
- Hay determinadas cosas que los padres pueden hacer para ayudar a sus hijos a familiarizarse con la idea de mudarse. Primero, pique su curiosidad sobre la ciudad o el barrio adonde irán a vivir. Por ejemplo, los padres pueden enseñar a los hijos la casa nueva (quizá pasando por delante con el auto si aún la están construyendo o está ocupada), los lugares de ocio en el barrio o el nuevo colegio de los niños.
- Si es posible, ayude a los niños a hacer nuevos amigos antes de la mudanza, al conocer a niños nuevos durante las visitas al nuevo barrio o al encontrar niños con los que puedan comunicarse por carta o correo electrónico.

Durante la mudanza

1. Deje que sus hijos les ayuden a empacar

- A los niños, sobre todo a los más pequeños, les encanta empacar cosas. Por lo tanto, puede hacerles sentir propietarios del proceso si les hace partícipes de esta tarea. Siempre viene bien una ayuda extra, y a los niños les emociona meter sus cosas en cajas, sabiendo que pronto podrán volver a sacarlas y reorganizarlas.

2. Mantenga una comunicación adecuada

- Las familias están tan ocupadas en el proceso de mudanza que a veces sus miembros olvidan hablar entre sí. Esto es especialmente traumático para los hijos, porque lo primero que experimentan durante la mudanza (un momento de inseguridad para ellos) es que sus padres ya no son tan accesibles.

- En lugar de permitir que la mudanza sea un tiempo en que pasa menos ratos con sus hijos, debe ser exactamente lo contrario. Pase más tiempo con ellos durante esta fase. En algunos casos, es posible que tenga que estar con ellos constantemente, para ofrecerles la tranquilidad de que todo irá bien.

3. Diga adiós

- Aunque no es necesario convertir el proceso de despedida en algo más dramático de lo que es, no debe pasar por alto la necesidad de decir adiós.
- Despedirse es una tarea importante para todos los miembros de la familia. Anime a sus hijos a intercambiar su información de contacto (dirección postal y correo electrónico) con sus amigos en el colegio y en el barrio. Haga usted lo mismo con los amigos a los que deja atrás.
- También puede ser buena idea hacer una fiesta de despedida.

> La reubicación frecuente de una familia se asoció con un aumento del riesgo de fracaso escolar y con cuatro o más problemas conductuales frecuentes.[3]

4. Ayude a los niños a sentirse seguros

- El día de la mudanza, permita a sus hijos llevar con ellos algunas cosas (en una caja pequeña o una maleta).
- Asigne a sus hijos tareas especiales el día de la mudanza (preparar una merienda, cuidar de la mascota, de los juegos), de modo que dispongan de una responsabilidad sobre la que tengan control. En el caso de muchos niños, esto reducirá su ansiedad y les dará la sensación de ser útiles.

Después de la mudanza

1. Mantenga las rutinas

- Cuando una familia llega a un lugar nuevo, la vida puede volverse caótica durante un tiempo. Intente reinstaurar de inmediato algunas de las rutinas de siempre. Por ejemplo, preparen la cena y cenen juntos. Vean la televisión por la tarde (si es lo que solían hacer), lea un cuento a los niños y acuéstelos. No busque a alguien que cuide de sus hijos por la noche; si es posible, intente estar a su lado cada noche y cuando se despierten por la mañana.

2. Reagrúpense

- Tras llegar a un lugar nuevo, es importante pasar un tiempo juntos y reagruparse. Hablen entre sí para comprobar que todo el mundo se adapta bien al traslado.

3. Participen

- Después de desempacar, descansar y situarse, pueden empezar a involucrarse en el barrio. Conozcan a los vecinos, al cartero y a otras personas a las que verán a menudo. Lleve a los niños a su escuela nueva antes de que empiecen las clases, para que se vayan habituando a su nuevo entorno.

4. Lamenten cualquier pérdida

- Alguien dijo en cierta ocasión que la vida es una serie de pérdidas. Cuando tiene lugar el traslado de una familia, esta gana mucho y pierde mucho. Sin duda puede haber cosas que cada miembro de la familia ha perdido y tiene que lamentar; ya sea la cercanía de determinados amigos o un lugar especial en el jardín que los niños pasaban horas y horas explorando.
- Mantenga el contacto con los viejos amigos. Invítelos a visitarles.

5. Celebre cualquier beneficio

- Normalmente, una mudanza conlleva alcanzar algunos beneficios importantes (y otros menos importantes) que quizá se acepten sin prestarles mucha atención. Durante un tiempo después de la mudanza, y como ayuda para adaptarse a los factores estresantes que existen, a una familia le ayuda celebrar las cosas.
- Celebren una fiesta o salgan a pasar un buen rato juntos.
- Pida a cada miembro de la familia que nombre una cosa nueva y positiva que le haya sucedido desde que se mudó, y que toda la familia lo celebre.

EJEMPLOS BÍBLICOS 6

Por eso les hizo dar un rodeo por el camino del desierto, en dirección al Mar Rojo. Los israelitas salieron de Egipto en formación de combate (Éx. 13:18).

La historia del éxodo es uno de los relatos más impresionantes de todos los tiempos sobre una reubicación. Dios sacó a los israelitas de la esclavitud, y empezaron un viaje de cuarenta años hacia una tierra prometida.

Las aguas crecían y aumentaban cada vez más, pero el arca se mantenía a flote sobre ellas... El día diecisiete del mes séptimo el arca se detuvo sobre las montañas de Ararat (Gn. 7:18; 8:4).

A veces nos mudamos por elección propia pero, en otras ocasiones, no podemos elegir. Noé es el ejemplo de una persona que no tuvo elección. Después de muchos días en el arca, Noé se encontró junto con su familia en la cima de un monte.

> Cada vez son más los trabajadores menores de 35 años que se reubican; un 43 por ciento comparado con el 21 por ciento. Además, más de ellos son solteros: 25 por ciento de los trasladados comparado con el 16 por ciento que no lo son.[4]

Al llegar a su tierra, comenzó a enseñar a la gente en la sinagoga. "¿De dónde sacó éste tal sabiduría y tales poderes milagrosos?", decían maravillados. "¿No es acaso el hijo del carpintero? ¿No se llama su madre María; y no son sus hermanos Jacobo, José, Simón y Judas? ¿No están con nosotros todas sus hermanas? ¿Así que de dónde sacó todas estas cosas?". Y se escandalizaban a causa de él. Pero Jesús les dijo: "En todas partes se honra a un profeta, menos en su tierra y en su propia casa". Y por la incredulidad de ellos, no hizo allí muchos milagros (Mt. 13:54-58).

Jesús descubrió que, para cumplir su misión, no podría quedarse en su ciudad natal. De hecho, constató que ese lugar era el menos indicado para su ministerio. ¡Cuando Dios nos llama, siempre nos capacita!

7 ORACIÓN

Para la familia que se traslada

Nunca sabemos adónde nos llevará la vida, adónde nos conducirás tú, Señor. Permanece junto a esta familia ahora que se muda a otro lugar. Ayúdales con los detalles, las cuestiones económicas y la logística de la mudanza. Protégelos emocional y espiritualmente. Te lo rogamos en el nombre de Jesús…

Para la familia que ya se ha trasladado

Señor, te damos las gracias por ser el autor y controlador de nuestras vidas. Ahora que esta familia se esfuerza por adaptarse a su nuevo hogar y a su nuevo barrio, dales sabiduría para forjar nuevas amistades. Guíales a una iglesia sólida. Dales buenos momentos como familia en medio de su reubicación. Señor, confiamos en que tú proveerás todo lo que necesite esta familia. Enséñales a descansar en ti y los unos en los otros…

Rivalidad entre hermanos

RETRATOS 1

- Una madre preocupada confiesa a su consejero: "¡No me lo creería si no lo hubiera visto con mis propios ojos! Justo cuando di vuelta, Juan le pegó a su hermano un puñetazo en el estómago. No sé qué hacer. ¡Ahora tengo miedo de dejarlos solos!".
- Antes de que naciera el bebé, Julieta, de tres años, estaba encantada con la idea de ser una hermana mayor. Pero ahora llora más, se enfurruña y tiene rabietas, y ha vuelto a chuparse el pulgar. Sus padres le dicen: "Ahora que tenemos el bebé, no tenemos tiempo para que te portes tan mal".
- Carolina llamó a su hermano en cuanto se enteró de la noticia. "¡He aprobado el examen de derecho con una calificación muy alta!", exclamó.

  "Pues hay un bufete de abogados que está a punto de hacerme socio", contestó Esteban.

  "¡Sí, en Delaware!", contraatacó ella. "Yo trabajaré en Washington D.C., donde podré influir y hacer política para el gobierno federal".

DEFINICIONES E IDEAS CLAVE 2

- La expresión *rivalidad entre hermanos*, usada por primera vez en 1941 por el psicólogo David Levy, habla de *una competición inherente entre hermanos y hermanas para tener poder e influencia dentro de la familia y a lo largo de toda la vida*. Levy afirmó que, para los hermanos mayores, "la respuesta agresiva al nuevo bebé es tan típica que podemos decir confiadamente que es una característica común de la vida familiar".[1] A menudo la rivalidad se entiende como una competición hostil entre hermanos y hermanas, aunque no tiene por qué ser hostil, en absoluto. En su mejor expresión, puede ser una rivalidad amistosa que saque lo mejor de los hermanos o hermanas involucrados.
- *Durante la infancia, los síntomas de problemas comunes* de la rivalidad entre hermanos son:
  - pegar, dar patadas, pelearse
  - gritar o insultar
  - negarse a compartir con el hermano o quitarle cosas
  - intentar ser más que el otro u otra

- intentar monopolizar la atención de los padres (usando buena o mala conducta)
- intentar crearle problemas al otro hermano

- *Durante la edad adulta, los síntomas de problemas comunes* de la rivalidad entre hermanos son:
  - intentar superar al otro
  - intentar ganar más dinero que el otro
  - intentar obtener una posición social más alta que el otro
  - culpar al otro de los problemas familiares
  - intentar ser el hijo "favorito" de los padres
- La rivalidad entre hermanos tiene *una larga historia.* Los primeros hermanos que aparecen en la Biblia, Caín y Abel, eran amargos rivales, y el enfrentamiento de Caín con su hermano, al que creía favorecido por Dios y por sus padres, acabó induciéndole a asesinar a Abel.

> Una tercera parte de los padres informó que la relación entre sus hijos "oscila entre la guerra y la paz". Un 7 por ciento describió a sus hijos como "los peores enemigos".[2]

- Nadie sabe cómo manejaron Adán y Eva la rivalidad entre sus hijos, pero sí sabemos que *muchos padres no admiten el problema o ni siquiera se lo plantean hasta que se convierte en un problema serio.*
- Existen diversos puntos de vista sobre el motivo por el que existe la rivalidad entre hermanos. Uno es el punto de vista *freudiano o psicoanalítico*: Sigmund Freud, como muchos saben, hizo muchas observaciones (e hipótesis) sobre la condición humana. Una de ellas fue el complejo de Edipo, la idea de que los hijos compiten con el progenitor del mismo sexo por la atención y el amor del progenitor del sexo opuesto. Según el pensamiento psicoanalítico, la rivalidad entre hermanos puede ser una extensión de esa lucha, porque, como el progenitor del sexo opuesto, un hermano también es un competidor.
- Otro punto de vista más moderno es el *biopsicológico*, en el que la cuestión es "la supervivencia del más fuerte", es decir, *la competición para obtener recursos limitados (como comida, refugio y protección).* Entre los humanos, las necesidades son también sociales, como *la necesidad de que nuestros padres nos dediquen tiempo y atención, cariño y aprobación personalizados.*
- Buena parte de la conducta hacia el otro se basa en los celos, la envidia y la ira.
- Cuando un niño pequeño conoce a su hermano o hermana recién nacido, presenta diversas reacciones frecuentes que, a menudo, se mezclan. A veces son positivas, como cuando el mayor se siente importante por serlo, o siente gratitud por el pequeño, emoción, responsabilidad y amor. Sin embargo, algunas reacciones son negativas, incluyendo problemas conductuales como:
  - desobediencia
  - rabietas
  - agresividad
  - tener sus cosas desordenadas
  - conducta molesta
- Y pueden darse conductas de regresión cronológica, como:
  - aferrarse mucho a los padres

- chuparse el dedo
- hablar como un bebé
- mojar la cama
- ensuciarse en los pantalones

ENTREVISTA DE EVALUACIÓN 3

Si existe rivalidad entre hermanos en la familia a la que aconseja, las siguientes preguntas le ayudarán a informarse más sobre la situación.

1. ¿Sus hijos se llevan bien? ¿Se pelean? ¿Tiene que parar sus peleas frecuentemente, o dejan de pelearse solos?
2. ¿Alguno de sus hijos tiene problemas conductuales? ¿Cuándo empezaron?
3. Ahora que tiene al niño pequeño, ¿presta menos atención al mayor? ¿El niño mayor ayuda a cuidar del pequeño? ¿Qué piensa el mayor de estas responsabilidades?
4. ¿Comparten bien las cosas los hermanos? ¿Se quitan las cosas el uno al otro?
5. ¿Los niños tienen una conducta propia de una edad anterior, para llamar la atención? ¿Intentan meterse en líos el uno al otro? ¿Parecen preocupados por quién es el favorito de los padres?

CONSEJOS SABIOS 4

Como cristianos, se nos dice que sintamos "amor fraternal" unos por otros. Este amor se entiende como la expresión más pura del amor platónico. En los Evangelios, Jesús enseña a sus discípulos a "practicar el amor fraternal" (1 P. 3:8). Sin embargo, muchos hermanos en la Biblia no se trataron con cariño. Pensemos en los siguientes:

- Caín y Abel
- Esaú y Jacob
- Raquel y Lea
- José y sus hermanos mayores

Con todos estos ejemplos, no cabe duda de que actuar con amor fraternal es un reto difícil para cualquiera. Cuando existe la rivalidad entre hermanos, enseñe a los padres a seguir inculcándoles a los hijos la idea de que el amor de los padres no está limitado, que no disminuye en función del número de hijos. Instruya a los padres a que tengan paciencia; a veces los celos y la competencia desaparecen solos con el paso del tiempo.

PASOS PRÁCTICOS 5

Veamos algunas cosas que puede sugerir a los padres para contribuir a reducir o erradicar la rivalidad entre hermanos.

1. Amen a sus hijos sin mostrar favoritismos

La violencia que afecta la esencia de la unidad familiar va creciendo: 53 de cada 100 niños maltratan a su hermano o hermana.[3]

- Pregunten a cualquier hijo o hija quién es el favorito de la familia y es posible que señale con su dedo a su rival. El favoritismo ofende e infecta el corazón de un niño, y conduce a sentimientos de inferioridad, ira, resentimiento e incluso amargura.
- La historia bíblica de Esaú y Jacob es un gran ejemplo de cómo el favoritismo perjudica a la familia. En el libro de Génesis leemos que el padre de los muchachos, Isaac, prefería a Esaú mientras que la madre quería más a Jacob (25:28). Esto les condujo al engaño y a que Jacob arrebatase el derecho de primogenitura y la bendición de su hermano.
- En muchas familias no hay favoritismo, y ustedes deben contradecir la falsa creencia entre sus hijos de que sí lo hay. Ustedes saben que aman a sus hijos sin reservas, pero también que mantienen una relación diferente y se comportan de forma distinta con cada uno. Es esencial conocer el lenguaje del amor propio de cada hijo, y transmitir el amor según ese estilo. Deben repetir sin cesar esta diferencia esencial en cómo las personas reciban amor hasta que sus hijos lo entiendan, y es posible que tarden hasta ser adultos o hasta el momento en que ellos mismos tengan hijos.

2. No comparen

- La mayoría de hermanos es ya muy sensible a los aspectos competitivos de sus relaciones con hermanos y hermanas. En lugar de preguntarse: *¿Esto lo hago bien?*, se preguntan: *¿Esto lo hago mejor que mi hermano [hermana]?*
- Lo mejor que pueden hacer los padres es evitar la comparación directa entre sus hijos. Pueden comentar los dones y las cualidades de cada uno de ellos cuando sus hermanos no estén presentes. Por ejemplo, aunque está bien decir: "¡Eliana juega bien al fútbol, y David es un genio al piano!", no lo está decir: "Eliana es mejor futbolista que David, y David supera con creces a Eliana en la música".

3. Contrarresten los celos

A menudo los celos constituyen el meollo de la rivalidad entre hermanos. Si un hermano mayor siente celos de uno menor, pruebe las siguientes técnicas:

- *Ayuden al niño o niña a verbalizar sus sentimientos.* Cuando los niños logran expresar sus sentimientos con palabras, están mucho mejor preparados para entenderlos y superarlos. Sin embargo, para los niños este no es un proceso sencillo. Por ejemplo, ¿imagina a un niño diciendo: "Mamá, papá, me he sentido un poco abandonado e inseguro desde que nació mi hermanito, y me gustaría un poco más de atención. Concretamente, quiero que pasen más tiempo jugando a solas conmigo, como lo hacían antes"?

  ¡Pues claro que no! Es mucho más probable que los niños expresen sus frustraciones mediante la conducta. Solo por medio de la práctica y la formación, el niño puede aprender a describir con palabras sus emociones y sus necesidades.

- *Los niños requieren atención*, y aunque parezca un contrasentido, para algunos niños la atención negativa es mejor que la carencia de atención. Por consiguiente, una buena manera de que los padres mejoren la conducta de un niño es alabar la conducta buena y correcta e ignorar la mala.

  Por ejemplo, si su hija se portó bien mientras se ponía los zapatos, dígale: "Gracias, cariño. Estoy muy orgulloso de lo buena que eres. Te has puesto los zapatos cuando te lo he pedido". Si su hija se porta mal teniendo una rabieta, ignore la conducta: no le preste *más* atención.
- *Muestren al niño los privilegios de su edad.* Todos los adultos admiten que la edad tiene sus privilegios, pero los niños no siempre lo ven así, sobre todo cuando hay un bebé que acapara toda la atención. Señalen todos los privilegios de la edad a los hermanos mayores. ¿Qué consiguen por ser mayores? Y si no tienen muchos privilegios, ¡dénselos! Por ejemplo:
  - Tú comes helado, pero el hermanito solo biberón.
  - Tú comes pizza, y tu hermanita puré de guisantes.
  - Podemos ir al cine juntos, pero el bebé no puede.
  - ¡Ya no tienes que usar esos pañales malolientes!

  Además, un gran privilegio de ser un hermano mayor es que puede tomar en brazos y cuidar de un bebé que siempre le admirará a su hermano/a mayor.

Más de tres cuartas partes de las personas encuestadas (78 por ciento) informaron que sus hermanos les daban empujones, mientras que casi la misma cantidad (77 por ciento) dijo que habían empujado a sus hermanos.[4]

EJEMPLOS BÍBLICOS 6

Isaac quería más a Esaú, porque le gustaba comer de lo que él cazaba; pero Rebeca quería más a Jacob (Gn. 25:28).

Dado que la rivalidad entre hermanos es un intento de obtener aprobación, alabanza y atención por parte de los padres, cuando estos favorecen a un hermano más que al otro, puede nacer una rivalidad muy amarga. En la Biblia, el ejemplo que demuestra esto más claramente es la historia de Esaú y Jacob.

Un día, cuando Jacob estaba preparando un guiso, Esaú llegó agotado del campo y le dijo: "Dame de comer de ese guiso rojizo, porque estoy muy cansado". (Por eso a Esaú se le llamó Edom). "Véndeme primero tus derechos de hijo mayor", le respondió Jacob. "Me estoy muriendo de hambre", contestó Esaú, "así que ¿de qué me sirven los derechos de primogénito?". "Véndeme entonces los derechos bajo juramento", insistió Jacob. Esaú se lo juró, y fue así como le vendió a Jacob sus derechos de primogénito (Gn. 25:29-33).

La rivalidad entre Esaú y Jacob fue tan amarga que Jacob, en vez de dar de comer a su hermano, le vendió la comida a cambio de su herencia.

Quizá Esaú fue estúpido por aceptar el trueque, pero a pesar de todo esta historia demuestra claramente la competencia de Jacob con su hermano mayor.

Viendo sus hermanos que su padre amaba más a José que a ellos, comenzaron a odiarlo y ni siquiera lo saludaban (Gn. 37:4).

Otro ejemplo de rivalidad entre hermanos en la Biblia es la que encontramos entre José y sus hermanos. En este caso, parecido al de Esaú y Jacob, el favoritismo del padre creó tensión entre José y sus hermanos. Esto incitó a los hermanos de José a meterle en un hoyo y a venderlo como esclavo. Muchos años después, José perdonó a sus hermanos y restauró la relación con ellos.

7 ORACIÓN

Señor, esta familia, como muchas otras, necesita cambiar. Ayuda a los hijos a superar la rivalidad entre hermanos. Ayúdales a forjar vínculos fuertes y que aprendan a amarse unos a otros por encima de todo…

Secretos en el matrimonio

RETRATOS 1

- Hace años que Dalila empezó a ocultar la catástrofe económica en la que viven. Ocultaba las cuentas, alteraba la chequera y escondía las prendas de ropa que se compraba. El miedo empezaba a consumirla. La primera vez que supo que su esposo se daría cuenta fue cuando debían cuatro meses de hipoteca. Él se enojaría, de eso estaba segura.
- Benjamín siempre le dice a Julia que conduce muy deprisa, de modo que cuando a ella le pusieron otra multa de tráfico, Julia decidió que esa información quedaría entre ella, el policía y el estado de California. Piensa: *Después de una multa tan elevada, ¡lo que menos necesito es otro discurso!*
- Solo pasó una vez. Bruno trabajaba hasta tarde, estaba cansado y estresado y Laura y él llevaban días discutiendo. Se jura a sí mismo que no volverá a tener otra aventura, así que, ¿para qué hundir su matrimonio contándole a su esposa lo sucedido?

DEFINICIONES E IDEAS CLAVE 2

- Los cónyuges se ocultan secretos mutuamente cuando *no quieren hablar de hechos y de partes de su historia que les avergüenzan o que piensan que harán que su pareja les rechace.*
- Cuando los cónyuges guardan secretos, normalmente es sobre *cosas vergonzosas, ilegales, dolorosas o que les hacen sentir culpables.* A menudo, los grandes secretos más comunes incluyen aventuras, matrimonios anteriores, el mal uso de la economía, un aborto, la pérdida de un empleo, la pornografía, problemas sexuales de algún tipo o un crimen.
- *Sin embargo, ser sincero no significa que uno deba compartir todos los pensamientos.* Hay ciertas cosas que una persona no quiere compartir con su cónyuge porque ya se han perdonado y no tienen incidencia en la relación. No obstante, *la frontera entre la privacidad legítima y los secretos injustificados es realmente elástica y peligrosa.*
- *Hasta los cónyuges tienen un derecho definible a la privacidad mutua.* Esto incluye un tiempo a solas y unos pensamientos privados. *El reto consiste en forjar la intimidad y, a la vez, mantener unos límites personales importantes.* Aunque algunas personas creen que

poner límites es perjudicial para la relación matrimonial, en realidad, si un cónyuge no respeta la privacidad emocional y física del otro, esto perjudicará la intimidad.

- Algunos motivos por los que las parejas se ocultan secretos son:
  - El secreto herirá o preocupará innecesariamente al cónyuge.
  - El secreto afecta a alguien más que prefiere que no se divulgue la historia.
  - Hay algunos temas de los que no se hablan por un acuerdo implícito y tácito de los miembros de la pareja; los dos tienen miedo de qué podría pasar si se sacaran estos temas a la luz.
- A veces, los episodios pasados que resultan vergonzosos o dolorosos se guardan en secreto, y el cónyuge que guarda el secreto debe plantearse por qué teme contárselo a su pareja. Una pregunta clave es: *El hecho de contarlo, ¿beneficiará o perjudicará la relación?* Si el potencial para hacer daño es real, es mejor abordar el tema con el cónyuge.

3 ENTREVISTA DE EVALUACIÓN

Puede hacer las siguientes preguntas sobre los secretos matrimoniales a la pareja (o a cada uno de sus miembros por separado si no son sinceros cuando están juntos).

Los estudios demuestran que a menudo nos conviene mantener algunas cosas en privado, sobre todo cuando es probable que nuestra pareja sentimental reaccione mal ante la verdad.[1]

1. ¿Guardan secretos los dos? ¿Guarda un secreto porque teme que la otra persona le rechace? ¿Lo guarda porque tiene miedo de que la otra persona piense peor de usted? ¿Lo guarda porque cree que contar el secreto haría daño a su cónyuge?
2. ¿Guardar secretos es un problema para su matrimonio? ¿Cree que su pareja le oculta algo?
3. ¿Siente que mantienen una relación cercana e íntima? ¿Confían el uno en el otro? Si no lo hacen, ¿por qué y en qué áreas?
4. ¿Creen los dos que hay que contar los secretos, por triviales que sean? ¿O creen que cada uno debe tener una zona necesaria de privacidad?
5. ¿Se permiten tener secretos? ¿Está bien guardar secretos sobre las relaciones anteriores? ¿Y sobre temas económicos? ¿Y sobre el ocio?
6. ¿Qué hay de los secretos que afectan a amigos comunes? ¿Y los secretos de familia? ¿Qué ocurre con los secretos vergonzosos?
7. ¿Hay algún secreto que le atormenta, pero tiene dudas en cuanto a revelárselo a su pareja?

4 CONSEJOS SABIOS

Recuerde: *los secretos matrimoniales a menudo son el síntoma, no el problema.* Por consiguiente, un guía experimentado puede ser muy útil para ayudar a la pareja a tratar los temas pendientes y fortalecer su matrimonio.

Cuando aconseje a una pareja que tiene secretos matrimoniales, algunas de las preguntas importantes que se deben hacer al cónyuge que guarda secretos son:

- ¿Por qué es necesario que guarde un secreto?
- ¿Tiene miedo al conflicto, el rechazo, el castigo o la culpa?

La comunicación abierta y sincera es esencial para forjar y mantener un buen matrimonio.

¿Es necesario revelar el secreto?

La clave está en saber si, *al no revelar el secreto*, el matrimonio se verá real o *potencialmente afectado*. Puede ser de ayuda pedir a la persona que se ponga en el lugar de su cónyuge y responda a la pregunta: "Si su pareja guardara este secreto, ¿usted desearía o necesitaría saberlo?".

La probabilidad de que su cónyuge se enoje al escuchar el secreto no es un motivo para no contarlo, a menos que él o ella sea una persona que ya ha manifestado ira o violencia en el pasado. El consejero puede ofrecerse como mediador y estar presente cuando se revele el secreto, para ayudar a ambas partes a contarlo y a recibirlo. La pareja también debe acordar de antemano qué harán y qué no harán cuando vuelvan a estar solos.

A continuación veremos algunos secretos concretos sobre la conducta que a menudo las personas se callan, pero que deberían confesarse para disfrutar de un matrimonio sano:

> Un 25 por ciento de los hombres casados admitió que no había confesado a sus esposas "un secreto importante", concretamente en las áreas de cómo gastan el dinero, las apuestas, el alcohol o el consumo de drogas y la actividad sexual.[2]

- la adicción sexual, manifiesta en un adulterio continuado o en un patrón de múltiples aventuras
- perder o renunciar a un empleo
- cualquier cosa que afecte la calidad de vida del cónyuge
- algo que sepan muchos otros y que haga parecer ingenua a su pareja por no saberlo
- secretos económicos: gastar dinero, no pagar las deudas, acciones e inversiones
- una enfermedad en la familia

No saquen la basura

Es posible que venga a verle un cónyuge diciendo que se siente impulsado a confesar un secreto a su pareja. Puede que esa persona parezca totalmente sincera, y que sea necesario revelar el secreto para ayudar al matrimonio pero, de hecho, a lo mejor la persona pretende sacar algo del pasado para herir a su pareja.

Por ejemplo, una mujer dijo a su marido dos años después de admitir que había tenido una aventura: "Cariño, hay algo que tengo que decirte. ¿Te acuerdas de cuando tuve una aventura? Pues, una vez que me llamaste al teléfono celular y te dije que estaba en el supermercado con mi amiga, en realidad estaba en el apartamento de mi amante".

Estas revelaciones no hacen más que reabrir las viejas heridas. El motivo para contar el secreto no es para ser abierto o sincero, o reparar la relación. En este caso, consiste en hacer daño a la pareja o hacer que el cónyuge que confiesa se sienta mejor, sin que haya beneficios para el matrimonio.

¿Esto le parece contradictorio? Si piensa que sí, no está solo. Lo cierto es que existe una línea muy fina entre ser abierto y sincero y sacar la basura. Lo que hay que tener en cuenta no es solo la intención sino también el momento y el estado de la relación (que actualmente puede estar bien o mal).

5 PASOS PRÁCTICOS

Si hay un secreto importante que un miembro de la pareja tiene que contarle al otro, use estas pautas para instruir a la persona.

1. Ore y hable

- Ore y hable del "secreto" con un amigo de confianza o un profesional.
  - Recuerde: "no saque la basura".
  - Evalúe el factor del perjuicio relacional.

> Tres pueden guardar un secreto… si dos de ellos están muertos.
>
> *Benjamin Franklin*

2. Busque un buen momento

- Hay momentos que, simplemente, no son los idóneos para contar a su pareja el secreto o secretos que ha guardado hasta hoy. Por ejemplo, no cuente su secreto:
  - cuando su cónyuge o usted está de mal humor
  - cuando hay otros delante o cerca
  - justo antes de acostarse
  - cuando usted o su cónyuge padecen un estrés intenso
  - mientras uno de los dos está bajo la influencia de una sustancia (alcohol, medicación, etc.)
- Aunque quizá no haya un momento "idóneo", elija uno cuando usted y su pareja dispongan de cierta privacidad, y cuando no haya muchas cosas pendientes en la agenda del día. De esta manera, usted y su pareja tendrán tiempo de hablar del tema, y su cónyuge podrá digerir la información que le comunique.

3. Busque ayuda

- Busque la ayuda de un pastor de confianza, una pareja de mentores o un consejero profesional que le ayude a decidir cómo contar el secreto a su pareja.

6 EJEMPLOS BÍBLICOS

La gente chismosa revela los secretos; la gente confiable es discreta (Pr. 11:13).

Incluso dentro del matrimonio es justificable guardar algún secreto. Las cosas de nuestro pasado que ya no son un problema para nosotros no deben serlo para nuestro matrimonio. Hay que meditar a fondo si es necesario revelar todo aquello que perjudique el matrimonio o que haga que su pareja confíe menos en usted o le trate peor.

Insistiré en mi inocencia; no cederé. Mientras viva, no me remorderá la conciencia (Job 27:6).

En medio de su sufrimiento, Job manejó bastante bien una situación difícil. A pesar de que, como todos los hombres y mujeres, Job no era perfecto, intentó seguir su buena conciencia.

Cuando las parejas se planteen el tema de los secretos matrimoniales, deberían seguir el enfoque de Job de mantener su rectitud.

Usen balanzas, pesas y medidas justas. Yo soy el Señor su Dios, que los saqué de Egipto (Lv. 19:36).

No tendrás en tu bolsa dos pesas diferentes, una más pesada que la otra. Tampoco tendrás en tu casa dos medidas diferentes, una más grande que la otra. Más bien, tendrás pesas y medidas precisas y justas, para que vivas mucho tiempo en la tierra que te da el Señor tu Dios, porque él aborrece a quien comete tales actos de injusticia (Dt. 25:13-16).

> Un 31 por ciento de las mujeres entrevistadas informó de que había descubierto que sus maridos tenían "un secreto importante" que no les habían contado.[3]

Es difícil guardar secretos, sobre todo si son grandes, y seguir siendo honestos.

La Biblia subraya muchas veces la importancia de la honestidad. En el libro de Levítico está escrito que las personas no deben usar pesas o balanzas falsas cuando vendan o compren artículos.

¿Qué aplicación tiene esto para el matrimonio? Son cosas muy diferentes, pero si podemos aplicar el concepto de pesas (como metáfora) a las cosas que se dicen un marido y su esposa, se nos aconseja a no alterar nuestras revelaciones añadiendo o suprimiendo información importante.

ORACIÓN 7

Señor, todos tenemos secretos, algunos grandes, otros pequeños, unos triviales, otros importantes. Danos sabiduría en esta faceta. Muestra a esta pareja qué secretos no son importantes y qué deberían confesarse para fortalecer su amor y su matrimonio. Dales una relación que sea abierta, honesta y segura para compartir pensamientos íntimos...

Separación y divorcio

1 RETRATOS

- El marido de Claudia le dio los papeles del divorcio después de que él tuviera una aventura con una compañera de trabajo. Se sintió devastada, y le rogó que asistiera a consejería, pero él no sentía interés por salvar el matrimonio.
- La esposa de David se marchó hace dos años, dejándole solo para cuidar de su hijo de tres años. "Ella ya no quería ser madre", dice. Se pregunta si debería pedirle el divorcio y seguir adelante con su vida, pero tiene la esperanza de que ella se arrepienta y vuelva a casa.

El 35 por ciento de las personas que se casan se divorciará.[1]

- El esposo de Emilia le ha pegado desde que se casaron hace cinco años. Él siempre se disculpa y ella le perdona, pero luego la situación se repite. "Como cristiana, siento que debo estar con él", explica, "pero estoy cansada de ser un saco de boxeo. Una de mis amigas me calificó de 'propiciadora', y me dijo que yo estaba tan mal como mi marido por permitir que siguiera maltratándome".
- Lucas y Catalina discuten constantemente por todo. "Temo que nuestras discusiones afecten a los niños", suspira ella. "Creo que estarían mejor si nos divorciáramos. Al menos tendrían un hogar tranquilo."

2 DEFINICIONES E IDEAS CLAVE

- *El divorcio es la ruptura legal de un matrimonio*, y supone *la división de los bienes matrimoniales* y, si hay niños, la decisión de *quién tiene la custodia y el régimen de contactos con ellos. La separación* es cuando los miembros de un matrimonio *deciden vivir separados* como si fueran solteros. Durante la separación, algunas parejas buscan consejería para restaurar la relación, mientras que otras empiezan a buscar otras parejas.
- *El divorcio disuelve un matrimonio*, así como destruye una familia intacta y el sueño de un futuro positivo. En términos legales, el divorcio es un juicio emitido por un tribunal que disuelve un matrimonio.
- El divorcio *se ha vuelto frecuente en Estados Unidos*. Según el censo del año 2000, entre algunas etnias estadounidenses, los hogares monoparentales superan a las familias que cuentan con una madre y un padre.[2]
- La investigación del Barna Group demuestra que un 35 por ciento de las personas que se casan pasa por un divorcio, y que un 18 por ciento de los divorciados lo hacen varias veces.[3] Los divorcios múl-

tiples son frecuentes entre los cristianos nacidos de nuevo, dado que un 23 por ciento de ellos se divorcia dos o más veces.[4]

- En el caso de matrimonios con hijos, Wallerstein y Blakeslee (en su libro *The Good Marriage*) afirman, basándose en la experiencia clínica, que muchos niños siguen luchando con *la infelicidad* derivada de un divorcio incluso entre diez y quince años después de este. Su investigación constante demuestra que *los efectos negativos del divorcio se prolongan hasta bien avanzada la madurez.*[5]
- Aunque las iglesias cristianas intentan disuadir a sus miembros de que recurran al divorcio, *el índice de divorcios entre cristianos, evidenciado por el estudio de Barna, es idéntico al presente en la población secular* (35 por ciento). Estos datos no se refieren a quienes se divorciaron antes de abrazar su fe; los datos demuestran que tales divorcios raras veces se producen antes de que las personas casadas hayan aceptado a Cristo como su Salvador.[6]

El punto de vista bíblico sobre el divorcio

- Malaquías 2:16 dice que *el Señor aborrece el divorcio.* El resto del versículo revela que Malaquías hablaba a unos hombres que eran infieles a sus esposas. Es evidente la compasión de Dios hacia la parte perjudicada.
- Romanos 12:15 dice que deberíamos llorar "con los que lloran". Las personas que se recuperan del trauma de un matrimonio roto *necesitan que su iglesia*:
  - comparta su tristeza
  - les ofrezca compasión
  - les garantice que su familia eclesial no les abandonará
  - imparta esperanza de que Dios sacará algo bueno de sus dificultades
  - si es apropiado, y cuando lo sea, ofrezca oportunidades para servir en la iglesia

A menudo los hijos sienten que han perdido su infancia para siempre. El divorcio es el precio que pagan a consecuencia de los errores de sus padres, y que sabotea su futuro.[7]

Motivos para la separación

- *El maltrato físico* no se menciona directamente en la Biblia como motivo para el divorcio, pero las Escrituras no ordenan en ninguna parte que una mujer deba permanecer en un hogar donde ella o sus hijos reciben malos tratos físicos. Normalmente, la separación es necesaria para la protección de la integridad física.
- La restauración debe fundamentarse *en el verdadero arrepentimiento y en un cambio significativo* en la conducta del abusador, que se manifieste durante un periodo de tiempo dilatado. La iglesia puede servir como protectora de los abusados al ayudarles a encontrar un lugar donde vivir, aconsejarlos, prestarles ayuda económica y usar la disciplina eclesial para pedir cuentas al cónyuge maltratador. Sin embargo, con demasiada frecuencia los *líderes eclesiales han sido los "propiciadores" del abuso y la violencia constantes dentro del matrimonio,* al exigir a la mujer que no abandone al abusador y no exigirle a este un arrepentimiento genuino.

- *El abuso mental o verbal*, como el menoscabo intenso y la conducta despreciativa, pueden ser motivos de una separación.
- *Las adicciones* a las drogas o al alcohol que tengan como resultado una conducta perjudicial para el cónyuge o los hijos pueden constituir también un motivo de separación.
- *La negligencia física*, como, por ejemplo, no proporcionar alimentos, ropa, refugio o la supervisión necesarios para los hijos, puede generar situaciones que pongan en peligro la vida, y se ha considerado que encaja en la justificación del divorcio "por desatención". Como mínimo, el cónyuge agredido debería sacar a los niños de ese hogar, si es necesario, para ofrecerles un entorno seguro donde se satisfagan sus necesidades básicas.

Motivos bíblicos para el divorcio

- *La actividad sexual extramatrimonial* rompe el vínculo matrimonial. En Mateo 19:9, Jesús dijo que si un cónyuge ha cometido este tipo de pecado, su pareja es libre de divorciarse y volver a casarse. Esto no quiere decir que el divorcio sea inevitable en los casos en que se ha cometido un pecado sexual, pero sí se permite.
- Algunos sostienen que *el abandono* de un creyente por parte de un cónyuge incrédulo concede libertad al creyente para divorciarse de su pareja (ver 1 Co. 7:15). Otros piensan que el abuso violento es una forma de "abandono constructivo" de la fidelidad marital, y también ofrece a la víctima un fundamento bíblico para el divorcio.

3 ENTREVISTA DE EVALUACIÓN

Para las parejas que se plantean el divorcio

Cuando una pareja acude a consejería con el divorcio como opción, *usted, el pastor o consejero, suele ser la última persona que consultan antes de ir a un abogado*. Usted puede reunirse con la pareja primero y luego, si están de acuerdo, reunirse con cada uno separadamente en otra sesión.

El índice de divorcios en 2005 (por cada 1000 personas) fue de 3,6, el índice más bajo desde 1970 y una reducción frente al 4,2 de 2000 y al 4,7 de 1990.[8]

Preguntas clarificadoras

1. ¿Qué le ha pasado al amor en su matrimonio?
2. ¿Alguno de los dos tiene motivos para pensar que corre peligro a manos de su pareja?
3. ¿Se ha producido algún tipo de maltrato (físico, verbal o sexual) contra usted o sus hijos? (Si se ha producido un maltrato físico o sexual, el primer paso es alejar al cónyuge y los hijos maltratados del abusador, llevándolos a un lugar seguro. La consejería no puede empezar hasta que esto suceda. Después de que la persona maltratada esté a salvo, la pareja puede reunirse para asistir a consejería. Está bien que los dos cónyuges estén presentes en las sesiones. Si se ha producido maltrato infantil, hay que comunicarlo a las autoridades pertinentes).

Preguntas generales

1. ¿Qué espera conseguir como resultado de la consejería?
2. .Hábleme de su matrimonio. ¿Cuánto tiempo llevan casados?
3. ¿Tienen hijos?
4. ¿Cómo se conocieron?
5. ¿Qué fue lo primero que les atrajo del otro?
6. ¿Cómo supieron que esa era la persona con quien querían casarse?
7. ¿Cuál fue el motivo de su primera discusión?
8. ¿Cuándo aparecieron por primera vez los problemas que los han traído aquí?
9. Hasta el momento, ¿cómo han intentado resolver los problemas?
10. ¿Creen que hay esperanzas de reconciliación?
11. ¿Los dos quieren el divorcio? ¿Por qué sí o por qué no?
12. ¿Han pedido permiso a Dios para divorciarse?
13. ¿Qué tendría que suceder para que quisieran reconciliarse?
14. ¿Alguno de los dos piensa que hay fundamentos bíblicos para el divorcio? Si es así, ¿cuáles son?
15. ¿Cómo es su caminar con el Señor?
16. Hábleme de su trasfondo, sus padres y hermanos. ¿Cómo fue crecer con ellos?
17. ¿Se ha producido algún divorcio en su familia o entre sus amigos?
18. ¿Qué cree que el divorcio conseguirá para usted?
19. ¿Cómo cree que el divorcio afectará a sus hijos?
20. ¿Le gustaría saber qué dice la Biblia sobre el divorcio?

Para la víctima del divorcio (la persona divorciada contra su voluntad)

Cuando una víctima del divorcio acude a consejería, una señal positiva es que se considere digna de recibir ayuda. Refuerce su decisión al recordar a la persona que la Biblia dice que solamente *los sabios buscan consejo* (Pr. 12:15).

Preguntas clarificadoras

1. En una escala del 1 al 10, siendo 10 la alegría y el 1 la desesperanza, ¿dónde se situaría? (Es conveniente descartar la presencia de una depresión clínica).
2. ¿Se siente abatido/a la mayor parte del día, casi todos los días?

Preguntas generales

1. ¿Qué le ha traído hoy aquí?
2. ¿Cuál espera que sea el resultado de la consejería?
3. Hábleme de su matrimonio. ¿Cómo conoció a su cónyuge?
4. ¿Detectó algún rasgo de su personalidad que le preocupara?
5. ¿Cambiaron los sentimientos de usted durante el matrimonio? ¿Por qué?
6. ¿Qué opinan sus padres de su cónyuge?
7. ¿Cuándo fue la primera vez que se dio cuenta de que había problemas?

8. ¿Cómo le dijo su cónyuge que quería acabar con el matrimonio?
9. ¿Cómo se sintió usted? ¿Qué dijo y qué hizo?
10. ¿A quién acudió en busca de ayuda? ¿Le ayudó esa persona?
11. ¿Cuál fue la reacción de su familia al divorcio? ¿Y la de la familia de su cónyuge?
12. ¿Tienen hijos? ¿De qué edades?
13. ¿Cómo reaccionaron al enterarse del divorcio? ¿Cómo les va ahora?
14. ¿Cuáles son sus planes para seguir adelante con su vida?
15. ¿Cómo le ha fortalecido esta experiencia?
16. ¿Cuenta con un grupo de apoyo?
17. ¿Qué apoyo tiene a su alrededor?
18. ¿Cómo les va a usted y a sus hijos económicamente?
19. ¿Cómo es su relación con el Señor?
20. ¿Siente que el Señor le ha rechazado u olvidado?

4 CONSEJOS SABIOS

Para las parejas que se plantean divorciarse

Comparta lo que dice la Biblia sobre el divorcio. Explique que *Dios odia el divorcio* por el sufrimiento y la devastación que provoca en las personas. Exponga los motivos bíblicos para el divorcio: *el pecado sexual (por parte de uno de los cónyuges o ambos, violando el pacto matrimonial)* y *el abandono (y algunas iglesias sostienen que el abuso y la negligencia voluntaria de proveer para la familia son formas constructivas de abandono).*

Deje claro que la Biblia no ordena que las personas se divorcien en esas circunstancias, pero que Dios lo permite en determinadas situaciones.

El perdón y la restauración también son importantes cuando el cónyuge que ha transgredido el pacto matrimonial está realmente arrepentido.

Muestre empatía por el sufrimiento y la angustia de los dos cónyuges.

Sea realista sobre el futuro. Ayúdeles a plantearse los problemas que les acarreará el divorcio:

- problemas económicos por tener que proveer para dos hogares
- probabilidad de luchas por la custodia
- estrés por encontrarse solos, sin ayuda de nadie
- culpabilidad al ver cómo se viene abajo el mundo de sus hijos
- tener que enviarse los hijos el uno al otro regularmente
- posibilidad de ira, tristeza, soledad e incluso desesperanza

En Estados Unidos, la mayoría de los estados requiere un periodo de espera (normalmente, entre seis y doce meses) desde la presentación hasta la resolución del divorcio. Anime a la pareja a plantearse la separación como una opción que les daría tiempo para trabajar sobre sus problemas y, con suerte, resolverlos, de modo que se reconcilien en vez de divorciarse. Remita a las personas que acepten esta opción a un consejero o mediador que les ayude a elaborar un acuerdo de separación que aborde los temas necesarios.

Para la víctima del divorcio

Dios ve los problemas de la víctima del divorcio. Le duele ver cómo esa persona sufre (Is. 40:27-28).

Usando los ejemplos bíblicos que aparecen más adelante, comunique a la persona que Dios le ama con un amor incondicional. Dios *entiende los sentimientos de traición y de rechazo*, porque Él también fue traicionado y rechazado.

Explique la importancia del duelo y el tiempo que requiere (normalmente entre *dos y cinco años*), y que suele consistir en *cinco fases*: negación, ira, negociación, depresión y aceptación. Una persona puede pasar por estas fases muchas veces, en un orden diferente, antes de que se produzca la verdadera superación.

Confirme el mal cometido contra la persona. Subraye que, aunque la persona es una víctima, puede *convertirse en una superviviente.*

Ofrezca la esperanza de que *Dios puede sacar algo bueno* de esto (Ro. 8:28).

Comunique a la persona que *otros pueden juzgarla injustamente*; se sentirá tentada a sentirse culpable y avergonzada por culpa del divorcio. Es importante que la persona no acepte esos sentimientos.

Exprese que la persona nunca se curará ni se liberará del todo hasta que *se perdone a sí misma y a su cónyuge*. Mientras sienta ira y resentimiento, la persona no será libre.

Para más información, vea la sección Perdón y reconciliación.

> El 50 por ciento de quienes se casan por primera vez, el 67 por ciento de quienes se casan por segunda vez y el 74 por ciento de quienes se casan por tercera vez acaban en divorcio.[9]

PASOS PRÁCTICOS 5

Para las parejas que se plantean divorciarse

1. Pongan el divorcio en pausa

- Entréguense a la oración durante el periodo de espera, y plantéense la consejería o el uso de un acuerdo de separación si no logran vivir juntos.
- Aunque un cónyuge puede participar en la consejería para quedar bien con la familia y los amigos, cuando en realidad quiere el divorcio, busque la guía de un consejero profesional, un pastor y/o un mentor sabio.
- *Tenga archivados los nombres de algunos mentores y consejeros cristianos casados, así como de mediadores cristianos que puedan ayudar. Estas personas deben haber tenido éxito anteriormente para ayudar a parejas a recuperar sus matrimonios.*

2. Detengan el sufrimiento

- Identifique los problemas que han erosionado el amor en su relación.

- Reduzca las palabras y las conductas dolorosas, así como los patrones negativos que han venido usando para cambiar o controlar a su cónyuge (lean 1 P. 3:7-9).
- Busquen la gracia, el perdón y la misericordia de Dios y el uno del otro.
- Trabajen para crear nuevos patrones relacionales que fomenten la confianza, la seguridad y la intimidad espiritual.

Para las víctimas del divorcio

1. Involúcrese en un grupo de recuperación

- Empiece a asistir a un grupo de recuperación dedicado al divorcio. Muchas iglesias grandes disponen de ellos. Su consejero puede recomendarle uno adecuado.
- Algunos grupos duran un número determinado de semanas; otros usan programas de doce pasos.

2. Acuda a consejería

- Inicie una consejería individual semanal. Necesita una persona objetiva ante quien rendir cuentas.
- Es aconsejable comprometerse a reunirse con un consejero una vez a la semana durante al menos un año.

3. Sea prudente al tomar decisiones importantes

- No tome decisiones importantes mientras siga agitado/a, sin haberlas consultado antes con su consejero o pastor. Esto le ayudará a evitar las malas decisiones cuando aún es vulnerable emocionalmente.

4. No forje nuevas relaciones

- No se apresure a buscar pareja; evite esa relación durante un año.
- Céntrese en permitir a Dios llenar el vacío interior. Antes de empezar otra relación, necesita curarse.

5. Empiece o continúe participando en una iglesia

- Rodéese de influencias saludables.
- Busque amigos de su mismo sexo con los que pueda hablar y hacer actividades.
- Cuando se sienta motivado a ello, sirva y ayude a otros.

6 EJEMPLOS BÍBLICOS

Le replicaron: "¿Por qué, entonces, mandó Moisés que un hombre le diera a su esposa un certificado de divorcio y la despidiera?". "Moisés les permitió divorciarse de su esposa por lo obstinados que son", respondió Jesús. "Pero no fue así desde el principio" (Mt. 19:7-8).

Dios siempre ha pretendido que un matrimonio, formado por un hombre y una mujer, siga casado de por vida (Gn. 2:24). Moisés sí que había permitido el divorcio (Dt. 24:1), pero solo debido a la "dureza" del corazón humano.

El divorcio está ahí, pero no hay que tomarse a la ligera los votos matrimoniales. Dios quiere que las parejas hagan todo lo posible (con la ayuda del Señor) para mantener intacto su matrimonio. Si tiene lugar un divorcio, el amor compasivo de Dios puede sanar incluso las heridas más profundas.

Dios no odia a los divorciados; odia la crueldad del divorcio. El divorcio no elimina los problemas; simplemente sustituye los viejos por unos nuevos.

Si un hombre se casa con una mujer, pero luego deja de quererla por haber encontrado en ella algo indecoroso, solo podrá despedirla si le entrega un certificado de divorcio (Dt. 24:1).

Dios desea que los matrimonios sigan juntos. Sin embargo, dado que el pecado ha infectado todas las relaciones, algunos matrimonios no sobreviven.

Los mandamientos de Moisés relativos al divorcio fueron dados en una cultura en la que un hombre podía divorciarse de su esposa verbalmente, y dejarla sin propiedad o derechos. Estos mandamientos que regulaban el divorcio en Israel protegían a los más indefensos: la esposa y los hijos.

Se espera de las personas que respeten sus compromisos, y la Biblia no ofrece a la gente una escapatoria fácil.

"No tengo esposo", respondió la mujer. "Bien has dicho que no tienes esposo. Es cierto que has tenido cinco, y el que ahora tienes no es tu esposo. En esto has dicho la verdad" (Jn. 4:17-18).

El divorcio no es un pecado imperdonable. Por doloroso que sea para todos los afectados, y por desgarrador que resulte para aquellos que lo experimentan sin desearlo, Dios puede tocar los corazones y las vidas heridas y restaurarlas.

Cuando sea posible, las parejas deben buscar todas las opciones posibles para evitar el divorcio. Sin embargo, habrá momentos en que suceda lo impensable, y Dios estará ahí para ayudarnos a recoger los pedazos.

La media de edad para el primer divorcio es: hombres, 30,5; mujeres, 29.[10]

Si algún hermano tiene una esposa que no es creyente, y ella consiente en vivir con él, que no se divorcie de ella. Y si una mujer tiene un esposo que no es creyente, y él consiente en vivir con ella, que no se divorcie de él. Porque el esposo no creyente ha sido santificado por la unión con su esposa, y la esposa no creyente ha sido santificada por la unión con su esposo creyente... Sin embargo, si el cónyuge no creyente decide separarse, no se lo impidan. En tales circunstancias, el cónyuge creyente queda sin obligación; Dios nos ha llamado a vivir en paz. ¿Cómo sabes tú, mujer, si acaso salvarás a tu esposo? ¿O cómo sabes tú, hombre, si acaso salvarás a tu esposa? (1 Co. 7:12-16).

Cuando un cónyuge se convierte al cristianismo y el otro no, el creyente debe esforzarse por mantenerse dentro del matrimonio.

Pablo explicó que el vínculo matrimonial es tan fuerte que un creyente no debería romperlo voluntariamente. Por medio de esa unión, el incrédulo puede volverse cristiano. En cualquier caso, el creyente puede tener una influencia positiva sobre el cónyuge y los hijos.

7 ORACIÓN

Señor, sabemos que aborreces el divorcio. Odias lo que hace a las personas. No soportas la muerte que provoca a un matrimonio, una familia, un sueño. Y, sin embargo, el divorcio es una triste realidad para muchos. Queremos tu voluntad, Señor. Queremos lo que sea mejor para todos los afectados. Hoy oramos por…

Sexo en el matrimonio

RETRATOS 1

- En la oficina de su consejero, Roberto y Elisabet se sientan en lados opuestos del sofá. "¿Cómo puedo sentirme cerca de mi esposa si me niega el sexo?", empieza Roberto. "¿Cómo puedo tener intimidad sexual con él si no hay intimidad emocional?", responde Elisabet.
- Daniel y Ana han acudido a consejería porque la madre de Ana le había dicho durante toda su vida que el sexo era sucio. Ahora Ana no disfruta de la intimidad sexual. Los dos preguntan, angustiados: "¿Es verdad? ¿El sexo es sucio y solo sirve para procrear?".
- Guillermo tuvo un ataque cardíaco a los 48 años y se sometió a cirugía de cuádruple *by-pass* a los 49. Debido a su lesión cardíaca y a la medicación que toma, se ha vuelto funcionalmente impotente. Por incitación de su esposa, acude al médico a preguntarle por la Viagra, pero el médico rechaza la sugerencia debido a los efectos negativos de esa medicación sobre el corazón. Como Guillermo guarda silencio, su médico le dice que acuda a un consejero junto a su esposa.
- Gregorio y Elena buscan consejo porque él quiere tener relaciones sexuales cada día, y ella se contenta con una o dos veces por semana. Hay una cosa en la que ambos están de acuerdo: los dos quieren sacar más placer de su vida sexual.

DEFINICIONES E IDEAS CLAVE 2

- *El matrimonio es el contexto en el que Dios quiere que tenga lugar el sexo.* Ese sexo *es la máxima forma de intimidad humana dada por Dios* y está destinado al placer. Sin embargo, vivimos en una sociedad enloquecida por el sexo, y a pesar de toda esa atención, muchas parejas aún se sienten confusas en su búsqueda del goce y la plenitud sexuales en su matrimonio.
- El sexo bíblico tiene *tres propósitos*. Uno es la *procreación* (Gn. 9:7), otro es *forjar intimidad y cercanía* (2:24) y el tercero es el *placer* (v. 25).
- *Las Escrituras respaldan el sexo con el propósito del placer y la satisfacción emocional.* Proverbios 5:18-19 lo dice abiertamente: "Sea bendito tu manantial, y alégrate con la mujer de tu juventud... Sus caricias te satisfagan en todo tiempo, y en su amor recréate siempre".

- La Biblia ordena a los maridos y las esposas que *se deleiten en entregarse sexualmente el uno al otro*. En 1 Corintios 7:3-5, se enseña que las parejas casadas deben gozar del sexo y disfrutar regularmente el uno del otro en busca de intimidad, conexión y placer.
- De igual manera, en Efesios 5:21-33, Pablo instruye a maridos y a esposas a *someterse mutuamente unos a otros*. Por medio de Cristo, las personas tienen el potencial de vivir conforme al proyecto original de Dios: ser completamente abiertos y libres sexualmente dentro del matrimonio, estar desnudos y no avergonzarse.

> El matrimonio proporciona los máximos niveles de placer y plenitud sexuales para hombres y mujeres.[1]

- Lamentablemente, *la disminución del apetito sexual* es frecuente en los cónyuges que *no están cómodos con su sexualidad* o *son reacios a entregarse a una vida sexual vigorosa e íntima*, o que simplemente están demasiado *entregados y estresados* por un estilo de vida frenético. El dolor no mitigado, la presión y el ritmo acelerado de la vida pueden conjugarse para arrebatar a una pareja *el goce que Dios quiere* derramar sobre aquellos que siguen las pautas positivas que ha dispuesto para la sexualidad.
- *Cuando aparecen problemas sexuales, la tensión matrimonial se acumula rápidamente*. Los consejeros matrimoniales deberían incluir algunas preguntas sobre la vida sexual de una pareja y su grado de satisfacción.
- Como las preguntas sobre el riesgo de suicidio, *las preguntas de índole sexual deben incluirse en los documentos de admisión del consejero*, para crear la expectativa de abordar este tema en la consejería.

Las barreras para el sexo y la intimidad

- *Los problemas físicos* pueden dificultar e incluso imposibilitar el sexo. Si sospecha que existe uno, la pareja debe consultar con un médico para hablarlo abiertamente. Sin embargo, la mayoría de problemas sexuales tiene una naturaleza psicológica.
- *Cuestiones de género*: Las diferencias físicas son evidentes. Sin embargo, las diferencias emocionales entre hombres y mujeres pueden generar un enfoque dispar en cuanto al acto sexual. Los hombres, a quienes se les enseña de pequeños a negar la manifestación emocional, pueden combinar sentimientos de amor hacia su esposa con la necesidad de sexo. Las mujeres, por otro lado, valoran las expresiones de afecto que no siempre conducen a la actividad sexual. En otras palabras, las parejas deben encontrar modos no sexuales de manifestar amor a su cónyuge. Recuerde que el buen sexo nunca empieza en la cama. Cuando dos personas se unen y son realmente una, ambas deben sentirse arropadas en amor, seguridad, respeto y confianza. Entender las diferencias entre un hombre y una mujer es el primer paso hacia una vida sexual saludable.
- *Un pasado doloroso*: Una de cada tres mujeres ha padecido un abuso sexual en la infancia, normalmente a manos de alguien a quien quería y en quien confiaba. El sufrimiento emocional a causa de este tipo de traición se extiende a menudo para enturbiar la intimidad matrimonial. En otros casos, una historia de promiscuidad y

experiencias sexuales poco saludables mancilla el lecho conyugal. Algunas parejas se sienten condenadas de por vida debido a sus pecados y fracasos sexuales del pasado. Afortunadamente, la Palabra de Dios habla de nuevos comienzos y de perdón. No permita que el pasado les estropee la ocasión de disfrutar de la felicidad conyugal. Reflexione sobre 2 Corintios 5:17, que dice: "Por lo tanto, si alguno está en Cristo, es una nueva creación. ¡Lo viejo ha pasado, ha llegado ya lo nuevo!". Dios puede concederle la gracia necesaria para superar su pasado.

ENTREVISTA DE EVALUACIÓN 3

Hay dos temas importantes: la pareja a la que aconseja, ¿tiene problemas sexuales? ¿Tienen una idea clara del diseño de Dios para el sexo? Las siguientes preguntas pueden ayudarle a obtener una imagen más completa. Sin embargo, debe tener siempre muy en cuenta el consentimiento de la pareja en esta área, y descubrir rápidamente dónde están sus límites.

> La actividad sexual es entre un 25 y un 300 por ciento superior en las parejas casadas que en las no casadas, dependiendo de la edad.[2]

1. ¿A los dos les satisface su vida sexual? ¿Qué funciona y qué no?
2. ¿Entiende que el propósito de Dios para el sexo incluye la procreación, la intimidad y el placer? ¿Cuán sólida es su intimidad espiritual? ¿Y su intimidad emocional? ¿Y la sexual?
3. ¿Los dos sienten que tienen suficiente sexo? ¿Han intentado algunas cosas para aumentar su satisfacción o placer sexuales? ¿Han funcionado?
4. ¿Están comprometidos con la mejora de su plenitud emocional y sexual como pareja? ¿Ha habido algún obstáculo en el camino hacia su intimidad emocional o sexual?
5. ¿Tienen algún problema sexual grave? ¿Cuándo empezaron a notarlo? ¿Qué han hecho para corregirlo? ¿Es esta la prioridad para la consejería?

CONSEJOS SABIOS 4

Aunque la plenitud sexual se ha vinculado mucho a la satisfacción matrimonial y al compromiso religioso firme, muchos creyentes no relacionan su fe con su vida sexual. La afirmación de la enseñanza bíblica sobre el sexo en el matrimonio y la adopción de actitudes sexuales útiles pueden ayudar a las parejas a alcanzar su pleno potencial sexual.

Tanto si nuestra sexualidad ha generado intimidad en nuestras relaciones como si nos ha conducido al sufrimiento y al desespero, somos creados seres sexuales a imagen de Dios. Génesis 2:24-25 manifiesta el diseño divino para que el hombre y la mujer se unan como una sola carne. Esta unión sexual sucedió *antes* de que la humanidad cayera en el pecado. Por lo tanto, las personas fueron hechas para tener la libertad de compartir libremente su cuerpo con su cónyuge, deleitarse sexualmente el uno en el otro y honrar a Dios con su placer.

5 PASOS PRÁCTICOS

El proceso de descubrir la "plenitud mutua" y el "placer mutuo" es un aspecto clave de conducir a las parejas hacia una intimidad sexual satisfactoria dentro del matrimonio. En la mayoría de los casos, la consejería para individuos o parejas con dificultades sexuales es a corto plazo, y tiene un índice muy elevado de éxitos.

1. Busquen la plenitud mutua

- Los maridos y las esposas deben practicar coherentemente el concepto de mutualidad (respeto y responsabilidad mutuas) en sus relaciones sexuales. Cuando exista un espíritu de mutualidad, expresarán pasión, descubrirán su libertad sexual y alcanzarán la verdadera "unidad".
- En términos sexuales, los hombres y las mujeres son diferentes. Las mujeres funcionan en dos niveles, el emocional y el físico. Para que una mujer sienta deseo sexual, ambos niveles deben conectar.
- Básicamente, los hombres funcionan en un solo nivel, o tienen invertidos los niveles emocional y físico. Esto quiere decir que, cuando sienten excitación sexual, los hombres casi siempre estarán emocionalmente dispuestos a tener relaciones sexuales. También es cierto que, en general, las mujeres se abren sexualmente cuando sienten una conexión con sus esposos, mientras que los hombres conectan emocionalmente y se abren mediante el sexo y el contacto físico.
- Debido a estas diferencias, un esposo debe iniciar el proceso de descubrir la plenitud sexual mutua al conectar con su esposa. El amor, la adoración y la cercanía de un esposo contribuirán a activar la pasión sexual de su cónyuge. El marido se siente amado si detecta la respuesta positiva de su mujer a sus proposiciones, y ambos acaban sintiéndose llenos.
- La responsabilidad de una esposa es la de recibir la afirmación de su marido y dirigir mediante invitación, como hizo la esposa en Cantar de los Cantares. Para que una mujer haga esto, debe creer que es digna y tiene derecho a expresarse sexualmente. Debe saber que su cuerpo fue diseñado para disfrutar de su sexualidad.
- Cuando el marido conecta amorosamente con su esposa, y esta acepta su propia sexualidad y la comparte con él, se crea una plataforma para la plenitud mutua.

> Las relaciones sexuales son más frecuentes entre las parejas que tienen matrimonios felices.[3]

2. Busquen el placer mutuo

- Para disfrutar de una pasión duradera en el matrimonio, las parejas deben dedicar los momentos sexuales juntos a deleitarse en el cuerpo del otro. La excitación, el coito y el orgasmo no miden la satisfacción sexual, pero normalmente son el resultado cuando el placer es el centro de todo.
- Si el sexo en el matrimonio se centra solo en el placer y no la intimidad entre cónyuges o la felicidad mutua, la pareja yerra el blanco.

- La pareja debe aceptar sus diferencias como hombre y mujer: la constancia más predecible del marido y la complejidad siempre cambiante de la mujer. Entonces, el sexo será más interesante, menos orientado a una meta, menos sujeto a presiones y más satisfactorio.
- La cultura occidental glorifica la espontaneidad. Sin embargo, para la mayoría de parejas, la anticipación de los encuentros sexuales planificados aumenta la *calidad*, y la programación segura de esos momentos aumenta la *cantidad*. Dicho lisa y llanamente, reservar determinados momentos para el placer hace que el sexo sea mejor.
- La verdadera pasión y el sexo satisfactorio no surgen de la nada. Sin embargo, al afirmar el diseño de Dios y buscar el placer mutuo y la plenitud sexual, las parejas descubrirán la satisfacción sexual que Dios quiso para ellas en el matrimonio.
- Probar los siguientes afrodisíacos "auténticos" añadirá algo de chispa:
  - *Ponga corazón*: La famosa escritora Ingrid Trobisch dice: "La zona erógena más grande del cuerpo femenino es el corazón".[4] Pensamos que esto debería ser así tanto en hombres como en mujeres. El sexo nunca pretendió ser un acto solamente expresivo o sentimental. Por el contrario, la amabilidad, la comprensión, los actos bondadosos y el sacrificio de uno mismo se combinan para convertirse en los ladrillos que construyen la satisfacción sexual. El sexo consiste en que usted se una a su pareja, como Dios quiso, para compartir calidez, intimidad y vinculación. Estudie Cantar de los Cantares 7:10-13; Proverbios 5:15-19; 1 Corintios 7:3-5; Hebreos 13:4.
  - *Busque tiempo*: La escritora africana Ernestina Banyolak ilustra atractivamente el concepto del tiempo en la relación sexual-sentimental:

> La experiencia del hombre es como el fuego en las hojas secas. Se enciende fácilmente, crece de repente y muere con la misma celeridad. La experiencia de la mujer, por otro lado, es como una brasa. Su esposo tiene que cuidar de las brasas con paciencia y amor. Una vez que la llama arda con fuerza, se mantendrá reluciendo y proyectando calor durante mucho tiempo.[5]

Los maridos y las esposas deben buscar tiempo no solo durante el sexo, a fin de demostrar a su cónyuge que le aman.

  - *El arte perdido del contacto*: La mayoría de sexólogos están de acuerdo en que las caricias son el camino que ayuda a las parejas a vincularse emocional y físicamente. Lo triste es que, tras los votos matrimoniales, muchos se olvidan o no dedican tiempo al contacto físico: frotarse la espalda, tomarse de la mano, besarse, abrazarse y acariciarse. Estos actos, si se hacen con frecuencia, servirán para ayudarle a fomentar la intimidad.

El 60 por ciento de las parejas cristianas lucha con algún tipo de disfunción sexual en su matrimonio.[6]

- *La comunicación*: Los grandes amantes son grandes comunicadores. El buen sexo expresa clara y gentilmente que usted cuida, acepta y valora a su cónyuge. Asegúrese de expresar sus necesidades y sus sentimientos más sinceros. Comparta su amor abiertamente antes, durante y después de la relación sexual.

- Dios nos hizo criaturas sexuales, y nos ha dado la capacidad de disfrutar de una relación saludable y física. No es él quien la impide, ¡sino nosotros!
- Cuando se expresa como Dios quiere, el sexo puede ser una de las experiencias más románticas y amorosas que compartan un marido y su esposa.

6 EJEMPLOS BÍBLICOS

El hombre debe cumplir su deber conyugal con su esposa, e igualmente la mujer con su esposo. La mujer ya no tiene derecho sobre su propio cuerpo, sino su esposo. Tampoco el hombre tiene derecho sobre su propio cuerpo, sino su esposa. No se nieguen el uno al otro, a no ser de común acuerdo, y sólo por un tiempo, para dedicarse a la oración. No tarden en volver a unirse nuevamente; de lo contrario, pueden caer en tentación de Satanás, por falta de dominio propio (1 Co. 7:3-5).

Los maridos y las esposas deben ser fructíferos y multiplicarse (Gn. 9:7), ser uno (2:24) y ser libres sin sentir vergüenza (v. 25).

Bebe el agua de tu propio pozo, el agua que fluye de tu propio manantial. ¿Habrán de derramarse tus fuentes por las calles y tus corrientes de aguas por las plazas públicas? Son tuyas, solamente tuyas, y no para que las compartas con extraños. ¡Bendita sea tu fuente! ¡Goza con la esposa de tu juventud! Es una gacela amorosa, es una cervatilla encantadora. ¡Que sus pechos te satisfagan siempre! ¡Que su amor te cautive todo el tiempo! ¿Por qué, hijo mío, dejarte cautivar por una adúltera? ¿Por qué abrazarte al pecho de la mujer ajena? (Pr. 5:15-20).

La pasión sexual como expectativa para el matrimonio queda evidenciada por el hecho de que el lecho matrimonial es puro (He. 13:4). Éxodo 20:14 dice: "No cometerás adulterio".

7 ORACIÓN

Señor, gracias por el sexo dentro del matrimonio. Es un regalo hermoso. Ayúdanos a honrarte con nuestra sexualidad. Ayuda a esta pareja a forjar una intimidad emocional, espiritual y sexual…

Síndrome del nido vacío

RETRATOS 1

- Verónica ha estado muy deprimida desde que Julia, su hija menor, se casó y se fue de casa. Es una madre orgullosa, no cabe duda, pero ahora se siente como si su vida careciera de propósito.
- "La casa está muy silenciosa", dijo Antonio a su esposa, "y muy fría". "Entiendo lo que dices", respondió ella. "No es lo mismo sin los zapatos deportivos llenos de barro junto a la puerta y la música estruendosa que salía del cuarto de Jacob".
- Rafael y Jade se quedaron mirándose en el despacho del consejero. Entonces Jade dijo, vacilante: "Es como si ya no supiésemos quién es el otro... Lo que es peor, si somos sinceros de verdad, a ninguno de los dos le gusta en quién se ha convertido el otro...".

DEFINICIONES E IDEAS CLAVE 2

- Cuando los hijos se hacen adultos, las familias entran en lo que se llama "la fase de despegue", cuando los padres envían a sus hijos al mundo (normalmente por temas laborales o universitarios) y se quedan con "*un nido vacío*". Esta expresión describe un hogar donde ya no viven hijos, donde los padres se quedan solos el uno con el otro.
- Aunque el "síndrome del nido vacío" tiene muy mala prensa, para muchos padres es una época feliz, donde la satisfacción en su matrimonio y su vida alcanza un punto álgido.
- Sin embargo, para algunos padres es un momento confuso y amedrentador. Algunos temen que sus hijos tomen malas decisiones o que se olviden de ellos cuando lleguen a la madurez. Otros saben que a sus hijos les irá bien, pero sienten que ellos (los padres) padecen *una pérdida de propósito o de identidad*. Lo que es peor, muchos padres exageran los problemas de sus hijos (justificando su interferencia constante) para evitar los *problemas más graves de su matrimonio*, a los que no quieren enfrentarse.
- Aunque se ha escrito mucho que las madres padecen el síndrome del nido vacío y la depresión, a menudo los padres tienen el mismo problema. En un estudio realizado entre los padres de 189 alumnos de primer curso universitario, a los participantes se les pidió que expresaran sus sentimientos cuando su hijo/a se fue del hogar.

Lo sorprendente es que *los padres estaban más afectados que las madres.*[1]

- A menudo el nido no permanece así mucho tiempo. Muchos hijos, cuando acaban la universidad, vuelven a casa durante una época a los veintitantos o treinta y tantos años antes de abandonar definitivamente su hogar. Esto suele conocerse habitualmente como el efecto bumerán. Algunos se quedan y se vuelven dependientes del dinero y del hogar que les proporcionan sus padres, y esto demora su maduración como adultos.

3 ENTREVISTA DE EVALUACIÓN

Veamos algunas preguntas que puede hacer a una pareja cuyos hijos se han ido de casa hace poco:

1. ¿Qué sienten al ver que se han ido sus hijos? ¿Se dan cuenta de que el hecho de que se hayan ido no quiere decir que haya concluido su relación con ellos?
2. ¿Qué harán con su tiempo libre adicional? ¿Sienten el deseo de hacer cosas con su cónyuge, a solas o con sus amigos?
3. ¿Han pensado que tener más tiempo para estar solos podría ser bueno para hacer cosas que les gusta, como pasatiempos que les interesan a los dos o disfrutar de la compañía de amigos mutuos?
4. ¿Qué harán con el espacio extra que queda en casa? ¿Se han planteado cómo emplear el dormitorio(s) vacío(s)?
5. ¿Son conscientes de que quizá sus hijos quieran volver a casa durante un tiempo después de terminar sus estudios en la universidad?
6. ¿Han encontrado propósito y sentido en otras tareas que no sean ser padre o madre? ¿Se han planteado unirse a un grupo de apoyo? ¿Y si dedicaran más tiempo al voluntariado en su iglesia, un hospital local u otra organización benéfica?

El dinero del que dispusieron los nacidos en el *Baby Boom* aumentó en un 67 por ciento después de que sus hijos se fueron de casa; un 60 por ciento pretende ahorrar esa riqueza recién descubierta, y en torno a la mitad planea invertirlo en viajar.[2]

4 CONSEJOS SABIOS

La escritora y experta en cuidado infantil Grace Ketterman dice: "Enviar a los jóvenes al mundo actual es un proceso que da miedo. Los padres pueden tranquilizarse un poco cuando recuerdan que los envían del refugio de sus alas paternales al cuidado perfecto del Padre celestial".[3]

Nuestra labor como padres es instruir a nuestros hijos en los caminos del Señor. Esto incluye proporcionar a nuestros hijos independencia y una forma de pensar semejante a la de Cristo, al darles la capacidad de tener el control de su propia vida algún día. Es un proceso atemorizador y a menudo doloroso, pero es el llamado último de la buena crianza de los hijos.

Esto nos libera para vivir nuestros últimos años con propósito y dirección, libres de hacer algunas de las cosas que siempre quisimos pero nunca pudimos hacer debido a nuestra responsabilidad como padres.

Ayude a las parejas con el síndrome del nido vacío a mirar más allá de las vidas de sus hijos, y a fijar un nuevo rumbo para sus propias vidas a medida que se acercan a la ancianidad.

PASOS PRÁCTICOS 5

Los pasos siguientes tienen una importancia clave para ayudar a los padres a superar los sentimientos del síndrome del nido vacío:

1. Lamente la pérdida y prepárese para el cambio

- Cuando sus hijos se van de casa, es normal estar tristes durante un tiempo. El cambio, en muchos sentidos, es una pérdida. Es probable que se acuerde de los primeros pasos de su hijo, el primer día de escuela, la fiesta cuando cumplió diez años y otros momentos importantes que han quedado atrás para siempre. Hable de esos momentos; reflexione sobre el regalo y las alegrías de la experiencia como padre o madre en su totalidad, pero entienda también que su relación con sus hijos madura y entra en otra fase maravillosa.

2. Trabaje en el matrimonio

- El punto más difícil del matrimonio, en términos estadísticos, se produce justo antes de la "fase de despegue", cuando los hijos son adolescentes. Quizá ahora que sus hijos se han ido de casa sea un buen momento para echar un vistazo a su matrimonio e intentar reconstruir cierta intimidad que, quizá, se ha ido perdiendo con el paso de los años.
- Muchos padres de entre treinta y cincuenta años tienen un hogar en el que los hijos son el centro, en lugar de su matrimonio. Sin embargo, si el vínculo matrimonial es firme, los primeros meses del nido vacío son mucho más llevaderos para los padres.

> Un 26 por ciento de padres dicen que se sentirán como recién casados cuando sus hijos se vayan, e incluso más (un 34 por ciento) dice que se sentirán más cerca de su cónyuge cuando los hijos no estén en casa.[4]

3. Haga actividades

- Si padece el síndrome del nido vacío, es probable que disponga de mucho tiempo libre recién descubierto. Aunque quizá necesite cierto tiempo para reflexionar sobre los cambios producidos en su vida e incluso dolerse por ellos, piense en algunas de las oportunidades y opciones que tiene a su alcance ahora. Quizá haya un ministerio de evangelización o algún tipo de trabajo de voluntariado que le interese. O quizá haya un club de golf o un equipo de bolos de parejas que podría gustarles a los dos. O a lo mejor es un buen momento para reencontrarse con algunos viejos amigos.

4. Disfrute de ser padre/mentor

- Aunque sus hijos han abandonado el hogar, esto no quiere decir que no vuelvan a usted en busca de consejos cuando se enfrenten a una cantidad de dilemas y retos que antes nunca tuvieron. Como padre o madre sabio, usted tiene mucha experiencia vital que puede compartir con ellos. Aunque ahora se relaciona con sus hijos como adultos, su relación de mentor con ellos dista mucho de haber concluido.

5. Encuentre el sentido y el valor personales

- A menudo, cuando los hijos se van, uno o ambos padres empiezan a sentir una falta de sentido o de valor personal. Ser padres era su don, su llamado. Quizá se sientan rechazados porque su hijo ya no depende de ellos. Si usted experimenta estas emociones, intente sustituir su pensamiento distorsionado con la verdad: sigue teniendo valor; las personas siguen amándole y necesitándole; ahora es libre para descubrir el mayor propósito de Dios.

6. Haga de mentor de otros y ayúdeles

- Si su hijo es adulto e independiente, si ya no necesita la guía que le daba, debería celebrar su magnífico trabajo de criar a un adulto tan fuerte y capaz. Ahora quizá le interese ayudar a otros jóvenes o adolescentes en la iglesia o en el barrio, que podrían beneficiarse de su aportación excelente como mentor, como en el grupo de jóvenes, la clase de escuela dominical, el culto de adoración para adolescentes o un equipo deportivo.

6 EJEMPLOS BÍBLICOS

Y dijo [Jesús]: "Por eso dejará el hombre a su padre y a su madre, y se unirá a su esposa, y los dos llegarán a ser un solo cuerpo" (Mt. 19:5).

Los de la generación del *Baby Boom* han alcanzado la etapa "del nido vacío" de su vida, y un 57 por ciento siente "libertad para ser ellos mismos". Sin embargo, un 24 por ciento cree que sus suegros vendrán a vivir con ellos, y un 25 por ciento que sus hijos volverán al hogar.[5]

Proyectar a los hijos a la madurez forma parte de su educación. Fíjese que el versículo anterior no dice: "Los hijos adultos tienen que permanecer con sus padres y depender de ellos para satisfacer sus necesidades materiales y emocionales".

En determinado momento, los padres deben permitir que sus hijos se aventuren por el mundo y deben seguir disfrutando de los votos y los compromisos de su matrimonio.

Cuando cumplió doce años, fueron allá según era la costumbre. Terminada la fiesta, emprendieron el viaje de regreso, pero el niño Jesús se había quedado en Jerusalén, sin que sus padres se dieran cuenta… Al no encontrarlo, volvieron a Jerusalén en busca de él. Al cabo de tres días lo encontraron en el templo, sentado entre los maestros, escuchándolos y haciéndoles preguntas. Todos los que le oían se asombraban de su inteligencia y de sus respuestas. Cuando lo vieron sus padres, se quedaron admirados. "Hijo, ¿por qué te has portado así con nosotros?", le dijo su madre. "¡Mira que tu padre y yo te hemos estado buscando angustiados!". "¿Por qué me buscaban? ¿No sabían que tengo que estar en la casa de mi Padre?" (Lc. 2:42-49).

María y José, sin duda, vivieron como padres toda una experiencia. No fue nada fácil criar a Jesús para verlo morir en una cruz.

ORACIÓN 7

Hay muchas bendiciones por las que estamos agradecidos, Padre, sobre todo el don de un hijo o una hija. Curiosamente, al mismo tiempo sentimos una pérdida, porque durante muchos años estos padres han estado criando a su hijo, y ahora ha pasado esa época. Dios, permanece más cerca que nunca de estos padres en estos momentos. Consuélalos cuando les asalte la tristeza. Muéstrales qué quieres que hagan ahora que viven sin los hijos en su hogar. Concédeles una nueva sabiduría para su vida juntos.

Tiempo para la familia

1 RETRATOS

- A Gonzalo le parece que fue ayer cuando llevaba a hombros por el salón de casa a su hija Estefanía. Pero hoy ella le ha acusado: "¡Siempre estás trabajando! ¡Es lo único que haces! ¡Ya ni siquiera sabes quién soy!". Conmocionado y sintiéndose culpable, Gonzalo se ha comprometido a reconstruir algunos vínculos importantes con su familia, empezando desde ya mismo.
- Los Pérez siempre han sido una de esas familias que son la envidia del barrio. Hacen juntos las tareas de la casa, salen juntos por la ciudad o se quedan en casa y tienen invitados. Pase lo que pase, parece que les gusta la compañía de los suyos. La semana pasada un vecino le preguntó a la Sra. Pérez: "¿Cómo lo hacen? Mis hijos prefieren estar solos en sus habitaciones antes que estar con mi esposa y conmigo...".
- "Mateo, necesito que estés aquí esta tarde a las seis. Vendrá a la oficina un director ejecutivo de Dallas, y tenemos que verle para gestionar algunas cosas".

  Mateo contestó a su jefe: "Me gustaría, pero no puedo. Ya tengo programada una reunión importantísima que no puedo cancelar". Diez minutos después, Mateo puso el coche en marcha: iba al partido de béisbol de su hija Alicia. La reunión con el directivo se reprogramó para la mañana siguiente.

2 DEFINICIONES E IDEAS CLAVE

- El tiempo para la familia conlleva un compromiso con *la cantidad y la calidad de tiempo* que es necesario pasar juntos para forjar vínculos saludables y seguros entre padres e hijos. Hay muchas personas, incluso líderes en el ministerio, que no se dan cuenta de que *su primer ministerio, el más importante*, es su familia.
- Los niños dedican unos *treinta y ocho minutos a la semana a tener una conversación profunda con sus padres*, y un promedio de al menos tres horas y media diarias a ver la televisión. Esto supone un total de unas veinticuatro horas semanales de televisión para el típico niño estadounidense. Además, a los niños se les bombardea con unos *1200 mensajes publicitarios cada día.*[1] Dedicar tan poco

tiempo a los padres y tanto a recibir influencias externas conducirá a una catástrofe relacional.

- Las familias no solo necesitan pasar más tiempo juntas, sino *tener momentos en los que los padres no se limiten a dar órdenes* de modo que se parezcan a un anuncio televisivo más.
- Las familias deben apartar tiempo para la diversión familiar, es decir, *programar tiempo para que los miembros de la familia disfruten de la compañía mutua* mientras participan en una actividad de grupo interactiva. Esto es distinto a sentarse juntos a ver una película, y también a esas familias cuyos miembros están juntos mientras cada uno "va a lo suyo", como jugar con videojuegos personales, leer un libro, hacer los deberes o escuchar música en un iPod. El escritor Stephen Covey llama a esto "el monólogo colectivo", y no resulta especialmente útil para forjar los vínculos familiares.
- *El tiempo devocional en familia es otra oportunidad importante para que la familia conserve su salud espiritual.* La familia se reúne con el propósito de adorar a Dios y estudiar su Palabra. Esto puede adoptar la forma de cánticos, oraciones, lecturas bíblicas y comentarios sobre temas espirituales o religiosos.
- Algunas personas piensan que programar momentos de reunión familiar es impersonal y carece de espontaneidad. Sin embargo, programarlos garantiza que sucedan y es una forma infalible de controlar el tiempo que pasan juntos los miembros de la familia. A muchos padres trabajadores les cuesta menos programar tiempo para la familia en sus agendas si lo designan como "*reunión crucial*". De esta manera nada puede interponerse en su celebración.
- Contrariamente a lo que piensa la gente, forjar vínculos familiares no solo consiste en tener tiempo de calidad, sino también *cantidad de tiempo.* Consiste en orar con sus hijos antes de dormir, llevarles un vaso de agua de madrugada y escuchar sus sueños a la mañana siguiente, durante el desayuno. *Las relaciones se construyen durante los momentos que se presentan inesperadamente*, y exigen horas y horas de estar juntos.
- *A menudo para los niños el amor es tiempo.* No hay sustitutos para cada hora, minuto y segundo de tiempo de calidad que unos padres pasan con sus hijos. Sin embargo, nunca se puede separar la calidad de la cantidad. *Los niños necesitan dosis grandes de usted, si es posible cada día.*

Usted no graba recuerdos en sus hijos: ¡usted es su recuerdo!

Josh McDowell

ENTREVISTA DE EVALUACIÓN 3

Las preguntas siguientes le ayudarán a evaluar cómo le va a la familia a la que aconseja por lo que respecta a pasar juntos tiempo de calidad en cantidad.

1. ¿Cómo le va con sus hijos?
2. Ahora mismo, ¿se siente cerca de su hijo/a (ponga el nombre)?

3. ¿Su familia tiene un tiempo específico para divertirse juntos? ¿Un tiempo devocional? Si no es así, ¿se plantearía programar uno para cada semana?
4. ¿Qué actividades les gustan a usted, su cónyuge y sus hijos? ¿Qué tipo de actividades imagina que podría hacer con su familia?
5. ¿Cuánto tiempo pasa con sus hijos cada semana? Cuando está con ellos, ¿se centra en conseguir algo o solo en estar presente con ellos? ¿Sus hijos pasan tiempo con usted sin que les esté dando órdenes? Durante el tiempo con la familia, ¿elimina los teléfonos móviles, la televisión y otras distracciones?
6. ¿Ora con su familia?
7. ¿Cuánto tiempo pasa cada día hablando con su familia?
8. ¿Se siente a menudo demasiado cansado para tener un tiempo en familia? ¿Cuál es el mayor obstáculo para ello? ¿Puede dejar a un lado el trabajo para centrarse en las necesidades de su familia?
9. Según demuestra su forma de invertir el tiempo, ¿qué es lo más importante en su vida ahora mismo? ¿Qué hay en la vida que sea más importante que una relación sólida con su familia?

4 CONSEJOS SABIOS

Los padres que juegan a juegos de mesa con sus hijos les ayudan a desarrollarse intelectual y socialmente. Incluso cuando el juego no sea explícitamente educativo, los juegos de mesa ofrecen muchas oportunidades para el aprendizaje.[2] Piense en los siguientes beneficios educativos que reciben los niños que se divierten con juegos de mesa:

- aprenden a contar
- memorizan
- resuelven adivinanzas y rompecabezas
- siguen normas y patrones establecidos
- reconocen formas o colores
- agrupan piezas, partes o cartas
- aprenden coordinación visual-manual y destreza manual

También existen muchas habilidades sociales que se pueden aprender con los juegos de mesa. Por ejemplo:

- la comunicación verbal
- compartir, esperar y hacer turnos
- disfrutar de interacción con otros
- encajar la pérdida o el fracaso
- saber ganar
- aprender que divertirse es mejor que competir

Un 35 por ciento de los padres estadounidenses dice que juegan con la computadora o la consola de videojuegos. Entre estos "padres que juegan", un 80 por ciento afirma que juega con sus hijos, y dos tercios (66 por ciento) creen que hacerlo ha estrechado los vínculos familiares.[3]

PASOS PRÁCTICOS 5

1. Aprenda la importancia del tiempo en familia

- *Comparta con la persona algunas estadísticas sobre la cantidad de tiempo que se malgasta delante de la televisión o la computadora en el hogar típico.*
- Es necesario reservar un tiempo semanal para la familia. Descubra lo importantes que son esos momentos. Decida si tendrán prioridad sobre otras citas, trabajo, fechas y obligaciones.

2. Planifique el tiempo en familia

- Su consejero puede darle una lista de actividades creativas para hacer en familia, que incluyen veinte minutos diarios de tiempo con papá y mamá sin que haya órdenes. El tiempo en familia no tiene por qué costar mucho dinero. Apague el televisor, reduzca el tiempo que pasa en Internet y hagan cosas juntos. Las ideas creativas incluyen un picnic en el parque, una acampada en la sala de estar, hacer galletas juntos, elaborar o salir a comprar un helado, jugar a los bolos, rentar una película (y luego hablar de ella), entretenerse con un juego de mesa y hacer juntos un rompecabezas.
- Podrá descubrir los beneficios derivados de un plan para construir o conservar las relaciones sólidas con su familia. Hay un viejo dicho que tiene razón: las familias que oran juntas y juegan juntas se mantienen juntas. Desarrollen y protejan el tiempo que pasan como familia. Comprométanse para vivir esta verdad, aunque les suene a un viejo cliché.

> **Muéstreme una familia en la que los padres están constantemente disciplinando a los hijos y le mostraré una familia que ha perdido la relación entre ellos.**
>
> *Tim Clinton*

3. Proteja el tiempo en familia

- Cada mes, marque en el calendario los días en que planifica alguna actividad divertida y tiempo devocional con su familia, de modo que todos puedan tenerlos presentes y esperarlos. Involucre a todos en el proceso, de modo que todos los miembros se sientan parte de las actividades.
- Elija al menos un par de momentos en familia a la semana. Es probable que uno solo no sea suficiente. Además, varios momentos planificados contribuyen a restar importancia al hecho de que surja una emergencia que interfiera con un momento en familia.
- Cuando planifique un encuentro, reserve al menos unas pocas horas, como toda una tarde o un día del fin de semana, de modo que lo puedan disfrutar todos los miembros de la familia.
- Lo más importante de todo: no permita que el trabajo, los amigos o incluso los eventos de la iglesia interfieran con los planes de la familia.

EJEMPLOS BÍBLICOS 6

Pero el amor del Señor es eterno y siempre está con los que le temen; su justicia está con los hijos de sus hijos, con los que cumplen su pacto y se acuerdan de sus preceptos para ponerlos por obra (Sal. 103:17-18).

Una de las grandes promesas de la Biblia es que la misericordia del Señor se extiende incluso hasta los hijos de nuestros hijos. Esto no quiere decir que los hijos de los creyentes creerán automáticamente en Dios, sino que la misericordia y la bondad de Dios están disponibles para cada generación que sigue el buen ejemplo marcado por sus antecesores.

Los padres deben dar un buen ejemplo a sus hijos. No viven solo para sí; establecen un precedente que afectará a las generaciones venideras.

Pero tú, permanece firme en lo que has aprendido y de lo cual estás convencido, pues sabes de quiénes lo aprendiste. Desde tu niñez conoces las Sagradas Escrituras, que pueden darte la sabiduría necesaria para la salvación mediante la fe en Cristo Jesús (2 Ti. 3:14-15).

Los niños y los adolescentes cada vez pasan más tiempo usando los "nuevos medios", como computadoras, Internet y videojuegos, sin recortar el tiempo que dedican a los "viejos" medios, como la televisión, la lectura y la música.[4]

Timoteo llevaba desde niño aprendiendo las Escrituras. Los padres cristianos tienen la responsabilidad que les ha dado Dios de criar a sus hijos para que conozcan y amen a Dios y su Palabra.

Los niños pequeños pueden aprender las grandes verdades e historias que hallamos en la Biblia y que manifiestan el amor y el poder divinos. La enseñanza impartida a los niños pequeños quedará grabada en sus mentes y les dará un cimiento firme sobre el que construir. Esta formación podrá "darles la sabiduría necesaria para la salvación mediante la fe en Cristo Jesús".

El que no provee para los suyos, y sobre todo para los de su propia casa, ha negado la fe y es peor que un incrédulo (1 Ti. 5:8).

La Biblia no guarda silencio sobre la importancia que tiene cuidar de la familia inmediata. Amar a la familia nace del corazón. Proveer para su familia es importante, porque echa los cimientos para poder cuidar y proveer también para otros.

Usted tiene la tremenda responsabilidad de cuidar de su hogar. De hecho, darle la espalda a su familia es como dársela al propio Señor o negar la fe.

Y ustedes, padres, no hagan enojar a sus hijos, sino críenlos según la disciplina e instrucción del Señor (Ef. 6:4).

Un hogar donde siempre hay gritos, reprimendas y castigos no es un lugar seguro donde crezcan los hijos y aprendan del Señor. En lugar de eso, los padres deben crear un entorno seguro, donde se equilibre el amor y la disciplina saludable.

Cuando un niño comprende los motivos de la disciplina y no se siente abandonado u odiado por su padre o madre, es menos probable que se enfurezca y se amargue, y más que obedezca en el futuro. El motivo claro que dio Pablo para no motivar a ira a sus hijos es porque usted es capaz de hacer justo eso.

ORACIÓN 7

Llevamos una vida ajetreada y caótica. A veces, en medio de esas turbulencias, no pasamos tiempo de calidad con la más importante de nuestras relaciones: la familia. Dios, ayuda a esta familia que se esfuerza por reservar el tiempo necesario para comer juntos, apoyarse mutuamente, disfrutar de actividades divertidas y pasar tiempo en devocionales familiares o en el estudio de la Biblia...

Trastornos mentales en la familia

1 RETRATOS

El trastorno bipolar, también llamado trastorno maníaco-depresivo, es una enfermedad grave de la mente. Más de 2,3 millones de adultos estadounidenses, en torno al uno por ciento de la población en un año dado, padece trastorno bipolar.[1]

- Bárbara era una mujer llena de energía a quien le gustaba ayudar en el refugio local. Pero muy a menudo dejaba su trabajo como voluntaria y se quedaba metida en su casa varias semanas. En otras ocasiones pasaba días enteros en el refugio, sin ni siquiera irse a dormir, mostrándose muy sociable y repartiendo su dinero.
- Juan trabaja en una empresa de plásticos y hace poco perdió los estribos. Sus compañeros de trabajo se lo contaron a un supervisor. Una persona comentó: "Parece que se ha vuelto loco, está furioso y habla a gritos".
- Nadie de la iglesia sabía exactamente por qué Miguel parecía tan raro. Había sido un jugador estrella de baloncesto en la secundaria y en la universidad, y se había licenciado con honores de la facultad de Derecho, uniéndose a un bufete de prestigio. Pero ahora estaba sin trabajo, dependiente de su esposa y de sus hijos. Los miembros de la iglesia pensaban que se había estropeado el cerebro a base de drogas, porque actuaba como desconectado de todo. Pero su decadencia no era culpa suya.
- Serena siempre se iba a los extremos. Algunas veces se mostraba dramática, cariñosa y entusiasta. Luego se ponía rabiosa, insoportable y beligerante. Estaba divorciada, había tenido diversos empleos y asistido a numerosas iglesias. Los pastores locales sabían que era problemática.
- Mateo era tímido y solitario. Trabajaba con computadoras y casi nunca hablaba en la clase de escuela dominical. Cuando lo hacía, manifestaba opiniones extravagantes sobre patrones numerológicos en el Corán y predicciones sobre la fecha exacta del fin del mundo.

2 DEFINICIONES E IDEAS CLAVE

- Un trastorno mental se caracteriza por pensamientos y conductas que inducen a los individuos a *experimentar problemas extremos de funcionamiento* en áreas importantes de sus vidas: sus relaciones, el entorno laboral, la educación, el bienestar económico, incluso la espiritualidad.
- Los trastornos mentales *no son a corto plazo, pero tampoco son necesariamente permanentes.* Por definición, los problemas men-

tales deben extenderse durante un periodo de tiempo determinado antes de poder diagnosticarlos. La mayoría de trastornos mentales *se resuelve después del tratamiento* a base de consejería, medicación o, simplemente, con el paso del tiempo. Otros trastornos *duran toda la vida, y crean problemas constantes* para quienes los padecen y para sus familias.

- Si alguien tiene un trastorno mental, no es simplemente que sea "raro". *Nunca hay que etiquetar a nadie como paciente de un trastorno mental sin que medie la evaluación de un profesional.* Los trastornos mentales, por definición, son perturbaciones graves y en ocasiones de por vida. Algunos tipos frecuentes de trastornos mentales son los psicóticos, los trastornos anímicos, los trastornos por ansiedad y los de personalidad.

Cuatro de las diez causas principales de discapacidad en Estados Unidos y en otros países desarrollados son los trastornos mentales: depresión aguda, trastorno bipolar, esquizofrenia y trastorno obsesivo-compulsivo. Muchas personas padecen más de un trastorno mental a la vez.[2]

Los *trastornos psicóticos* son aquellos que dan como resultado un *pensamiento extraño, paranoide o desvariado.* El más frecuente es la *esquizofrenia.* Los individuos con trastornos psicóticos manifiestan los síntomas *que suelen considerarse los más propios de la "locura"*: ver u oír cosas que no están ahí, establecer conexiones extravagantes entre sucesos que no tienen relación o manifestar reacciones totalmente inadecuadas ante sucesos ordinarios.

Los *trastornos anímicos* son aquellos que afectan principalmente a la *estabilidad emocional* de las personas. Los más frecuentes son la *depresión y el trastorno bipolar* (antes llamado depresión maníaca). Los individuos afectados por una depresión se sienten desanimados y sin esperanza casi todos los días, pierden el interés por actividades que antes les agradaban y, a veces, se plantean el suicidio o lo intentan. Quienes padecen el trastorno bipolar manifiestan ciclos de emociones y conductas que cambian descontroladamente.

Los *trastornos por ansiedad* se caracterizan por *un nerviosismo extremo, el pánico o las fobias.* Los afectados por estos trastornos no pueden tranquilizarse, sienten miedo la mayor parte del tiempo y manifiestan síntomas físicos propios de un nerviosismo constante. Los afectados por el estrés postraumático pueden tener recuerdos esporádicos del trauma y reaccionar ante los ruidos fuertes u otros recordatorios del suceso que provocó su estado.

Los *trastornos de personalidad* son perturbaciones intelectuales y conductuales que *forman parte del carácter básico de una persona o de su manera de entender el mundo y actuar en él.* Dan como resultado patrones de por vida de pensamiento y conducta contraproducentes. A diferencia de los trastornos mentales antes mencionados, no es frecuente que los de personalidad respondan a la medicación o a la terapia a corto plazo.

Existen muchos otros trastornos, y algunos asociados solamente con los niños, pero carecemos del espacio necesario para abordarlos todos.

- En una iglesia, los trastornos mentales *suelen ser más aparentes en las relaciones.* Algunas personas activas en una iglesia pueden tener problemas para tolerar las opiniones de otras, encajar en los comités o aceptar límites. Otros pueden estar en la periferia de la iglesia; quizá se trate del cónyuge o el hijo o hija de un miembro, que a menudo es objeto de las oraciones de los miembros.
- *El error de diagnóstico y los tratamientos inadecuados* son demasiado frecuentes, y muchas personas heridas sufren innecesariamente. La incapacidad de comprender los múltiples motivos por los que sufren las personas (incluyendo la distinción entre el pecado, el trastorno mental y la influencia demoníaca) tiene consecuencias significativas. Algunas personas solo confiesan un pecado, cuando deberían tomar medicación; otros culpan de todo a su enfermedad, cuando deberían confesar sus pecados.
- Existen *grandes diferencias entre el trastorno mental, el pecado y la influencia satánica.* A veces pueden darse cualquiera de estos problemas o los tres. Frecuentemente, los cristianos bienintencionados los confunden y emiten diagnósticos erróneos debido a sus propios prejuicios y creencias, lo cual provoca un perjuicio real a quien los padece. El tratamiento debe realizarse tras una evaluación a fondo y un diagnóstico cuidadoso.
- Los cristianos también deben comprender que, a lo largo de las Escrituras, se recurre a médicos, bálsamos, ungüentos y otras medicinas. *La Iglesia y los profesionales de la salud mental deben valorar la contribución que puede hacer cada recurso, y trabajar juntos* para aliviar el sufrimiento humano.

3 ENTREVISTA DE EVALUACIÓN

No confundamos una crisis breve debida a unas circunstancias extremas con un trastorno mental. *No se apresure a sacar conclusiones* o a etiquetar a las personas. La reacción de un individuo a un periodo dilatado de pérdida o de estrés no significa necesariamente que tenga un trastorno mental diagnosticable.

Algunas personas con trastornos mentales los padecen solo un tiempo breve. Otras pueden llevar una vida casi normal si toman una medicación regular y cuentan con el respaldo de un consejero. Algunas padecerán un caos emocional y conductual constante, la incapacidad de mantener relaciones o empleos, y problemas con la ley y con el consumo de drogas.

La respuesta de las personas a la medicación varía mucho, y algunos trastornos (como el bipolar) provocan síntomas que hacen que los individuos que los padecen no logren seguir una medicación.

En algunos tipos de trastorno mental existe el riesgo del recurso a la violencia debido a una depresión aguda, sentimientos de desesperanza o agresividad. Haga las preguntas clarificadoras que aparecen a continuación para evaluar el potencial para la violencia. Todas las preguntas van dirigidas al familiar o amigo de una persona con un trastorno mental, pero también se podrían hacer directamente.

Se calcula que unos 54 millones de estadounidenses padecen algún tipo de trastorno mental.[3]

Preguntas clarificadoras

1. ¿Alguna vez ha sido violento el miembro de su familia? ¿Tiene acceso a armas? ¿Alguna vez ha dicho que se siente amenazado/a? (Si es así, consulte los Pasos prácticos 1 y 2.) ¿Quién correría peligro si esta persona se pusiera violenta?
2. ¿El miembro de su familia se muestra abatido o angustiado? ¿Alguna vez ha intentado suicidarse? Si es así, busque de inmediato la ayuda de un profesional.
3. ¿Esa persona alguna vez ha sido detenida por un delito? Si es así, ¿qué delito y cuándo fue?

Preguntas generales

1. ¿Alguna persona de la familia del enfermo ha obtenido tratamiento psiquiátrico o ha estado ingresado en un hospital psiquiátrico? Si es así, ¿cuál fue el motivo? ¿Conoce usted el diagnóstico?
2. ¿Qué le hace pensar que esta persona padece un trastorno mental? Describa la historia de la conducta problemática de la persona y sus relaciones personales más importantes. (Una relación inestable, o la ausencia de relaciones personales, pueden ser indicativas de unos problemas mentales subyacentes).
3. ¿Habla alguna vez esta persona de forma extravagante? ¿Manifiesta sus temores de que "van a por él/ella"? ¿Dice escuchar o ver cosas que no están ahí? (Estas preguntas se centran en los síntomas de la psicosis o de la esquizofrenia).
4. ¿Manifiesta esta persona ciclos intensos y que cambian rápidamente de emociones o conductas? ¿Pasa temporadas en las que duerme poco? ¿Alguna vez ha gastado mucho dinero alocadamente, ha tenido relaciones sexuales arriesgadas o ha actuado con prepotencia y como si estuviera por encima de la ley? (Estas preguntas se asocian con el trastorno bipolar).

CONSEJOS SABIOS 4

Aunque solo un porcentaje reducido de personas con trastornos mentales es violento, debe *estar atento para detectar ese riesgo*, incluso cuando la violencia es inusual.

Nunca corra riesgos usted, su familia o los miembros de su congregación al pensar, inocentemente, que no surgirá la violencia. Si una situación va a peor, es mejor *pedir ayuda* que ignorar el riesgo de que se produzca un episodio violento.

Las personas *paranoicas* creen que otros obran contra ellas, quizá siguiendo un plan elaborado, como una conspiración, y pueden sentirse lo bastante amenazadas como para agredir a otras. La *manía* (sentirse superior a todos y en la cima del mundo) también puede engendrar violencia cuando alguien se opone al maníaco.

La policía y los paramédicos están *entrenados para evaluar la situación* y llevar a urgencias a las personas que manifiestan indicios de un trastorno mental. En urgencias, los profesionales médicos podrán evaluar a la persona y decidir qué camino seguir. Usted puede ayudar al informar de sus inquietudes a la policía o a los médicos.

5 PASOS PRÁCTICOS

Anime al familiar o amigo de una persona trastornada a que siga los pasos prácticos siguientes.

1. Reduzca los riesgos

Si existe la posibilidad de violencia, busque de inmediato a profesionales. Pida a la persona que saque de casa cualquier arma (pistolas, cuchillos y objetos filosos, cuerdas, bufandas, sábanas o cinturones), y cualquier fármaco. Si la persona parece tener tendencia al suicidio, intente no perderla de vista hasta que llegue la ayuda. Si manifiesta una ira extrema o paranoia, aléjese de ella. No se interponga en su camino al exterior. En lugar de eso, permita que se vaya y luego llame al 9-1-1 o el número de emergencias en su país.

La mitad de los trastornos mentales que duran toda una vida empieza a los catorce años de edad, y a pesar de la disponibilidad de tratamientos eficaces, se producen grandes demoras (a veces décadas) entre la primera manifestación de los síntomas y el momento en que la persona busca un tratamiento.[4]

2. Busque ayuda profesional

Hable con un profesional si su ser querido:
- amenaza con ponerse violento
- provoca penurias económicas
- consume drogas (*ver también la sección sobre Adicción y abuso de sustancias en la familia*)
- participa en actos peligrosos o destructivos
- desaparece sin dar explicaciones

3. Busque ayuda médica

La respuesta al problema puede estar en un fármaco que ayude a estabilizar la química cerebral desordenada de su ser querido. En estos casos, siempre hay que tener en cuenta la posibilidad del tratamiento psiquiátrico, aunque no siempre se use.

4. Conecte con grupos de apoyo

Existen numerosos grupos de apoyo para quienes aman a las personas que padecen trastornos mentales. El más conocido es NAMI, la National Alliance for the Mentally Ill, que patrocina grupos de apoyo y de defensa por todo Estados Unidos. Se pueden encontrar otros grupos contactando con sus agencias locales de salud mental.

5. Busque ayuda local y práctica

Las agencias locales de salud mental deben contar con información sobre ayudas económicas, seguros sanitarios, consejería de apoyo y otras intervenciones que pueden ayudar a las personas que padecen un trastorno mental y a sus familias. Las personas con un *trastorno mental cró-*

nico, que necesitan ayuda constante, pueden beneficiarse de programas como un tratamiento de día o vivir en un hogar idóneo para satisfacer sus necesidades.

6. Busque ayuda espiritual

Dios está de parte de quienes tienen un trastorno mental. Asegúrese de ser espiritualmente sensible y de no tener prejuicios en su amor y cuidado de esas personas. Ayude a la persona a comprender su necesidad de Cristo. ¿Es cristiano/a? ¿Conoce el plan de salvación? ¿Entiende lo que puede hacer Jesús en su vida? (ver Jn. 1:12; Ro. 3:23; 6:23).

Ore pidiendo sabiduría para ayudar a la persona con un trastorno mental. ¿Necesita consejo, exhortación, educación, corrección, un sistema de apoyo, una visión, confesión, refuerzo verbal, un modelo o una confrontación? Sea muy prudente con una persona que quiera abandonar su medicación y busque la ayuda de un consejero o de un pastor para una sanación milagrosa o un exorcismo.

7. Viva en paz

No culpabilice a la persona que tiene un trastorno mental ni discuta con ella. Lo cierto es que la persona está enferma, y culparla es como culpar a alguien de haber tenido un ataque cardíaco.

EJEMPLOS BÍBLICOS

6

El Espíritu del Señor se apartó de Saúl, y en su lugar el Señor le envió un espíritu maligno para que lo atormentara (1 S. 16:14).

El rey Saúl, que reinó en Israel antes de David, manifestó muchos rasgos típicos de un trastorno mental, incluyendo unos tremendos cambios de humor y episodios de depresión y de ira. Una persona puede desarrollar por diversos motivos estos síntomas emocionales que la debilitan. En este caso, las Escrituras señalan que "un espíritu maligno" enviado por el Señor atormentaba a Saúl.

El corazón de este rey se había apartado de Dios, de modo que el Señor permitió que un espíritu de angustia lo atormentara (posiblemente una influencia demoníaca). No todos los trastornos mentales son consecuencia de la influencia satánica, pero como cualquier enfermedad, la batalla por nuestras mentes es resultado de la caída y de la presencia de Satanás en este mundo.

Casi uno de cada tres estadounidenses cree que la depresión es un "estado mental", no un problema médico legítimo.

National Mental Health Association

Y al instante se cumplió lo anunciado a Nabucodonosor. Lo separaron de la gente, y comió pasto como el ganado. Su cuerpo se empapó con el rocío del cielo, y hasta el pelo y las uñas le crecieron como plumas y garras de águila (Dn. 4:33).

Somos seres espirituales, creados por Dios e incompletos sin Él. Además, somos seres físicos, y un trastorno físico puede crear problemas psicológicos o espirituales, y viceversa. Aparte de esto, somos seres psicológicos, lo cual quiere decir que cada persona tiene mente, emociones y voluntad. La interrelación de estos tres ámbitos de nuestra humanidad significa que los problemas específicos pueden tener muchos síntomas y causas.

Si los creyentes se enfrentan a algún tipo de problema emocional, deben buscar el consejo de otros cristianos sabios, formados y cualificados, que puedan tratarles con un enfoque global. Durante esos momentos, otros creyentes deben rodear en oración al hermano o hermana que sufre. Dios promete ayudar a su pueblo incluso en los momentos más difíciles.

Navegaron hasta la región de los gerasenos, que está al otro lado del lago, frente a Galilea. Al desembarcar Jesús, un endemoniado que venía del pueblo le salió al encuentro. Hacía mucho tiempo que este hombre no se vestía; tampoco vivía en una casa sino en los sepulcros (Lc. 8:26-27).

En el caso del hombre que vivía entre tumbas, su condición era el resultado de una posesión demoníaca. Sin embargo, habitualmente el trastorno mental tiene otras causas, como la genética o los desequilibrios hormonales.

Estas personas necesitan que les garanticen que para Dios son dignas, además de recibir una ayuda profesional cristiana. Jesús tiene el poder para curar todo tipo de aflicción.

Hermanos, también les rogamos que amonesten a los holgazanes, estimulen a los desanimados, ayuden a los débiles y sean pacientes con todos (1 Ts. 5:14).

Este pasaje clásico de Tesalonicenses revela que la consejería cristiana consiste en mucho más que en enfrentarse al reto del pecado, y que incluye actividades asistenciales que son necesarias para esas personas que no pueden caminar bien solas, incluyendo a quienes padecen trastornos que forman parte de un mundo enfermo por el pecado.

7 ORACIÓN

Amado Señor, nos preocupa __________. Tenemos buenas razones para estar inquietos, porque es posible que padezca cierto tipo de trastorno mental. Por favor, dirígenos hacia esas personas que pueden ayudar a nuestro hermano/a, ofrecerle recursos y apoyar a quien amamos. Da a tu pueblo fortaleza, paciencia y reposo…

Violencia doméstica

RETRATOS 1

- Margarita contempló en el espejo su nuevo moratón en la cara. Nunca había imaginado que pudiera pasarle esto. Sabía que su esposo Pablo estaba arrepentido; se lo había vuelto a decir una y otra vez anoche, cuando había visto las huellas que le había dejado en el rostro. Esta mañana, antes de irse a trabajar, le había prometido que no volvería a pasar si le concedía una nueva oportunidad. Por supuesto, ella se la dará.
- Janet no sabía qué hacer. Faltaban pocas semanas para la boda, y siempre había pensado que ella y Rafael hacían muy buena pareja. Pero, últimamente, él le estaba controlando mucho el tiempo, y le exigía saber adónde iba cuando no estaba con él. También se ponía celoso cuando ella quedaba con algún amigo. Pero la noche anterior fue la peor de todas. Cuando se mostró en desacuerdo con él, Rafael la había agarrado del brazo y la zarandeó. La asustó de verdad. Pero, seguramente, cuando se casen, se tranquilizará, ¿no?
- Tom estaba preocupado. Marsha siempre había tenido mucho genio, y de vez en cuando le daba una bofetada cuando se enojaba. Pero, la noche antes, ella había bebido, y cuando le agredió, lo hizo con auténticos deseos de hacerle daño. Tom sabía que no podía devolverle los golpes, pero no sabía cuánto tiempo más aguantaría la situación.

DEFINICIONES E IDEAS CLAVE 2

- La violencia doméstica hacia la pareja es un patrón de ira y de violencia que utiliza uno de los cónyuges para obtener o mantener su poder y su control sobre su pareja. A menudo sigue un patrón circular de tres pasos.
    1. *La tensión crece* hasta que el maltratador pierde el control.
    2. *Se produce una agresión.* A veces el maltratador siente que la víctima merece el maltrato o que es necesario enseñarle una lección. Es frecuente que el maltratador racionalice las palizas y reste importancia a las consecuencias de estas.
    3. *Remordimientos.* El agresor se arrepiente y pide perdón. La tensión ha desaparecido, y él o ella solicita la reconciliación. Es posible que prometa que "no volverá a pasar", y que se comporte de forma muy cariñosa y contrita. Normalmente la víctima acepta esto, con la esperanza de acabar de una vez con esta situación tan espantosa.

Durante los seis meses posteriores a un episodio de violencia doméstica, un 32% de las mujeres maltratadas vuelve a padecerlo.[1]

- El tercer paso del ciclo *se parece mucho al verdadero arrepentimiento.* Sin embargo, solo se debe a una ausencia de tensión y a la sensación por parte del maltratador de que la víctima "ha aprendido la lección". Cuando la situación cambia y la tensión aumenta de nuevo, puede volver a agredir a la otra persona.
- La violencia doméstica está impulsada por *la necesidad que tiene el agresor de controlar a su pareja.* Cuando la víctima intenta romper el ciclo, se arriesga a padecer más agresiones.
- *El liderazgo bíblico genuino* en el matrimonio se fundamenta en el amor y en la actitud de liderazgo como un servicio, no en el control del hombre sobre su esposa, y desde luego no en la coerción física. A menudo los maltratadores que confiesan ser cristianos tienen un punto de vista jerárquico y autoritario del liderazgo masculino y de la sumisión femenina que es una caricatura falsa del modelo bíblico.
- Con frecuencia, los maltratadores y las víctimas de la violencia doméstica *crecieron en hogares donde se les expuso al maltrato.* Tienden a esperarlo, aceptarlo, y piensan que es, extrañamente, lo normal en las relaciones matrimoniales.
- Muchos de los indicadores de la violencia doméstica *ya están presentes en el noviazgo.* Algunos de estos indicadores son:
  - el uso de la fuerza o de la violencia para resolver problemas
  - la necesidad del maltratador varón de demostrarse a sí mismo lo duro que es
  - ideas rígidas sobre cómo deberían ser los hombres y las mujeres
  - el temor que siente la víctima a la ira del maltratador
- En público, es frecuente que los maltratadores sean encantadores y agradables, *pero en privado actúan de una forma totalmente distinta.* Durante las sesiones de consejería, los maltratadores pueden parecer bastante razonables e intentar influir en usted, al retratar a sus mujeres como personas irracionales o rebeldes y al pedirle a usted que vea su punto de vista. Ha habido muchos consejeros y asistentes neófitos que han caído en la trampa de creer al maltratador, el cual, en ocasiones, manifiesta su contrición con lágrimas.

Casi un 25% de las mujeres han padecido una violación o agresión a manos de una pareja íntima.[2]

Las consecuencias

Físicas

- Las mujeres víctimas de violencia doméstica padecen un riesgo de contraer problemas de salud que es un 60 por ciento más alto que el de las mujeres que no tienen semejante historia. Entre sus problemas se cuentan el dolor crónico, los trastornos gastrointestinales y el síndrome del colon irritable, así como otros problemas de salud que pueden obstaculizar o limitar su funcionamiento cotidiano.
- La violencia doméstica también afecta a la salud reproductiva y puede generar problemas ginecológicos, embarazos no deseados y partos prematuros de las embarazadas.
- En el caso de la violencia doméstica, si la mujer se queda embarazada, es probable que aumenten las agresiones, con golpes dirigidos al abdomen.

- Las víctimas del maltrato tienen más probabilidades de padecer enfermedades de transmisión sexual o trastornos cardíacos o circulatorios.[3]
- Cuanto más grave sea el maltrato, mayor será el impacto que tenga sobre la salud física y mental de una mujer.

Psicológicas

- Las mujeres maltratadas padecen trastornos mentales como pueden ser la depresión, la ansiedad y una baja autoestima. También es habitual que se dé un aumento en el consumo de drogas y en las conductas antisocial y suicida.

> Las mujeres suponen el 90-95% de las víctimas de violencia doméstica. Un 95% de los maltratadores son hombres.[4]

Sociales

- Se ha descubierto que las mujeres maltratadas están limitadas en su acceso a diversos servicios sanitarios, les cuesta tomar parte de la vida pública y recibir el apoyo emocional de sus amigos y familiares.
- Los niños que son testigos de la violencia doméstica corren un riesgo mayor de desarrollar trastornos psiquiátricos, problemas de desarrollo, fracaso escolar, violencia contra otros y una baja autoestima.

La vulnerabilidad de la victimización

- Algunos de los factores que debe tener en cuenta al evaluar la situación incluyen: una historia de maltratos físicos, lesiones previas causadas por la misma pareja, tener a una pareja que maltrata verbalmente, las presiones económicas, una pareja con una historia de abuso del alcohol o de las drogas, ser menor de 24 años, los conflictos matrimoniales, la dominancia masculina en la familia, el mal funcionamiento familiar.

ENTREVISTA DE EVALUACIÓN 3

Si una pareja acude a consejería y usted *sospecha un maltrato, hable separadamente con cada miembro* para comprender la situación con precisión. Para evitar que la víctima corra peligro, limítese a decir que hablar a cada miembro de la pareja individualmente es su *práctica habitual.*

Preguntas clarificadoras

1. ¿Sus discusiones verbales llegan a ser alguna vez peleas físicas? (Es más fácil responder a esta pregunta que a una sobre la violencia o el maltrato.)
2. ¿Alguno de los dos consume alcohol o drogas?
3. ¿Se siente seguro/a con su cónyuge? (Si tiene dudas sobre la existencia de un maltrato, no intente abordar las cuestiones matrimoniales con la pareja hasta haber solventado el tema de la seguridad personal).

Preguntas generales

1. ¿Alguna vez su cónyuge le ha hecho daño físicamente o ha intentado intimidarle físicamente? Cuando discuten, ¿se siente amenazado/a?
2. Si es así, ¿cuándo fue la última vez que sucedió? ¿Con qué frecuencia le maltrata? ¿Cuál fue el peor incidente?
3. ¿Alguna vez ha buscado ayuda? ¿Qué pasos ha dado para obtenerla? ¿Ha funcionado? ¿Volvería a pedir ayuda a esas personas?
4. ¿Pasa su cónyuge por el ciclo de tensión, agresión y arrepentimiento? (Vea la sección Definiciones e ideas claves). Describa lo que pasa habitualmente.
5. ¿Teme por la seguridad de sus hijos? ¿Tiene algún plan para protegerlos si vuelve a ocurrir el maltrato?

4 CONSEJOS SABIOS

Dios no espera que nadie tolere el abuso y la violencia. ¡Por el contrario! Como consejero, usted tiene la responsabilidad de contribuir a que la víctima se sienta más animada, respaldada y en el camino hacia la libertad. Trabajar en este tipo de circunstancias puede ser frustrante, pero es necesario.

Lo primordial es la seguridad. Es esencial delinear un plan de seguridad con la víctima, que ella acepte y utilice. En ocasiones, lo que mantiene a la víctima en la circunstancia de maltrato es la falta de *recursos para escapar.* Asegúrese de investigar esta necesidad.

5 PASOS PRÁCTICOS

Debido al ciclo de la violencia doméstica, que es agotador, los siguientes pasos se centran en el consejero. Hemos usado el pronombre femenino para la víctima y el masculino para el maltratador, porque este suele ser el patrón que vemos más a menudo.

1. Proporcione seguridad

- La prioridad más importante es garantizar la seguridad de la persona (y la de sus hijos o menores a su cargo). Capacite a la víctima para alejarse del maltratador en caso de que sea necesario o cuando lo sea. Es un caso de tolerancia cero.

2. Tenga un plan

- Ayude a la mujer a trazar un plan a seguir durante el próximo episodio de maltrato. Asegúrese de que la víctima dispone de números de teléfono a los que llamar: la policía, un refugio para familias o una línea directa para recibir ayuda urgente, y un amigo de confianza o un consejero.
- Si la víctima decide marcharse de casa, ¿adónde irá? ¿A quién llamará? Aconseje a la víctima que disponga de una bolsa con objetos

esenciales, ya preparada y en un lugar de fácil acceso, de modo que ella y sus hijos puedan marcharse rápidamente en caso necesario. La víctima podría fotocopiar los documentos importantes y tenerlos también en la bolsa. Ella debe pensar en cómo tener acceso a dinero, las llaves de un auto y los documentos importantes por si tiene que huir repentinamente.

- Si la mujer tiene que marcharse en un momento dado tras un episodio de maltrato, dígale que no se enzarce en ninguna discusión. Debe marcharse en silencio y acudir a un punto ya predeterminado con las personas que estén allí.
- No vacile en remitir a la víctima a otro profesional o a una consulta con un experto, dado que es un problema grave y complicado.

3. Haga un seguimiento

- Tras la primera sesión, trace un plan de seguimiento para que la víctima siga recibiendo ayuda.

4. Tranquilice

- Tranquilice a la persona asegurándole que el maltrato nunca es merecido y que siempre está mal. El rol de liderazgo del hombre dentro del matrimonio nunca incluye el derecho de controlar o de abusar de otra persona.

5. Evalúe las relaciones

- Evalúe con cuánto apoyo cuenta la persona, y anímela a buscar la ayuda de otros. Haga que otros familiares que la apoyen colaboren en este intento. La víctima del maltrato suele estar aislada, tanto por la vergüenza que le produce su situación como por la necesidad de control que tiene el maltratador.

6. ¿Y qué hay de la reconciliación?

- La violencia destruye el corazón. Es una herida difícil de curar, pero no es imposible hacerlo. Una cosa está clara: debe cesar toda violencia y se debe ver una demostración clara de arrepentimiento y de fidelidad. Es necesario recurrir a una guía profesional para manejar la ira, conseguir la resolución eficaz de los conflictos y avivar el amor verdadero, así como iniciar el proceso de la reconciliación.

EJEMPLOS BÍBLICOS 6

No obstante, él me ha engañado y me ha cambiado el salario muchas veces. Pero Dios no le ha permitido causarme ningún daño (Gn. 31:7).

La confianza implica ser dignos de confianza y estar dispuestos a confiar en otras personas. Jacob huyó de su casa porque había engañado a su hermano (Gn. 27:41-43); en este caso huyó porque le había engañado su suegro.

La confianza traicionada puede destruir una relación. ¡Cuánto mejor es forjar un vínculo de confianza con las personas más cercanas a nosotros!

Luego Moisés y Aarón reunieron a la asamblea frente a la roca, y Moisés dijo: "¡Escuchad, rebeldes! ¿Acaso tenemos que sacaros agua de esta roca?". Dicho esto, levantó la mano y dos veces golpeó la roca con la vara, ¡y brotó agua en abundancia, de la cual bebieron la asamblea y su ganado! El SEÑOR les dijo a Moisés y a Aarón: "Por no haber confiado en mí, ni haber reconocido mi santidad en presencia de los israelitas, no serán ustedes los que lleven a esta comunidad a la tierra que les he dado" (Nm. 20:10-12).

En los hogares donde se produce violencia doméstica, los niños tienen 1500 probabilidades más de padecer maltrato.[5]

Moisés actuó movido por la ira, y pagó un precio. La ira puede ser la más perjudicial de todas las emociones, induciendo a las personas a decir o hacer cosas que luego lamentan. La ira descontrolada puede arruinar las amistades y los matrimonios, e incluso inducir a naciones a ir a la guerra.

Algunas personas acaban viviendo para siempre con las consecuencias de las decisiones que tomaron en un instante de ira. Las personas que luchan con la ira destructiva deben encontrar ayuda para descubrir formas alternativas de manejarla. El punto de partida es ponerla delante de Dios.

[Abimelec] Fue a Ofra, a la casa de su padre, y sobre una misma piedra asesinó a sus setenta hermanos, hijos de Yerubaal. Pero Jotán, el hijo menor de Yerubaal, se escondió y logró escaparse (Jue. 9:5).

La trágica historia de Abimelec nos muestra una violencia extrema usada por motivos egoístas. Este hijo ilegítimo de Gedeón y de una concubina (Jue. 8:29-31) trajo la desgracia al resto de la familia de Gedeón. La violencia y el asesinato se convirtieron en su forma de resolver todas las amenazas a su poder (9:22-49). Sin embargo, al final, su forma de actuar violenta acabó en su propia destrucción (vv. 50-56).

La mayoría de maltratadores se ven atrapados en la rabia, y no piensan en nada ni en nadie más. Se esfuerzan por controlar, pensar irracionalmente y destruir las vidas a su alrededor.

Y ustedes, padres, no hagan enojar a sus hijos, sino críenlos según la disciplina e instrucción del Señor (Ef. 6:4).

Los padres deben ser cuidadosos en su formación y su disciplina para no provocar "a ira" a sus hijos. En otras palabras, a veces la disciplina de los padres puede ser injustificadamente dura, injusta, falta de amor o irresponsable, induciendo a los hijos a enfurecerse, desanimarse y sentir resentimiento.

Los padres que disciplinan con justicia, coherencia y amor crían bien a sus hijos.

Padres, no exasperen a sus hijos, no sea que se desanimen (Col. 3:21).

Aunque se ordena a los hijos a obedecer a sus padres, esto no confiere a estos el permiso para ser crueles o irrazonables en su forma de tratar a sus hijos. Los padres que provocan, menosprecian o se burlan de sus hijos destruyen su autoestima y los desaniman.

El propósito de la disciplina de los padres es formar a los hijos. La disciplina coherente, administrada con amor, ayudará a los hijos a convertirse en adultos responsables.

La cruda verdad es que la violencia no resuelve nada y, al final, genera más violencia. Una persona violenta no solo no obtiene el control, sino que pierde a la persona que podría haberla amado.

ORACIÓN 7

Señor, hoy estamos preocupados y asustados. Tus hijos tienen una gran necesidad de ayuda. Uno necesita que le ayudes a controlar su ira, para no seguir maltratando; la otra necesita saber cuál es la mejor manera de abordar esta situación y obtener para su esposo la ayuda que este necesita. Pero ahora te rogamos seguridad, y que mediante estos actos protectores rompas ese círculo vicioso del maltrato. Señor, obra de maneras que no podemos ver…

Notas

Adicción y abuso de sustancias en la familia

1. U.S. Department of Health and Human Services Administration for Children and Families, "National Child Abuse Statistics", 2005, http://www.acf.hhs.gov.

2. Mothers Against Drunk Driving, http://www.madd.org.

3. Patrick Carnes, *Don't Call It Love* (Nueva York: Bantam, 1992).

4. National Highway Traffic Safety Administration, "Alcohol-Related Fatalities and Fatality Rates by State, 2004–2005", 2006, http://www.nhtsa.gov.

5. National Institute on Alcohol Abuse and Alcoholism, "Alcohol across the Lifespan", 2006, http://pubs.niaaa.nih.gov.

6. National Highway Traffic Safety Administration, "Traffic Safety Facts", 2003, http://www.nhtsa.gov.

7. Timothy J. Trull, Carol J. Waudby y Kenneth J. Sher, "Alcohol, Tobacco, and Drug Use Disorders and Personality Disorder Symptoms", *Experimental and Clinical Psychopharmacology* 12, nº 1 (2004): 65-75.

8. Mothers Against Drunk Driving, 2008, http://www.madd.org.

Adopción

1. Obtenga información sobre este tema por medio de Voice of the Orphan en http://www.voiceoftheorphan.org (solo en inglés).

2. Infant Adoption Training Initiative, "State Laws", http://www.infantadopt.org/statelaws.html.

3. "Adopted Children and Stepchildren: 2000", Census 2000 Special Reports, octubre de 2000, http://www.census.gov/prod/2003pubs/censr-6.pdf.

4. American Adoptions, "Adoption Statistics", http://www.americanadoptions.com/pregnant/adoption_stats.

5. "Facts for Features", U.S. Census Press Releases, 2004, http://www.census.gov/Press-Release/www/releases/archives/facts_for_features_special_editions/002683.html.

6. "Adopted Children and Stepchildren: 2000".

7. National Council for Adoption, "Adoption Resources: Thinking about Adopting?", http://www.adoptioncouncil.org/resources/think_adopt.html.

8. Ibíd.

9. Ibíd.

Celos en el matrimonio

1. Ruth Houston, "Infidelity Advice", http://www.infidelityadvice.com; "Infidelity", http://www.menstuff.org/issues/byissue/infidelity.html.

Compromiso y pacto matrimoniales

1. Centers for Disease Control National Center for Health Statistics, "Marriage and Divorce", http://www.cdc.gov/nchs/fastats/divorce.htm.

Comunicación en el matrimonio

1. Damian Sofsian, "Marriage Statistics", 24 de enero de 2007, http://ezinearticles.com/?Marriage-Statistics&id=429302.

2. Richard A. Swenson, *Margin: Restoring Emotional, Physical, Financial, and Time Reserves to Overloaded Lives* (Colorado Springs: NavPress, 2004).

3. The Barna Group, "Born-again Christians Just as Likely to Divorce as Are Non-Christians", 8 de diciembre de 2004, http://www.barna.org/barnaupdate/article/5-barna-update/194.

4. John Gottman, *The Seven Principles for Making a Marriage Work* (Ukiah, CA: Orion Publishing, 2004).

Conflictos en el matrimonio

1. Scott M. Stanley y Howard J. Markman, "Facts about Marital Distress and Divorce", Smart Marriages: The Coalition for Marriage, Family, and Couple Education, http://www.smartmarriages.com/7.html.

2. John Gottman, *Why Marriages Succeed or Fail: And How You Can Make Yours Last* (Nueva York: Simon and Schuster, 1995).

3. Scott M. Stanley y Howard J. Markman, "Marriage in the 90s: A Nationwide Random Phone Survey", PREP: State-of-the-Art Tool for an Extraordinary Marriage, 1997, http://www.prepinc.com/main/docs/marriage_90s_1997.pdf.

Consejería prematrimonial

1. The Barna Group, "Statistics", http://www.barna.org.

2. Tom Ellis del Southern Baptist Convention's Council on the Family, referenciado en B. A. Robinson, "U.S. Divorce Rates for Various Faith Groups, Age Groups, and Geographic Areas", 2000, http://www.religioustolerance.org/chr_dira.htm.

3. Americans for Divorce Reform statistics, referenciado en Robinson, "U.S. Divorce Rates".

4. U.S. Census Bureau, referenciado en Robinson, "U.S. Divorce Rates".

Control de la natalidad

1. Department of Health and Human Services Centers for Disease Control and Prevention, "Contraceptive Use", 2002, http://www.cdc.gov/nchs/fastats/usecontr.htm.

2. Gallup, Burch y Platek (2002). "Does Semen Have Anti-Depressant Properties?", en *Archives of Sexual Behavior* 31(3), pp. 289-293.

3. Paul y Lori Byerly, "Birth Control", *The Marriage Bed*, julio de 2005, http://www.themarriagebed.com/pages/sexuality/engaged/birthcontrol.shtml.

4. Para más información sobre el condón femenino, visite http://www.avert.org.

5. Planned Parenthood, "Birth Control", http://www.plannedparenthood.org/health-topics/birth-control-4211.htm.

6. Byerly, "Birth Control".

7. En 1995, el fabricante de la Today Sponge la retiró del mercado de Estados Unidos. No obstante, según la página web de la Today Sponge: "¡La Esponja ha vuelto! La Today Sponge, que fuera el contraceptivo femenino sin receta más popular, ha vuelto a ser aprobada para su comercialización en Estados Unidos y Canadá. Pronto estará disponible en el Reino Unido y en la Unión Europea". Para más información sobre la Today Sponge, visite la web http://www.spongecontraceptive.com.

8. Byerly, "Birth Control".

9. "Emergency Contraception's Mode of Action Clarified", *Population Briefs,* 11, nº 2 (2005), http://www.popcouncil.org/publications/popbriefs/pb11(2)_3.html.

10. Para mayor información sobre el Plan B, visite http://www.goplanb.com.

11. Byerly, "Birth Control".

12. R. Roddy et al., "A Dosing Study of Nonoxynol-9 and Genital Irritation", *International Journal of STD & AIDS* 4, nº 3 (1993): 165-170.

13. Royal College of Obstetricians and Gynecologists, "National Evidence-Based Clinical Guidelines: Male and Female Sterilisation", enero de 2004, http://www.rcog.org.uk/index.asp?PageID=699.

14. "Vasectomy and Vasovasostomy (Reversal Surgery)", *Well Connected*, septiembre de 2001, http://www.vasectomy-information.com/pages/wellconn2001.pdf.

15. Información sobre ligadura de trompas extraída de Bets Davis, "Tubal Ligation and Tubal Implants", 2008, http://www.webmd.com/sex/birth-control/tubal-ligation-and-tubal-implants.

16. "The Risk of Ectopic Pregnancy after Tubal Sterilization", *New England Journal of Medicine* 336 (13 de marzo de 1997): 762-767.

Crianza de los hijos

1. "How TV Affects Your Child" (Kaiser Family Foundation statistics), http://kidshealth.org /parent/positive/family/tv_affects_child.html.

2. Barry Kliff, "Heading toward a Fatherless Society", *MSNBC Headlines*, http://www.ancpr.org /msnbc.htm.

3. Ibíd.

4. M. Strauss, "Corporal Punishment and Primary Prevention of Physical Abuse", *Child Abuse and Neglect* 24, nº 9 (2000): 1109-1114.

5. Jill Duba Onedera, *The Role of Religion in Marriage and Family Counseling* (Nueva York: Routledge, 2007).

Depresión en el matrimonio

1. Rick E. Ingram, Walter Scott y Greg Siegle, "Depression: Social and Cognitive Aspects", en *Oxford Textbook of Psychopathology*, eds. Paul H. Blaney y Theodore Millon (Nueva York: Oxford University Press, 2008), 207-208.

2. "Depression in Women: Understanding the Gender Gap", 6 de septiembre de 2008, http: //www.mayoclinic.com/health/depression/MH00035.

3. CRIS: Clinical Research Information Systems, "Depression", http://psychiatry.mc.duke.edu /CMRIS/ED/Depression.htm.

4. Peter M. Haddad, "Depression: Counting the Costs", *Original Papers*, http://pb.rcpsych.org /cgi/reprint/18/1/25.pdf.

5. "Depression: Cause and Cure", http://www.fitnesshigh.com/topics.php?topic_id=32&idea=Bipolar.

6. Mark Moring, "Depression: A Special Report", *Campus Life* 60, nº 3 (2001): 54, http://www .hopeway.org/teen/depression.asp.

Depresión posparto

1. The Center for Postpartum Adjustment, "Statistics", 2006, http://www.postpartumsupport .com/statistics.htm.

2. "Postpartum Psychosis", http://www.pregnancy-nfo.net/postpartum_psychosis.html.

3. "Postpartum Progress, One of 2008's Top Ten Depression Blogs", http://postpartumprogress .typepad.com/.

4. "Postpartum Depression", http://www.knowpostpartum.com/.

5. National Women's Health Information Center, "Postpartum Depression Fact Sheet", junio de 2001, http://www.wrongdiagnosis.com/artic/postpartum_depression_fact_sheet_nwhic.htm.

6. Marvin Coyner, "Fatty Acid Could Offset Postpartum Depression and Improve Babies' Development, Based on Research by David J. Kyle", Science Blog, 2004, http://www.scienceblog.com/ community/older/2002/E/2002307.html.

Desafecto: cuando el amor se enfría

1. Karen Kayser, *When Love Dies: The Process of Marital Disaffection* (Guilford Press, 1993).

2. Mark A. Fine y John H. Harvey, eds., *Handbook of Divorce and Relationship Dissolution* (Lawrence Erlbaum, 2005).

3. Tim y Julie Clinton, "How 'Disaffection' Starts", http://www.marriagemissions.com/ howdisaffection-starts-marriage-message-71/.

4. J. Thomas Oldham y Marygold Shire Melli, eds., *Child Support: The Next Frontier* (Lansing, MI: University of Michigan Press, 2008).

Dinero y economía

1. Crown Financial Ministries, "How to Control Spending", http://www.crown.org/LIBRARY/ViewArticle.aspx?ArticleId=329.

2. Crown Financial Ministries, "Divorce, Debt, and Credit", http://www.crown.org/LIBRARY/ViewArticle.aspx?ArticleId=366.

3. "Men and Women Still Can't Make Cents of Each Other: MONEY Magazine Survey Reveals That When It Comes to Money, Married Couples Know Far Less about Each Other than They Think", *Money*, 16 de marzo de 2006, http://www.timeinc.net/fortune/information/presscenter/money/press_releases/20060319_marriagemoney_MON.html.

Estilos del amor en matrimonio y la familia

1. Gary Chapman, *Los 5 lenguajes del amor: Cómo expresar devoción sincera a su cónyuge* (Miami: Editorial Unilit, 1996).

2. Ibíd.

3. Melbourne Institute of Applied Economic and Social Research, "Survey Statistics from Seddons Survey", 3 de febrero de 2008, http://www.melbourneinstitute.com/.

Estrés y exigencias

1. Cynthia Dennison Haines, ed., "Mental Health: Tips to Control Stress", marzo de 2005, http://www.webmd.com/balance/stressmanagement/tips-to-control-stress.

2. National Institute for Occupational Safety and Health statistics, referenciado en Merck Source, "Resource Library: Stress Facts", http://www.mercksource.com.

3. Ibíd.

Familia extendida

1. Jason Fields, "America's Families and Living Arrangements", *Current Population Reports* (Washington, DC: U.S. Census Bureau, 2003).

2. David y Claudia Arp y John y Margaret Bell, *Fixing Family Friction: Promoting Relative Peace* (Colorado Springs: Focus on the Family, 2008).

3. Daniel Goleman, *Inteligencia social: La nueva ciencia de las relaciones humanas* (Editorial Kairós, S. A. Barcelona), 2010.

4. David y Claudia Arp y John y Margaret Bell, *Loving Your Relatives* (Wheaton, IL: Tyndale, 2003).

5. J. E. Glick, "Nativity, Duration of Residence and the Life Course Pattern of Extended Family Living in the USA", *Population Research and Policy Review* 19 (2000): 179-198.

6. Romie Hurley, "What if an in-law doesn't accept me? These steps will help you deal with those sticky in-law situations", http://focusonthefamily.com.

Familias ensambladas

1. Maxine Marsolini, "The ABCs for Blended Families", *MOM*, mayo/junio de 2007, http://www.blendedfamilies.net/index.php?option=com_content&task=view&id=52&Itemid=62.

2. Jaelline Jaffe, Jeanne Segal, Sheila Hutman y Suzanne Barston, "Blending Families: A Guide for Stepparents", enero de 2008, http://www.helpguide.org/mental/blended_families_stepfamilies.htm.

3. David R. Miller, "Bringing Them Together: The Challenge of Blending Families", en *The Bible for Hope: Caring for People God's Way*, ed. Tim Clinton (Nashville: Thomas Nelson, 2007).

4. Nicole Humphrey, "Is a Blended Family Normal?" 27 de agosto de 2008, http://parenting.families.com/blog/is-a-blended-family-normal.

Familias monoparentales

1. David Blankenhorn, *Fatherless America: Confronting Our Most Urgent Social Problem* (Nueva York: Harper Perennial, 1996).

2. National Commission on Children statistics, referenciada en el National Center for Fathering, "Trends in Fathering", http://www.fathers.com/content/index.php?option=com_content&task=view&id=412.

3. Ibíd.

4. Paul R. Amato, Laura S. Loomis y Alan Booth, "Parental Divorce, Marital Conflict, and Offspring Well-Being during Early Adulthood", *Social Forces* 73, nº 3 (1995): 895-915.

5. U.S. Census Bureau, "Poverty", http://www.census.gov/hhes/www/poverty/poverty.html.

6. U.S. Census Bureau, "Income", http://www.census.gov/hhes/www/income/income.html.

7. Timothy S. Grall, "Custodial Mothers and Fathers and Their Child Support: 2005", U.S. Census Bureau: Current Population Reports, 2007, http://www.census.gov/prod/2007pubs/p60–234.pdf.

8. Ibíd.

9. Renee E. Spraggins, "We the People: Women and Men in the United States", U.S. Census Bureau: Census 2000 Special Reports, enero de 2005, http://www.census.gov/prod/2005pubs/censr-20.pdf.

Hijos adultos

1. James A. Sweet y Larry L. Bumpass, "National Survey of Families and Households", Simple Online Data Archive for Population Studies, http://sodapop.pop.psu.edu/data-collections/nsfh/index_html.

2. Grace Ketterman, *Mothering: The Complete Guide for Mothers of All Ages* (Wheaton, IL: Chariot Victor, 1994).

3. Este estudio de caso está adaptado de Tim Clinton y Gary Sibcy, *Loving Your Child Too Much: Raising Your Kids without Overindulging, Overprotecting, or Overcontrolling* (Nashville: Thomas Nelson, 2006).

4. "Returning to the Nest", *Baltimore Sun*, 29 de febrero de 2004, http://www.baltimoresun.com.

5. Extraído de Tim Clinton y Gary Sibcy, *Loving Your Child Too Much* (Franklin, TN: Integrity Publishing, 2006), 115-118 . "Gary y yo [Tim] hablamos sobre los hijos adultos en el libro, y creo que el estudio de caso plasma bien la esencia del tema ".

6. "Family Support during the Transition to Adulthood", Policy Brief 3, agosto de 2004, http://www.npc.umich.edu/publications/policy_briefs/brief3/brief3.pdf.

Infidelidad y adulterio

1. Joan D. Atwood y Limor Schwartz, "Cybersex: The New Affair Treatment Considerations", *Journal of Couple and Relationship Therapy* 1, nº 3 (2002): 37-56.

2. Ibíd.

3. Janis A. Spring y Michael Spring, *After the Affair: Healing the Pain and Rebuilding the Trust When a Partner Has Been Unfaithful* (Nueva York: Harper Paperbacks, 2007).

4. Elisabeth Kübler-Ross, *Sobre la muerte y los moribundos* (México, D.F.: Debolsillo, 2011).

5. David M. Carder, "Adultery", en *The Bible for Hope: Caring for People God's Way*, ed. Tim Clinton (Nashville: Thomas Nelson, 2007).

Intimidad espiritual

1. "U.S. Divorce Rates for Various Faith Groups, Age Groups, and Geographic Areas", http://www.religioustolerance.org/chr_dira.htm.

2. Ibíd.

3. David y Jan Stoop, *When Couples Pray Together: Creating Intimacy and Spiritual Wholeness* (Seattle: Vine Books, 2004).

4. Marianne Novoselac, "Divine Intimacy", *Evangelical Christian* (noviembre/diciembre de 2006), http://www.miraclepraise.com/articles/DivineIntimacy.pdf.

5. Gary Chapman, "Create Spiritual Intimacy in Your Marriage", http://www.lifeway.com/lwc/article_main_page/0,1703,A%3D157419%26M%3D50017,00.html.

6. Paul Tournier, *To Understand Each Other* (Philadelphia: Westminster John Knox Press, 2004).
7. Chapman, "Create Spiritual Intimacy in Your Marriage".

Jubilación

1. "Oldest Baby Boomers Turn 60", United States Census Press Releases: Facts for Features, 3 de enero de 2006, http://www.census.gov/Press-Release/www/releases/archives/facts_for_features_special_editions/006105.html.
2. Ibíd.
3. Ibíd.
4. TIAA-CREF Institute, "2004 Retirement Confidence Survey", 1 de enero de 2004, http://www.tiaa-crefinstitute.org/research/surveys/Ret_conf_survey.html.
5. Congressional Budget Office, "The Retirement Prospects of the Baby Boomers", 18 de marzo de 2004, http://www.cbo.gov/doc.cfm?index=5195.
6. "Trustees Report Summary: Status of the Social Security and Medicare Programs", Social Security Administration: Actuarial Publications, http://www.ssa.gov/OACT/TRSUM/index.html.
7. Employee Benefit Research Institute, "Statistics", http://www.ebri.org.

Límites en el matrimonio

1. Henry Cloud y John Townsend, "Setting Healthy Boundaries", en *The Bible for Hope: Caring for People God's Way*, ed. Tim Clinton (Nashville: Thomas Nelson, 2007).
2. Henry Cloud y John Townsend, *Boundaries in Marriage* [*Límites en el matrimonio*] (Grand Rapids: Zondervan, 2002), 106-107. Publicado en español por Editorial Vida.

Maltrato infantil

1. U.S. Department of Health and Human Services Administration for Children and Families, "National Child Abuse Statistics", http://www.acf.hhs.gov (2005).
2. Gary Sibcy, "Advanced Psychopathology" (conferencia, Liberty University, Lynchburg, VA, junio de 2005); John Briere, "Treating Adult Survivors of Severe Childhood Abuse and Neglect: Further Development of an Integrative Model", en *The APSAC Handbook on Child Maltreatment*, 2ª ed. (Newbury Park, CA: Sage Publications, 1996).
3. John Bowlby, *A Secure Base: Parent-Child Attachment and Healthy Human Development* (Nueva York: Basic Books, 1988).
4. Briere, "Treating Adult Survivors of Severe Childhood Abuse and Neglect"; Bowlby, *A Secure Base*.
5. "National Data on Sexual Violence: Children", Silent No More, http://www.silentnomore.org/stats/national_children.asp.
6. U.S. Department of Health and Human Services Centers for Disease Control and Prevention, "Sexual Violence Prevention".
7. Campaign for Our Children, "Sexual Violence", http://www.cfoc.org/index.php/teen-guide/whats-the-411–about-sex/sexualviolence.
8. Illinois Coalition against Sexual Assault, "Criminal Sexual Assault Act", http://www.icasa.org/docs/law_book_2004.pdf.
9. U.S. Department of Health and Human Services Centers for Disease Control and Prevention, "Sexual Violence Prevention".
10. Ibíd.

Matrimonios a prueba de divorcio

1. Tom Rath y Donald O. Clifton, "The Big Impact of Small Interactions", *GALLUP Management Journal*, octubre de 2004, http://gmj.gallup.com/content/12916/Big-Impact-Small-Interactions.aspx.
2. Gary Chapman, *Los 5 lenguajes del amor: Cómo expresar devoción sincera a su cónyuge* (Miami: Editorial Unilit, 1996).

Niños con necesidades especiales

1. American Psychiatric Association, *Diagnostic and Statistical Manual IV* (Arlington, VA: 2000), 85-93.

2. U.S. Department of Health and Human Services Centers for Disease Control and Prevention, "What Is Attention-Deficit/Hyperactivity Disorder (ADHD)?" septiembre de 2005, http://www.cdc.gov/ncbddd/adhd/what.htm.

3. Russell Barkley, referencieado en Martin L. Kutscher, "ADHD: The Tip of the Iceberg", http://pediatricneurology.com/full.htm.

4. U.S. Department of Health and Human Services Centers for Disease Control and Prevention, "Peer Relationships and ADHD", septiembre de 2005, http://www.cdc.gov/ncbddd/adhd/peer.htm.

5. U.S. Department of Health and Human Services Centers for Disease Control and Prevention, "New CDC Report Looks at Attention-Deficit/Hyperactivity Disorder", Press Release, 21 mayo de 2002, http://www.cdc.gov/media/pressrel/r020521.htm.

6. Stanley I. Greenspan, *The Challenging Child: Understanding, Raising, and Enjoying the Five "Difficult" Types of Children* (Jackson, TN: Dap Capo Press, 1996).

7. Russell Barkley, *Taking Charge of ADHD: The Complete, Authoritative Guide for Parents* (Nueva York: Guilford Press, 2000).

8. Robert Wood Johnson University Hospital, "Oppositional Defiant Disorder", http://www.rwjuh.edu/health_information/adult_mentalhealth_odd.html.

9. Children's Hospital of Pittsburgh, "Oppositional Defiant Disorder", http://www.chp.edu/CHP/P01629.

Padres ancianos

1. Donald E. Gelfand, *The Aging Network: Programs and Services*, 6ª ed. (Nueva York: Springer, 2006).

2. Department of Health and Human Services Centers for Disease Control and Prevention, "Healthy Aging", 2008, http://www.cdc.gov/Aging/info.htm.

3. Andrew R. Sommers, "Mortality of Americans Age 65 or Older: 1998–2004", CRS Report for Congress, 2007, http://aging.senate.gov/crs/aging2.pdf.

4. Department of Health and Human Services Centers for Disease Control and Prevention, "The State of Aging and Health in America 2007", http://www.cdc.gov/aging/pdf/saha_2007.pdf.

Participación en la iglesia

1. Donald R. Ploch y Donald W. Hastings, "Effects of Parental Church Attendance, Current Family Status, and Religious Salience on Church Attendance", *Review of Religious Research*, 39, nº 4 (1998): 309-320.

2. Barna Group, "Commitment to Christianity Depends on How It Is Measured", 8 de noviembre de 2005, http://www.barna.org/barnaupdate/article/5-barna-update/168-commitment-to-christianity-depends-on-how-it-ismeasured.

3. The Barna Group, "Women Are the Backbone of the Christian Congregations in America, http://www.barna.org.

4. Barry A. Kosmin, Egon Mayer y Ariela Keysar, "American Religious Identification Survey", The Graduate Center of the City University of Nueva York, http://www.gc.cuny.edu/faculty/research_studies/aris.pdf (2001).

Pérdida de un cónyuge o hijo

1. R. N. Anderson, "Deaths: Leading Causes for 2000", *National Vital Statistics Reports* 50, nº 16 (2002), http://www.cdc.gov/nchs/data/nvsr/nvsr50/nvsr50_16.pdf.

2. Elisabeth Kübler-Ross, *Sobre la muerte y los moribundos* (México, D.F.: Debolsillo, 2011).

3. John Bowlby, *Loss: Sadness and Depression* (Nueva York: Basic Books, 1986).

4. M. F. MacDorman et al., "Explaining the 2001–02 Infant Mortality Increase: Data from the

Linked Birth/Infant Death Data Set", *National Vital Statistics Reports* 53, nº 12 (2005), http://www.cdc.gov/nchs/data/nvsr/nvsr53/nvsr53_12.pdf.

5. Kevin Kinsella y Victoria A. Velkoff, "An Aging World: 2001", *International Population Reports* (U.S. Census Bureau, noviembre de 2001), http://www.census.gov/prod/2001pubs/p95-01-1.pdf.

Perdón y reconciliación

1. Everett L. Worthington Jr. en *The Bible for Hope: Caring for People God's Way*, ed., Tim Clinton (Nashville: Thomas Nelson, 2007).

2. C. V. O. Witvliet, T. E. Ludwig y K. L. Vander Laan, "Granting Forgiveness or Harboring Grudges: Implications for Emotion, Physiology, and Health", Psychological Science 12, nº 2 (2001): 117-123.

3. Everett L. Worthington Jr., *Forgiveness and Reconciliation: Theory and Application* (Brunner-Routledge, 2006).

4. Earl and Sandy Wilson, Paul y Virginia Friesen y Larry and Nancy Paulson, *Restoring the Fallen: A Team Approach to Caring, Confronting, and Reconciling* (Wheaton, IL: InterVarsity Press, 1997).

Pornografía

1. Family Safe Media, "Pornography Statistics", http://www.familysafemedia.com/pornography_statistics.html.

2. Ibíd.

Reubicación y mudanza

1. Jennifer Babaris Fortunato, "Relocating with Children: An Emerging Phenomena in the 21st Century", 2001, http://www.einhornharris.com/CM/Articles/RELOCATINGWITHCHILDREN.asp.

2. Department of Health and Human Services Centers for Disease Control and Prevention, http://www.cdc.gov/nchs/nhis.htm.

3. D. Wood et al., "Impact of Family Relocation on Children's Growth, Development, School Function, and Behavior", *Journal of the American Medical Association* 27, nº 11, http://jama.amaassn.org/cgi/content/abstract/270/11/1334.

4. Laura Lorber, "How to Avoid Problems when You Relocate", *Wall Street Journal*, http://www.realestatejournal.com/buysell/relocation/19990825-lorber.html.

Rivalidad entre hermanos

1. David M. Levy, "The Hostile Act", *Psychological Review 48* (1941): 356-61.

2. Mary Ebejer, "Is Sibling Rivalry Just Another Name for Love?" *Adoptive Families*, 2002, http://www.adoptivefamilies.com/articles.php?aid=198.

3. "Sibling 'rivalry rage' is epidemic: 36 million acts of aggression yearly; and parents are urged to go on the offensive, says Lorraine Friedman, children's rights attorney", *Business Wire* (30 de abril de 2002).

4. "Prediction of Violence Perpetration among High-Risk Youth", *American Journal of Health Behavior* 28, nº 2, http://www.ajhb.org/issues/2004/28-2.htm.

Secretos en el matrimonio

1. "Benefits of Sharing Secrets", *Truth about Deception: Advice about Lying, Infidelity, Love, and Romance*, http://www.truthaboutdeception.com/secrets/public/overview_secrets.html.

2. Leslie Bennetts, "Parade Poll Special Report: The Truth about American Marriage", *Parade*, 21 de octubre de 2008, http://www.parade.com/hot-topics/2008/09/truth-about-americanmarriage.

3. Ibíd.

Separación y divorcio

1. The Barna Group, "Born-again Christians Just as Likely to Divorce as Are Non-Christians", 8 de diciembre de 2004, http://www.barna.org/barnaupdate/article/5-barna-update/194.

2. U.S. Census Bureau, "The Population Profile of the United States: 2000", http://www.census.gov/population/www/pop-profile/files/2000/profile2000.pdf.

3. The Barna Group, "Born-again Christians Just as Likely to Divorce".

4. Ibíd.

5. Judith S. Wallerstein y Sandra Blakeslee, *The Good Marriage: How and Why Love Lasts* (Nueva York: Warner Books, 1996).

6. The Barna Group, "Born-again Christians Just as Likely to Divorce".

7. Wallerstein y Blakeslee, *The Good Marriage.*

8. Center for Disease Control National Center for Health Statistics, "Marriage and Divorce", http://www.cdc.gov/nchs/fastats/divorce.htm.

9. "Divorce Rate in America", http://www.divorcerate.org.

10. "Marriage and Divorce", *U.S. Divorce Statistics: Compiled by the U.S. Census Bureau,* 2002, http://www.harrisfamilylaw.com/pdfs/us-divorce-statistics.pdf.

Sexo en el matrimonio

1. Glenn Stanton, *Why Marriage Matters: Reason to Believe in Marriage in a Postmodern Society* (Colorado Springs: NavPress, 1997).

2. University of Chicago/National Opinion Research Center statistics, referenciado en Christopher J. Gearon, "Marriage and Sex", Sexual Health Center, http://health.discovery.com/centers/sex/marriage/marriage.html.

3. Ibíd.

4. Ingrid Trobisch, *La dicha de ser mujer ? Un manual que toda mujer debe tener!* (Miami: Editorial Unilit, 1990).

5. Ernestine Banyolak, citada en Howard y Jeanne Hendricks, *Husbands and Wives* (Colorado Springs: Victor, 1988), 249.

6. Doug Rosenau, *A Celebration of Sex: A Guide to Enjoying God's Gift of Sexual Intimacy* (Nashville: Thomas Nelson, 2002).

Síndrome del nido vacío

1. Marilyn Elias, "Nest Emptier for Dad", *USA Today,* 23 de enero de 1985.

2. "Baby Boomers Reclaim Independence in the Empty Nest but Del Webb Survey Shows 'Boomerang' Kids May Refeather Their Future", *Business Wire,* 29 de junio de 2004, http://findarticles.com/p/articles/mi_m0EIN/is_/ai_n6089238.

3. Grace Ketterman, *Mothering: The Complete Guide for Mothers of All Ages* (Wheaton, IL: Chariot Victor, 1994).

4. "Baby Boomers Reclaim Independence".

5. Ibíd.

Tiempo para la familia

1. TV-Free America, "Television Facts", http://members.iquest.net/~macihms/HomeEd/tvfacts.html.

2. Alvin Rosenfeld, "The Benefits of Board Games", http://www2.scholastic.com/browse/article.jsp?id=2060.

3. De un estudio realizado en 2006 por la Entertainment Software Association, referenciado en "Statistics: Parents, Kids, and Media", http://www1.medialiteracy.com/stats_parents.jsp.

4. Kaiser Family Foundation, "Generation M: Media in the Lives of 8 to18 Year Olds", 2005, http://kff.org/entmedia/entmedia030905pkg.cfm.

Trastornos mentales en la familia

1. National Institute of Mental Health, “Statistics”, http://www.nimh.nih.gov/health/statistics/index.shtml.
2. Ibíd.
3. Mental Health America, “Mental Health”, http://www.mhaac.net/mental_illness.asp.
4. National Institute of Mental Health, “Statistics”.

Violencia doméstica

1. Bureau of Justice statistics, referenciado en Mary Jane Minkin y Carol V. Wright, *A Woman's Guide to Sexual Health* (New Haven: Yale University Press, 2004), 371.
2. Daniel J. Whitaker y LeRoy Reese, eds., *Preventing Intimate Partner Violence and Sexual Violence in Racial/Ethnic Minority Communities: CDC's Demonstration Projects*, Centers for Disease Control and Prevention, 2007, http://www.cdc.gov/ncipc/dvp/Preventing_IPV_SV.pdf.
3. “Intimate Partner Violence: Fact Sheet”, http://www.medicinenet.com/script/main/art.asp?articlekey=41728.
4. “Bureau of Justice Statistics Selected Findings: Violence between Intimates” (NCJ-149259, noviembre 1994); National Institute of Justice U.S. Department of Health and Human Services, “A Report of the Violence against Women Research Strategic Planning Workshop”, 1995.
5. Estadística del Bureau of Justice, http://www.ojp.usdoj.gov/bjs/.

Recursos recomendados

Abuso y desatención a los hijos

Langberg, Diane Mandt. *En el umbral de la esperanza: Una puerta abierta hacia la sanidad de los sobrevivientes de abusos sexuales.* Miami: Editorial Unilit, 2003.

Adicción y abuso de sustancias en la familia

Anderson, Neil T., y Mike y Julia Quarles. *Venzamos esa conducta adictiva.* Miami: Editorial Unilit, 2005.

Laaser, Mark. *Cómo sanar las heridas de la adicción sexual.* Miami: Editorial Vida, 2005.

Adopción

https://www.childwelfare.gov/spanish/.

Celos en el matrimonio

Pegues, Deborah Smith. *Vence tu inseguridad: Descubre los secretos para lograr éxito en la vida.* Grand Rapids: Portavoz, 2008.

Comunicación en el matrimonio

Eggerichs, Emerson. *Descifra el código de la comunicación: El secreto de hablar el lenguaje de tu cónyuge.* Nashville: Grupo Nelson, 2007.

Wright, H. Norman. *Comunicación: La clave para su matrimonio.* Miami: Editorial Unilit, 2002.

Consejería prematrimonial

Hardin, Jerry y Dianne C. Sloan. *Prepárense para el matrimonio.* Nashville: Caribe, 1996.

Wright, H. Norman. *El manual de asesoramiento premarital.* Miami: Editorial Unilit, 1997.

Crianza de los hijos

Dobson, James. *Cómo criar a los varones.* Miami: Editorial Unilit, 2002.

______. *Cómo criar a un niño de voluntad firme.* Miami: Editorial Unilit, 2005.

______. *Tener hijos no es para cobardes.* Miami: Editorial Vida, 1991.

Hart, Archibald D. *Hijos con estrés.* Barcelona: Ceac, 1995.

Kimmel, Tim. *Crianza llena de gracia.* Nashville: Caribe-Betania, 2005.

Depresión en el matrimonio

Anderson, Neil y Joanne Anderson. *Venzamos la depresión.* Miami: Editorial Unilit, 2005.

Minirth, Frank y Paul Meier. *¡Elige ser feliz! Un manual sobre los síntomas, causas y curación de la depresión.* El Paso: Editorial Mundo Hispano, 1988.

Omartian, Stormie. *Orando a través de los temas más profundos del matrimonio.* Nashville: Grupo Nelson, 2008.

Depresión posparto

Piper, John. *Cuando no se disipan las tinieblas.* Grand Rapids: Portavoz, 2007.

Desafecto: cuando el amor se enfría

Larimore, Walt y Barb. *Complementos perfectos: Mente de él, mente de ella.* Miami: Editorial Vida, 2009.

Dinero y economía

Alcorn, Randy. *El principio del tesoro.* Miami: Editorial Unilit, 2007.

Burkett, Larry. *La vida libre de deudas.* Miami: Editorial Unilit, 1995.

Fundación Nacional para el Asesoramiento Crediticio, http://espanol.nfcc.org/index.cfm.

Ramsey, Dave. *La transformación total de su dinero.* Nashville: Grupo Nelson, 2008.

Estilos del amor en el matrimonio y la familia

Chapman, Gary. *Los cinco lenguajes del amor.* Miami: Editorial Unilit, 2002.

Smalley, Gary y John Trent. *El irresistible lenguaje del amor.* Nashville: Editorial Betania, 1992.

Familia extendida

Chapman, Gary. *Los suegros: La guía Chapman para los suegros, los yernos, las nueras y los cuñados.* Carol Stream, Ill.: Tyndale Español, 2008.

Infidelidad y adulterio

Carder, Dave. *Destrozados: La recuperación de una relación extramatrimonial.* Miami: Editorial Unilit, 2013.

Dobson, James. *El amor debe ser firme.* Miami, Editorial Vida, 2006.

Intimidad espiritual

Dobson, James y Shirley. *Una luz en la noche.* Miami: Editorial Unilit, 2000.

Límites en el matrimonio

Cloud, Henry y John Townsend. *Límites: Cuando decir «sí», cuando decir «no», tome el control de su vida.* Miami: Editorial Vida, 2006.

______. *Límites en el matrimonio.* Miami: Editorial Unilit, 2009.

Townsend, John. *¿Quién aprieta tus botones?* Nashville: Editorial Betania, 2006.

Vernick, Leslie. *Cómo vivir cuando tu cónyuge actúa mal.* Miami: Editorial Unilit, 2005.

Niños con necesidades especiales

Dobson, James. *Cómo criar a un niño de voluntad firme.* Miami: Editorial Unilit, 2005.

Leman, Kevin. *Cría hijos sensatos sin perder la cabeza.* Miami: Editorial Unilit, 2011.

Participación en la iglesia

Scazzero, Peter y Warren Bird. *Una iglesia emocionalmente sana.* Miami: Editorial Vida, 2005.

Warren, Rick. *Una iglesia con propósito.* Miami: Editorial Vida, 1998.

Pérdida de un cónyuge o hijo

Lewis, C. S. *Una pena en observación.* Nueva York: Rayo, 2006.

MacArthur, John. *Seguro en los brazos de Dios.* Nashville: Grupo Nelson: 2015.

Wright, Norman. *Cómo recuperarse de las pérdidas de la vida.* Grand Rapids, Portavoz, 2004.

Zonnebelt-Smeenge, Susan y Robert DeVries. *La otra cara del dolor.* Grand Rapids: Libros Desafío, 2004.

Perdón y reconciliación

DeMoss, Nancy Leigh. *Escoja perdonar.* Grand Rapids: Portavoz, 2007.

Kendall, R. T. *Perdón total.* Lake Mary, Fla.: Casa Creación, 2004.

Stanley, Charles. *La paz del perdón.* Nashville: Grupo Nelson, 2012.

Stoop, David. *El perdón de lo imperdonable.* Miami: Editorial Unilit, 2006.

Pornografía

Arterburn, Stephen, Fred Stoeker y Mike Yorkey. *La batalla de cada hombre.* Miami: Editorial Unilit, 2012.

Ethridge, Shannon y Stephen Arterburn. *La batalla de cada mujer.* Miami: Editorial Unilit, 2008.
Laaser, Mark. *Cómo sanar las heridas de la adicción sexual.* Miami: Editorial Vida, 2005.
Schaumburg, Harry W. *La adicción sexual.* El Paso: Editorial Mundo Hispano, 2009.

Rivalidad entre hermanos

Chapman, Gary. *Los cinco lenguajes del amor de los jóvenes.* Miami: Editorial Unilit, 2003.
______. *Los cinco lenguajes del amor de los niños.* Miami: Editorial Unilit, 1998.
Dobson, James. *Cómo criar a un niño de voluntad firme.* Miami: Editorial Unilit, 2005.

Secretos en el matrimonio

Arterburn, Stephen. *Los secretos que los hombres guardan.* Lake Mary: Casa Creación, 2007.

Sexo en el matrimonio

LaHaye, Tim y Beverly. *El acto matrimonial.* Barcelona: Editorial Clie, 2007.
Leman, Kevin. *Música entre las sábanas.* Miami: Editorial Unilit, 2004.
Rosberg, Gary y Barbara, y Ginger Kolbaba. *Las 5 necesidades sexuales de hombres y mujeres.* Carol Strea: Tyndale Español, 2008.
Rosenau, Douglas. *Una celebración del sexo.* Nashville: Editorial Betania, 2003.
Smalley, Gary y Ted Cunningham. *El lenguaje del sexo.* Miami: Editorial Vida, 2009.

Violencia doméstica

Nason-Clark, Nancy y Catherine Clark Kroeger. *Refugio del abuso: Sanidad y esperanza para mujeres abusadas.* Nashville: Grupo Nelson, 2008.